培训师
21项技能修炼 上
精湛课程开发

段烨 / 著

北京联合出版公司
Beijing United Publishing Co., Ltd.

图书在版编目（CIP）数据

培训师 21 项技能修炼. 上，精湛课程开发 / 段烨著.
—北京：北京联合出版公司，2014.8（2023.9重印）

ISBN 978-7-5502-3299-0

I. ①培… II. ①段… III. ①企业管理 – 职工培训 IV. ① F272.92

中国版本图书馆 CIP 数据核字（2014）第 158650 号

培训师 21 项技能修炼（上）：精湛课程开发

作　　者：段　烨
出 品 人：赵红仕
选题策划：北京博雅广华文化传媒有限公司
责任编辑：喻　静
特约编辑：郭建国
封面设计：柏拉图

北京联合出版公司出版
（北京市西城区德外大街 83 号楼 9 层　100088）
北京时代光华图书有限公司发行
北京晨旭印刷厂印刷　　新华书店经销
字数 282 千字　　787 毫米 ×1092 毫米　　1/16　　19 印张
2014 年 8 月第 1 版　　2023 年 9 月第 15 次印刷
ISBN 978-7-5502-3299-0
定价：49.00 元

版权所有，侵权必究
未经书面许可，不得以任何方式转载、复制、翻印本书部分或全部内容。
本书若有质量问题，请与本公司图书销售中心联系调换。电话：010-82894445

目 录

前 言 / XI

第一章 知己识彼
——性格分析工具的选用

如何掌握学员的心理？如何认识学员的个性？如何满足不同个性学员的需求？如何掌握成人学习的心理？如何做到因材施教？

一、不懂性格分析的表现 / 2

二、性格分析的管理学原理和作用 / 5

1. 关于性格分析的管理学理论 / 5
2. 成人学习心理的两大特点 / 6
3. 性格分析在培训中的作用 / 7

三、DISC性格分析 / 9

1. 与性格相关的概念 / 9
2. DISC人格测评工具 / 9
3. DISC性格分析的维度 / 10
4. DISC每种个性的整体特征 / 12

四、性格分析在培训中的运用 / 17

　　1. 培训师如何快速区分学员个性 / 18

　　2. 各种性格类型学员的认同点和反感点 / 20

　　3. 掌握培训师自己在课程开发及授课中的各种状况 / 21

五、关于性格分析的答疑及工具 / 22

　　1. 关于性格分析的疑问 / 22

　　2. 关于性格测评的工具 / 23

第二章　寻根问底
——培训需求调查的流程和方法

如何做好需求调查？如何掌握学员真正的需求？如何运用各种工具调查需求？

一、培训需求调查存在的问题 / 34

　　1. 忽视培训需求调查 / 34

　　2. 培训需求调查存在的其他问题 / 37

　　3. 培训需求调查存在问题的三个原因 / 37

二、培训需求调查的管理学原理和作用 / 40

　　1. 培训需求调查的管理学原理 / 40

　　2. 培训需求调查的三个重要作用 / 40

三、培训需求调查的类型和流程 / 41

　　1. 培训需求调查的三种类型 / 41

　　2. 培训需求调查的基本流程 / 49

四、培训需求调查的方法和主要内容 / 50

　　1. 培训需求调查的方法 / 50

2. 培训需求调查的两项重点内容 / 51

 五、培训需求调查的分析——确定目标 / 51

  1. 确定培训目标的原则 / 52
  2. 确定培训目标的思路和方法 / 53

 六、课程名称设计方法 / 53

  1. 设计课程名称的意义 / 53
  2. 设计课程名称的流程 / 54
  3. 规范的课程名称的要求 / 54
  4. 常见的课程名称设计失误 / 55

 七、关于需求调查的答疑及工具 / 56

  1. 关于需求调查的五个疑问 / 56
  2. 关于需求调查的工具 / 57

第三章 逻辑清晰
——结构设计的模型和工具

如何开发课程？如何设计课程结构？如何充实课程内容？如何拥有自己的核心课程体系？什么是PRM课程开发模型？如何运用PRM模型开发课程？

 一、结构混乱的表现 / 64

  1. 结构混乱的典型案例 / 64
  2. 结构设计的常见问题 / 64

 二、结构设计的管理学原理和作用 / 65

  1. 结构设计的管理学原理 / 65
  2. 结构设计的作用 / 65

三、课程结构化的具体流程和方法 / 66

    1. 结构设计的依据 / 66

    2. 结构设计的流程 / 68

    3. 结构化的步骤 / 69

    4. 结构设计最常用的模式 / 70

四、PRM课程开发模型及示例 / 75

    1. PRM课程开发模型 / 75

    2. PRM课程开发举例 / 77

五、关于课程开发的答疑及工具 / 83

    1. 关于课程开发的两个疑问 / 83

    2. 关于课程开发的三个工具 / 84

第四章　浑然一体
——课程链接的方法和技巧

如何将所讲的内容紧密链接起来？如何建立自然的过渡？如何让培训形成一个整体？如何让整个培训逻辑清楚？

一、课程松散的表现 / 88

    1. 课程松散的典型案例 / 88

    2. 课程松散的典型表现 / 89

二、课程链接的管理学原理和作用 / 89

    1. 课程链接的管理学原理 / 89

    2. 课程链接的作用 / 90

三、课程链接的原则和方法 / 90

    1. 课程链接的原则 / 90

2. 课程链接的两种情景 / 91

四、关于课程链接的答疑及工具 / 100

1. 关于课程链接的疑问 / 100
2. 关于课程链接的工具 / 100

第五章　一鸣惊人
——开场白的设计原则和方法

如何在最短的时间内吸引学员？如何抓住学员的注意力？如何树立讲台权威？

一、错误的开场导入 / 104

1. 错误开场白的典型案例 / 104
2. 常见的错误开场白 / 105

二、开场白设计的管理学原理和作用 / 110

1. 开场白设计的管理学原理 / 110
2. 设计开场白的作用 / 110

三、专业开场白的设计原则和方法 / 111

1. 开场白设计的三个原则 / 111
2. 九种常用的开场白 / 112

四、关于开场白设计的答疑及工具 / 121

1. 关于开场白设计的疑问 / 121
2. 关于开场白的工具 / 122

第六章　血肉丰满
——案例组织的原则和方法

如何选择案例？如何组织案例？如何阐述案例？如何让案例辅助论证？

一、案例设置不科学的表现 / 126
1. 案例不当的典型案例 / 126
2. 案例不当的五个常见问题 / 127

二、案例设置的管理学原理和作用 / 130
1. 案例设置的管理学原理 / 130
2. 设置案例的作用 / 131

三、案例设置的原则和方法 / 131
1. 选择案例的四个原则 / 131
2. 选择案例的两大注意事项 / 132
3. 案例的三个来源 / 133
4. 案例加工 / 139
5. 案例的呈现方式 / 140

四、关于案例设置的答疑及工具 / 142
1. 关于案例设置的三个疑问 / 142
2. 关于案例设置的工具 / 144

第七章　有张有弛
——课程重点设置及课堂时间管理

如何让课程重点突出、主次分明？如何防止提前下课或者延迟下课？如何有效地把控课程进展？

一、课程重点设置中存在的问题 / 148
    1. 没有重点 / 148
    2. 现场把握不好 / 149
    3. 课堂时间管理的七个问题 / 150

二、关于课程重点设置的管理学原理和作用 / 152
    1. 课程重点设置的管理学原理 / 152
    2. 课程重点设置的作用 / 153

三、重点设置以及课堂时间管理的方法 / 153
    1. 课堂时间管理的三个原则 / 153
    2. 如何设置重点 / 155
    3. 有效管理课堂时间的七个方法 / 158

四、关于重点设置及课堂时间管理的答疑及工具 / 159
    1. 课堂管理时间的三个疑问 / 159
    2. 时间管理的工具 / 160

第八章　意犹未尽
——结尾设计的原则和方法

如何做到有力结尾？如何避免虎头蛇尾？如何在培训结束后促使学员行动？如何让结尾余音绕梁？

一、课程结束时的常见失误 / 164
    1. 课程结束失误的典型案例 / 164
    2. 课堂结尾不当的七种表现 / 165

二、关于课堂结尾的管理学原理和作用 / 167
    1. 关于课堂结尾的管理学原理 / 167

2. 课堂结尾的作用 / 167

三、科学结尾的原则和方法 / 168

1. 科学结尾的四个原则 / 168
2. 科学结尾常用的九种方法 / 168

四、关于课堂结尾的答疑及工具 / 175

1. 关于课堂结尾的四个疑问 / 175
2. 关于课堂结尾的工具 / 176

第九章 锦上添花
——PPT制作的方法和技巧

制作PPT有哪两种思路？制作PPT的流程有哪些？如何制作适合演示的PPT？如何正确运用PPT？

一、培训师课件制作常见的十个误区 / 180

1. 误区一：过于依赖PPT / 180
2. 误区二：工具落后世界十多年 / 180
3. 误区三：把做PPT当成课程开发 / 181
4. 误区四：把PPT及其交叉学科相互混淆 / 182
5. 误区五：把PPT当成提词稿 / 182
6. 误区六：过于追求图片型PPT / 183
7. 误区七：过于钻研PPT动画 / 183
8. 误区八：生搬硬套别人的作品 / 184
9. 误区九：不分讲师版与学员版 / 185
10. 误区十：不懂排版，毫无美感 / 185

二、基础招——短时间改善你的PPT / 186

1. 第一招：课程类PPT设计的标尺及三大原则 / 186
2. 第二招：定义PPT的风格 / 189
3. 第三招：如何收集与你课程相关的PPT案例 / 190
4. 第四招：改变行距让文字更容易"瞟" / 191
5. 第五招：把干巴巴的列表变成可视化图形 / 191
6. 第六招：找图片素材的实用方法 / 192
7. 第七招：怎样又快又好地使用图片 / 194
8. 第八招：用多媒体点缀你的课程 / 195
9. 第九招：任何时候都需要考虑对齐 / 197
10. 第十招：善用擦除动画 / 200

三、提升招——让你的演示更专业 / 201

1. 第十一招：高效之源——母版 / 201
2. 第十二招：让旧的剪贴画重获青春 / 203
3. 第十三招：让数据图表化 / 205
4. 第十四招：善用线条辅助排版 / 209
5. 第十五招：发什么讲义给印务公司——讲义制作 / 210
6. 第十六招：被问要课件怎么办——如何保护文档 / 213
7. 第十七招：上台前的检查 / 216
8. 第十八招：在平板电脑上演示PPT / 218
9. 第十九招：演示时非常有用的技巧 / 219
10. 第二十招：除了PPT还有什么可用的演示工具 / 221

四、骨灰级招——让你有模有范儿 / 224

1. 第二十一招：双屏演示让你功力倍增 / 224

第十章 精彩纷呈
——让课程更精彩的四个法宝

如何让现场精彩纷呈？如何做到魅力倍增？如何避免课堂乏味？如何画龙点睛？

一、课程缺乏精彩表现 / 230

1. 课程缺乏精彩表现的典型案例 / 230
2. 课程缺乏精彩表现的几种情况 / 231

二、课堂精彩演绎的管理学原理和作用 / 232

1. 课程精彩演绎的管理学原理 / 232
2. 课程精彩演绎的作用 / 232

三、让课程精彩纷呈的四个法宝 / 233

1. 以理服人 / 233
2. 以情动人 / 238
3. 用新吸人 / 240
4. 运用幽默的力量 / 245

四、关于精彩呈现的答疑及工具 / 254

1. 关于精彩呈现的疑问 / 254
2. 关于精彩呈现的工具 / 255

附录　成长之道——培训师职业生涯规划 / 257

后记 / 275

参考文献 / 279

前 言
基于 ADDIE 的全新升级

管理大师汤姆·彼得斯在《追求卓越》再版的时候说："书的再版就像给房子重新装修，不是推倒重来，而是选择性地进行整理。"装修不能改变房子的整体结构，只能在原来的基础之上，采用新的、更高端的材料将陈旧、破损的地方重新整理、涂抹和粉饰。

作为再版中的升级版，更像搭积木，材料还是那些材料，内容还是那些模块，但重新进行组织，最后形成不同的产物。本书就像装修加搭积木，虽然整体上还是那些模块——21项修炼，但整个结构和许多内容都发生了很大变化。

《培训师的21项技能修炼》的整个内容都包含在ADDIE之中，但是最初并没有采用ADDIE这种逻辑顺序，而是按照分类组件式的结构模式，将培训师所拥有的技能按照各个模块进行设计，每一个模块相对是独立的。为什么采用这样的结构呢？主要是因为这本书的定位是"培训师的工具书"，希望它能够像字典、词典一样，让读者根据自己的需要，有选择地阅读和运用。之所以如此定位，主要基于以下几个原因：第一，培训的需求越来越大，培训师必须掌握相应的技能。

尽管目前市面上有非常多的类似"培训师培训"的培训，以及有关培训技能的优秀书籍，但是都不够完整和全面。因此，市场急需一本读者拿来即用的书籍。第二，当时认为读者群本身有培训技能的基础，他们并不需要完整系统地学习和运用，而仅仅是查漏补缺。同时，现代社会，很少有人能够系统地看完某本书籍，通过模块的方式可以满足读者用碎片时间来学习的需要。

《培训师的21项技能修炼》出版后，很受读者欢迎，其程度超出预期，在不到两年的时间里已经加印了9次，算是同类书籍中一个小小的奇迹。在各个书店，尤其是网上书店，有很多读者的正面评价。这些读者朋友包括企业内部培训师、职业培训师、高校老师、培训爱好者，以及一些从事管理工作的职场人士。在正面评价的同时，也有读者提出了中肯的意见。同时，通过微信、微博，以及授课过程中的互动，大家也提出了很多宝贵的意见和建议。整体上，大家希望能够更加全面系统地掌握培训师的基本技能，而不仅仅是查漏补缺。

实际上，我在讲授培训师培训（包括企业内部的培训师培训即TTT，以及职业培训师培训）的过程中，虽然授课的名称是以模块的方式出现，比如鹰隼计划的职业培训师培训班和企业内训师班，通常都是以"培训师的×项修炼"作为标题，但在整个过程中，都是将几项修炼有机联系起来的，整个授课过程和学员的感受很有系统性。但是，《培训师的21项技能修炼》作为图书，尤其是采用这样的模块方式，读者虽然能够单独掌握某个模块，却无法将各个模块有机联系起来。

正是基于以上原因，本书作为《培训师的21项技能修炼》的升级版，在整个结构上采用更具有系统性的ADDIE模式。同时结合ISD教学系统设计模型、金字塔原理以及PRM课程开发模型，做到真正的升级，也可以说是ADDIE模式的全新演绎。这也是本书作为升级版"升级"的体现。

修订之后，我将升级版分为上下两册。原因是：第一，方便携带。很多读者朋友反映第一版"太厚了"，包括我自己，也感觉携带不方便，尤其出差的时候，带上这个大部头，很是麻烦。第二，将内容分开，便于读者根据自己的需求有选择性地购买和阅读。如果读者不需要，不用担心被强行购买；同时，有需要的读者，也可以一起购买上下册，这样更加具有整体性。

ADDIE是培训界公认并广为推崇的一种课程设计及开发模式，也是培训师最常用的课程设计、开发及实施模式。其中，A：analysis——分析；D：design——结构设计；D：development——内容开发；I：implement——实施；E：evaluation——评估。

在传统的ADDIE模式中，主要内容就是课程的整体设计和开发，忽略了授课过程这个环节，这体现了内容为王的课程开发指导思想。尽管有实施这个环节，但强调的是课程实施的流程和管理，在授课技巧、技能方面存在不足。在培训过程中，我们发现培训师，尤其是企业内部培训师，往往存在"茶壶煮饺子，有嘴倒不出来"的现象。他们虽然有实际工作经验，但由于缺乏专门的呈现技能的训练，无法将内容有效呈现出来。因此，课程呈现技能或者授课技巧，甚至是表达技巧类的课程广受欢迎，甚至很多人理解的TTT，就是"授课技巧"，可见培训师很需要加强授课技巧这个环节。

所以，我在设计培训过程时，将ADDIE的五个步骤变成两部分：第一部分，课堂开发；第二部分，课程呈现。在培训过程中，将ADDIE结合金字塔原理，运用引导技术进行训练，前期做课程设计和开发，后期上台进行课程展示，这样前后形成一个整体，便于学员理解和掌握，取得了很好的效果。鉴于此，作为升级版，在《培训师的21项技能修炼》的基础之上，结合ADDIE模式，将升级后的内容分为上下册两部分。上册讲授课程设计和开发，包括A、D、D三个环节；下册讲授课堂呈现，包括I、E两个环节。

上册：精湛课程开发

分析（A）：对教学所要达到的行为目标、任务、受众、环境等进行一系列的分析，包括第一章"性格分析"、第二章"需求调查"。

这两章的内容本身是结合在一起的，在传统的ADDIE中，两者并没有完全分开，甚至淡化"学员的个性分析"这个环节。但是在实际的培训过程中，真正要做到因材施教，就要掌握学员的性格。不光是课程开发，在实施过程中，包括互动、控场、解决问题以及选用培训模式等，都需要运用性格分析。此外，掌握这一点，也有助于培训师塑造自己的独特风格，发挥个性优势，弥补不足，全面提高培训质量。因此，本书将性格分析单独列出来讲述，这也是与传统ADDIE的不同点之一。

结构设计（D）：对课程进行整体设计，主要是指搭建初步的框架。包括第三章"结构设计"、第四章"课程链接"两部分内容。

第三章的结构设计来自于《培训师的21项技能修炼》中的"课程开发"这一章，因为结构设计属于课程开发中的一个环节，所以章名用"结构设计"更加准确。结构设计是整个课程开发的基础，就像一栋建筑物，结构设计就是"整体的一个框架"。而在现实中，设计课程结构往往是培训师面临的最大的问题，或者说是课程开发的瓶颈。由此，本书对这一内容花了更多的篇幅进行阐述，与原书相比有很大改变。如果从升级版的角度讲，本章是最大的升级。

第四章的课程链接，包括设计内容中的链接，以及授课过程中的链接。通过链接，能够将课程有机地连接成一个整体。

内容开发（D）：这是本书的重点，包括：第五章"课程导入"、第六章"案例组织"、第七章"重点内容"、第八章"结尾设计"、第九章"PPT制作"、第十章"精彩设计"。

作为升级的体现，第六章增加了"案例加工"这个环节，这项内容培训师需求很大，将案例进行加工，做到"源于生活，又高于生活"是培训师的核心技能，也是培训师的一个难题。第七章"重点内容"是原书"时间管理"的升级，将时间管理升级为重点内容的设计，这也是课程开发的重要内容。此外，第九章和第十章也都有很多调整和提升。

另外，本书增添附录"成长之道——培训师职业生涯规划"，作为上册的补充内容。

整体上看，虽然整个章节变化不大，但是很多内容做了调整和提升，与原书相比更加完善，同时按照ADDIE进行，更具有系统性。

下册：精彩课堂呈现

实施（I）：对开发的课程实施教学，同时提供相应的支持。本书核心内容是将课程内容在课堂上精彩地呈现出来，其中包括：第一章"克服紧张"、第二章"专业形象"、第三章"精彩互动"、第四章"现场控制"、第五章"问题处理"、第六章"语言表达"、第七章"发音技巧"、第八章"身体语言"、

第九章"培训模式"、第十章"培训管理"。

在实施这个环节,新书中有三点变化最大:第一,各个章节有机衔接,形成一个整体;第二,案例更新,采用了很多新的案例;第三,将部分章节的内容做相应调整,增加了更多可操作的方法和工具。

评估(E):对已经完成的教学课程及受众学习效果进行评估,内容主要集中在第十一章"培训评估"。

下册变化最大的有三章:一是第九章,增加了各种培训模式的相关内容,其中对于需求最大的案例教学法进行了详细介绍,并提供相应的方法和工具;二是第十章,增加了关于培训管理的各种具体方法,尤其是增加了一个培训管理的完整案例,包括相关的方法、技巧和工具;三是第十一章,从原书"培训管理"中独立出来,形成一个新的章节,使全书整体上更加系统和完整,完全按照ADDIE模式进行。同时,强化培训效果的评估也是行业的发展方向,因此将该部分内容单独列为一章,并且采用新的阐述方式,直接提供最常见的培训评估模式,便于读者借鉴。

整体上讲,上下册两本书的"升级"体现在以下四个方面:

第一,结构变化。按照ADDIE的结构重新组织,内容更具有结构性和逻辑性,便于读者实操。

第二,新增案例。原书自2011年1月出版以来,我所有授课均采用这种方式,取得了良好的效果,同时收集了大量案例。尤其是在鹰隼计划的开展中,收集了大量新的典型案例。作为升级版,书中更新了很多案例。

第三,内容更加深入。在《培训师的21项技能修炼》的反馈中,其中一部分读者认为"浅显易懂,但不够深入"。因此,升级版的某些模块内容更加深入,更具有实操性。

这些内容尤其体现在上册"精湛课程开发"中。与原书相比,上册有50%左右进行了调整,尤其是本人一直推崇的"内容为王"的价值观。在我看来,作为培训师,最重要的还是内容,直接体现就是课程开发。课程开发做好了,内容真正到家了,即使在呈现方式上有些不足,也是可以理解的。呈现的方法和技巧不够,很快就可以学会和掌握,但内容上有欠缺,却不是一时可以提升起来的。因此,在讲课中,我一直推崇"内容为王",

如果没有内容，只采用某些技巧，只能叫作"伎俩"。

第四，"教材"工具性加强。除了内容更具有操作性之外，每一章节还增加了本章小结，包括学习要点和课后作业两块内容。这样有利于读者将书中内容和自己的实际情况相结合，发挥书的更大功效。

总之，无论是整体内容还是结构设计，本书都真正做到了升级，也希望本书有助于读者的培训能力升级。

《培训师的21项技能修炼》在前言中曾提到，阅读就像旅行。而阅读所谓的升级版，就是故地重游，风景还是那些风景，但每个游客看到的、感受到的都不一样，无论怎么样，希望读者不虚此行。

正如汤姆·彼得斯所说的，再版是装修。而装修是门遗憾的艺术，每次装修都有很遗憾的地方。但是装修又不能完全像搭积木一样，可以随时推倒重来，只能将遗憾留到下一次弥补。

所以，每一次的改变都意味着自我挑战，每一次的更新都是自我否定，每一次的升级都是自我超越，每一次的超越都意味着风险，但是无论风险多大，都永不停止。

现在，只是一个新的开始。

那就重新出发吧！

第一章 知己识彼
性格分析工具的选用

ADDIE 小贴士

ADDIE 模式中的 A（analysis：分析），包括以下内容：

一、分析学员背景，掌握学员的具体情况，包括具体工作岗位、职务、工作年限、经验等等，同时还包括企业相关背景。（外聘讲师培训时，需要掌握更多的情况。企业内部的培训，因为老师本身就在企业上班，这些情况基本掌握，就无需额外做太多工作。）

二、学员对于课程的具体需求。这就是"传说"中的需求调查，无论是外部培训还是内部培训，这都是必须做的。

三、学员的个性分析。这也是最基本的分析，掌握学员的个性状况，无论是设计课程还是课堂呈现，都会涉及此内容。

一、不懂性格分析的表现

情景描述

老师想考考学生的智商,问:"树上有10只鸟,开枪打死了1只,还剩几只?"

猜猜会有什么样的答案?对D、I、S、C 4种类型的学生,至少会有4种情形。

情形1:

老师:树上有10只鸟,开枪打死了1只,还剩几只?

D学生:还剩1只!(非常肯定。)

老师:错了!

D学生:我没有错。

老师:那你解释一下,为什么是1只?

D学生:打死了1只,其他的听到枪声,都飞了,当然只剩1只。这个还需要解释吗?

老师:树上1只都没有了。因为打死的这只从树上掉下来了。

D学生:我没有错,是你自己没有说清楚。你并没有说"打死的这只掉下来了"。

老师:……

情形2:

老师:树上有10只鸟,开枪打死了1只,还剩几只?

I学生:啊哈,打鸟呀,太棒了!什么时候去?

老师:这是一个假设,请你直接回答问题。

I学生:老师,我想知道,如果答对了,是否有奖励?

老师:没有奖励。

I学生：没有奖励，那我是否可以跟同学打个赌？

老师：打赌干什么？你到底知道不知道？

I学生：我肯定知道啦，我不知道还敢打赌？

老师：请你赶快回答问题。

I学生：我还没有找到谁跟我打赌呢！

老师：没有人跟你打赌，快回答问题。

I学生：既没有奖励，又不打赌，我不回答了。

老师：你……

情形3：

老师：树上有10只鸟，开枪打死了1只，还剩几只？

S学生：老师，您是让我回答吗？

老师：是的，请你回答。

S学生：非要回答吗？

老师：是的，必须回答！

S学生：老师，等一等再回答，好吗？

老师：等什么呢？请你回答问题！

S学生：我需要准备一下，老师。

老师：这还需要准备？！立即回答！

S学生：啊！好的。应该是几只呢？9只？不对……1只？好像也不对……

老师：到底几只？

S学生：对不起，老师，我真笨，我不能确定。您说几只就几只吧。

老师：啊……

情形4：

老师：树上有10只鸟，开枪打死了1只，还剩几只？

C学生：是无声手枪，还是其他没有声音的枪？

老师：不是无声手枪，也不是其他没有声音的枪。

C学生：枪声有多大，是不是正常耳朵都能听到？

老师：是的，肯定都能听到。

手机扫描二维码后，输入"PXDY01"，你将看到段烨老师的讲课视频，教你如何在培训现场精彩呈现"树上有10只鸟"的故事。

C学生：老师，鸟里有没有聋子？

老师：没有。

C学生：有没有因残疾或生病而飞不动的鸟？

老师：没有，身体都很好！

C学生：老师，有没有刚出生还不能飞的鸟？

老师：没有！都能飞。

C学生：老师，这些鸟都能自由活动吧。不会受到限制，比如关在笼子里，或者被绳索套住，或者被捆绑吧？

老师：它们都很自由，没有受到限制，请你直接回答问题！

C学生：嗯，如果您的回答没有骗人的话，打死的鸟要是挂在树上没掉下来，那么就剩1只，如果掉下来，就1只不剩！

（此时，老师已经昏倒在讲台上。）

这是一个很夸张的例子，但是现实中并不缺乏类似的案例。

作为培训师，你必须明白，你面对的学生是多样性的，有着不同的背景，包括性别、年龄、学历、专业、岗位、阅历等。尤其重要的是，他们有不同的个性。培训师在台上的任何一个案例、一句话、一个论点，都会引起至少4种不同的反应，甚至引起争议。

培训师要了解学员的个性，并针对个性实施相应的培训。这就是现代意义上的因材施教。否则，培训现场就会出现"一半是海水，一半是火焰"的局面，课后的培训评估就会出现一部分学员"非常满意"，一部分学员"非常不满意"的极端状况。从这个角度讲，一堂课程很难让每个学员都非常满意，某些机构宣传×××老师"100%满意度"肯定是忽悠。

我自己就经历过这样的事情：

有次请某位老师给一家企业上"项目管理"课程。这位老师有丰富的项目管理经验和系统的项目管理专业知识，在培训过程中常运用实际案例分析、角色扮演、游戏活动等方式，整个培训效果非常好。培训结束后，包括总经理、副总在内的绝大多数学员的评分都是在80分甚至90分以上。但是当我查看学员反馈的时候，居然发现一个学员打了"60分"。尽管这算"及格"，但是相对80分、90分的高分，差距还是比较明显。后来我找机会和这位学员闲聊，这位学员告诉我："我就是不喜欢这个老师，在培训中搞了太多的花样。我觉得做项目管理要稳重。"我突然意识到，按照DISC性格分析，这是一个典型的C型学员对I型老师的评价。

因此，性格分析技术对于一个"与人打交道"的培训师来说，是必须掌握的基本技能。ADDIE模式中的A就是分析，其中一个很重要的因素就是分析学员的个性状况，有针对性地实施培训。

二、性格分析的管理学原理和作用

1. 关于性格分析的管理学理论

（1）冰山理论

"冰山理论"最早是由心理学家弗洛伊德提出来的。他认为人格就像海面上的冰山一样，露出来的仅仅只是一部分，即有意识的层面，剩下的绝大部分是处于无意识状态的，这绝大部分在很大程度上决定着人的发展和行为。

培训中学员的"水上部分"包括基本知识、技能，这部分是显性的，相对来说比较容易改变和发展，在培训中比较容易见成效。

学员的"水下部分"包括动机、内在需求、人格特征等个性,这部分是隐性的,如果不加以激发,它只能在潜意识里起作用。然而,如果员工的隐性素质能够得到足够的培训,那么他的提升将是非常巨大的,对企业的影响也更加深远。

所以在培训中,培训师除了要掌握学员的性别、年龄、学历、专业、岗位等"水面"以上的部分,还要掌握"水面"以下的个性特征,真正做到因材施教。

(2) 趋同效应

心理学中的"趋同效应"和我们常说的"臭味相投"意思很接近,是指在人际交往中,有着共同兴趣爱好的人会互相认同和欣赏,聚在一起。

在培训中,学员往往会欣赏那些风格和自己比较一致的老师,希望老师的授课内容和方式符合自己一贯的思路和原则。如果发现不一致,他们可能就会反感和抵制,而一旦产生抵制,就无法客观地评价和接受老师。因此,培训师要了解学员的个性、心理,因势利导,因材施教。

(3) 因材施教

因材施教的理论最早由孔子提出来,就是根据培训对象的具体状况,采用相应的教学方式。这个理论有几千年的历史,但是真正实施起来很难。在培训过程中,做了调查,真正因材施教的老师非常少。

(4) 情境培训原理

情境培训原理来源于情境管理理论。情境管理的原理是:根据不同的管理对象,以及不同的管理情境,采用相应的管理方式和方法。

情境培训根据这个理论衍生出来,是指在培训过程中,根据不同的培训对象,以及不同的培训情境,采用相应的培训方式及内容。

2. 成人学习心理的两大特点

成人面对学习时,与在校生有不一样的心理反应。成人学习心理主要有以下两个特点：

①**没有学习的习惯**。成人离开校园多年，已经没有学习的习惯，当他们进入培训教室时，并不会自然而然地把精力放在学习中，需要培训师做些引导活动，比如设计开场白等。

②**不会迷信权威**。成年人有自己成型的价值观，不会轻易相信某个人的"高见"，对老师提出的问题总会在心里问"为什么"。因此，老师必须加强"论证"，以说服学员。

3. 性格分析在培训中的作用

每次我讲 TTT，都会讲到性格分析，也都会引起学员的广泛兴趣。总体上来说，性格分析能够帮助培训师知己识彼，授课的时候扬长避短、因材施教。

培训师要知道自己的个性特征，明白自己的优点和不足，充分发挥优势，形成自己的独特风格，同时控制不足，避免出现"硬伤"，影响培训效果。

培训师要认识学员的个性差异，有针对性地实施个性化的培训，提高培训质量。

有一次在 MBA 联合会主办的一个沙龙上，在回答问题的环节，有个学员提问："段老师，我觉得因材施教的意思是根据教材的情况来实施教学。这个材应该是教材的'材'，而不是你说的人才的'才'。如果是人才的'才'，那么应该是'因才施教'。"

我一下子就明白了——遇到了一个爱较真又喜欢挑战而且绝不认错的学员。这个学员具有 D 型的特质，遇到这样的学员怎么办？直接说他错了，他一定不会善罢甘休；说我错了，他也许会得寸进尺，把我所讲的内容全部推翻。

我回答说："这位伙伴说得非常有道理。因材施教这个材通常情况是指教材的'材'，也就是根据教材来实施教学。这是有道理的，尤其是在传统的教学中。如今在尊重人性、以人为本的思想指导下，我们可以把因材施教的这个'材'理解为人,也就是培训对象,根据培训对象的具体情况实施有针对性的教学。那么为什么不是人才的'才'呢?我们认为,在这个对象还没有达到要求以前,还不能算人才,至少不是合格的人才。如果已经是合格的人才了,就不需要咱们来培训了。但是每个人都是一个好的材料,都有可能被培养成一个优秀的人才。只要我们尊重个性,以人为本,实施有针对性的个性化辅导和培训,每个'人材'都可以成为优秀的'人才',因此叫'因材施教'。谢谢你把大家的疑问提出来了,来,掌声送给这位优秀的伙伴。"

最终,既给予对方足够的尊重,没有说"你理解错了",同时也进一步把主题思想阐述出来,让大家加深了理解。这位学员也不再纠缠于这点。

还有一次在北京举办的鹰隼计划班中,上午培训时,我感到一位学员不怎么配合,无论是在最开始的破冰环节,还是在后来的分组、上台展示环节,这个体型健硕、精神抖擞、大嗓门的大个子总是有点不配合,我一看就知道他有D型特质。在课间休息的时候,这位来自某大型电脑集团的大个子问我:"段老师,你看我什么性格?"我说:"好,我问你几个问题……"话音未完,大个子就打断我说:"段老师,上午你说可以在几秒钟内判断人的性格,请你直接回答,我是什么性格?"我一听,明白了,这是一个大D,于是我说:"你有D型特质,而且还很重,是个大D。"这个大个子说:"啊,段老师,真厉害。我有24分的D。"从此以后,这个大个子一直非常配合,参与也更加积极了。

类似的事情非常多。掌握学员的性格,可以在培训过程中的每一个环节有效地运用。培训是和人打交道的过程,掌握人性就是掌握了一把万能钥匙。

三、DISC 性格分析

1. 与性格相关的概念

一谈到性格，总会带来争议，争议的根源在于大家对概念的理解不同，A 说的"性格"的概念与 B 理解的不一样。与性格相关的概念主要有三个：气质、性格和人格。

表 1-1

概念	生成	属性	改变性	常用语
气质	先天（基因、遗传、血型）	自然	不能改变	秉性
性格	后天（家庭、社会、教育）	社会	很难，但是可以改	脾气
人格	先天+后天	兼有	有的可以，有的不能	个性

可以看出，人格综合了气质和性格的特点，所以具有复杂性。

注意：由于人们通常把"人格"与"品格"混淆，因此，本书中将"人格"用"性格"来说明，也就是说，本书中的"性格"其实是指"人格"，包括气质和性格。

2. DISC 人格测评工具

目前，国内企业通用的性格测评和分析工具主要有 MBTI、PDP、九型人格及 DISC 人格。其中，运用最广、最易于学习和掌握的就是 DISC。

我之所以从事现在这个职业，就是因为当初与性格分析结下了不解之缘。出道以来，我也一直讲授 DISC 性格分析，将其纳入我所有的培训课程，包括 TTT、MTP、领导力系列课程和情境高尔夫系列课程，在内容上以性格分析为核心，在形式上以情境模式为主，项目运作上采用 CTC 模式，渐渐形成了自己的一些特色。

3.DISC 性格分析的维度

DISC 有两个分析维度：

（1）遵循"情感倾向性"

把人的情感倾向分为"内向型"和"外向型"，这是瑞士心理学家荣格的著名理论。

外向型，也可以称为"快节奏型"，总体特点是：外向、乐观、开朗、自信；行动力强；精力充沛；反应迅速；乐于参与；好展示；喜争论；注重实效；目标明确；缺乏耐心，没有持久性，不够宽容。

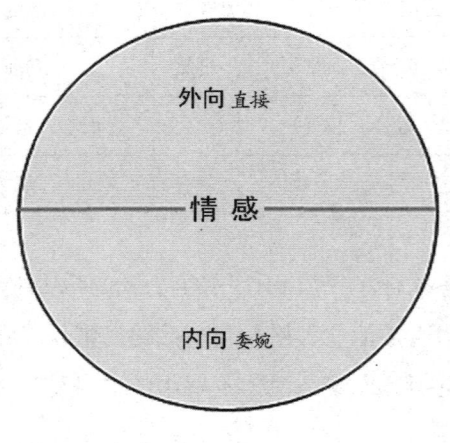

图 1-1

内向型，也可以称为"慢节奏型"，总体特点是：内向、悲观、沉默、缺乏安全感；反应较慢；善于思考；稳重踏实；不善展示；遵守规则；坚持不懈，耐心持久。

（2）遵循"思维倾向性"

有些人喜欢和人打交道，喜欢和人在一起，而有些人喜欢做事情，喜欢完成任务。由此，可以把人分为以工作任务为中心的"任务导向型"（工作导向型）和以人际社交为中心的"社交导向型"（人际导向型）。

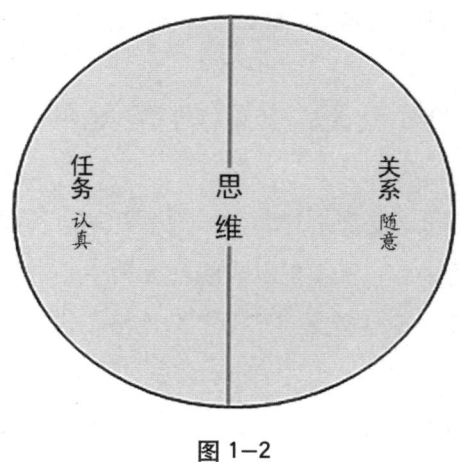

图1-2

任务导向型的性格特点：目标明确，喜欢工作，总是在不停地忙碌，要么做计划，要么思考问题，要么就在行动；不会让自己停下来，认为娱乐就是浪费时间；总想着做事，只关注任务的进展，不太关注人的感受，要求很高并且身体力行，给周围的人很大压力。

社交导向型的性格特点：关注人的感受，总是喜欢和人在一起，喜欢娱乐；注重友谊，善于和人打交道；没有明确的目标，随遇而安，适应能力很强；不在乎细节；友谊第一，原则第二；生活第一，工作第二。

DISC性格系统就是把前面两种分类结合起来，就如同将一个整体分为四个部分。

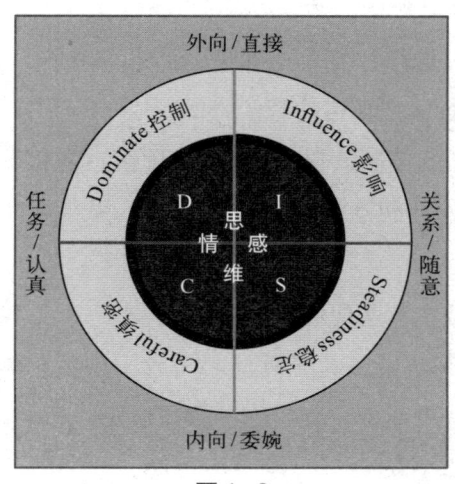

图1-3

①外向型＋任务型。这就是"D型"性格，也叫"力量型"：外向、行动、乐观。

②外向型＋社交型。这就是"I型"性格，也叫"活泼型"：外向、多言、乐观。

D型和I型的相同之处都是外向、乐观、开朗。不同之处在于，D型更注重行动，以任务为中心；而I型以人的社交为中心，更注重生活和社交。

③内向型＋社交型。这就是"S型"型性格，也叫"和平型"：内向、旁观、悲观。

④内向型＋任务型。这就是"C型"性格，也叫"完美型"：内向、思考、悲观。

S型和C型的相同之处在于，都属于内向型性格，悲观、沉默。不同之处在于，S型是以社交为中心，注重人的感受和想法；C型是以任务为中心，关注的是工作任务的完成。

这就是DISC性格系统的分析思路，通过两个维度的有机结合，把人的性格分为D、I、S、C四种类型。

4.DISC每种个性的整体特征

（1）D型性格的整体特征

"天生的领袖"是对D型性格的最好描绘，也是D型性格的自我标榜。外向、行动、乐观是D型性格的最佳概括。

D型性格有强烈的控制欲望，在任何环境下总是想掌控一切，获取主动，如果没有主导权，他会想法改变，或者离开，寻找新的能够担当领导重任的环境。

"我的地盘我做主"是他们的习惯性思维。

自信是D型的基本特征，充满信心，敢于创新，勇于冒险，总想推动事物的发展，总想些更简单、直接的方法和途径。

"不可能是失败者的借口，没有不可能"——阿迪达斯的这句广告说出了 D 型的心里话。

"工作第一，生活第二"是 D 型性格的座右铭。行动力强、反应迅速、精力充沛、永不疲倦、憎恨懦弱、藐视疾病、轻视娱乐。总是在不停地做，永远没有停下来的时候。

D 型性格的人反感那些行动迟缓、反应缓慢、拖拖拉拉的行为。

"快""立即""马上""对，就是现在"是他们常说的话。

D 型性格注重结果，忽视过程。"请给我结果"是 D 型性格最希望的状况。

天性好斗，争强好胜。"以德报怨"对于 D 型性格的人来说是天方夜谭，"以暴制暴""以牙还牙"是他们最习惯的处世方式。

"是英雄创造并推动历史的发展"——D 型性格的人最后说。

（2）I 型性格的整体特征

"快乐的天使"是对 I 型性格的最好形容，也是 I 型性格的一贯追求。外向、多言、乐观，是对 I 型性格的最佳概括。

I 型追求快乐，生活里总是充满阳光，总是喜欢娱乐活动。"我要我的快乐"是他们经常发出的呐喊。

I 型性格善变、好奇、喜欢新事物。"善始善终"对于他们来说是很大的考验，这也不是他们追求的目标。"为什么不放松下来，玩一会儿呢？"他们总是喜欢新事物，奇怪的是他们总能找到新事物。

I 型的最大特征是喜欢表达，总是喜欢在各种场合展示自己，他们是舞台的灵魂和晚会的中心，不管是真是假，只要有掌声，他们就很快乐。只要有鲜花，他们就能超常发挥。只要给阳光，他们就会灿烂。"想唱就唱，唱得闪亮"是他们的心声。I 型性格的人语言丰富，尤其善于讲故事，他们有一种奇特的本领，总能将一些枯燥无味的东西讲得生动活泼，多姿多彩，引人入胜。

因此 I 型的人周围总是围着一帮朋友，听他讲故事，而 I 型的人总是乐此不疲，有时甚至牺牲工作的时间。因为对于 I 型的人来说，获得了赞同，这就是关键，有赞同就是成功，有成功就是快乐。

I 型性格注重友谊，喜欢交友。他总能在最短的时间内和陌生人建立关系，并把这视为自己的荣耀和快乐。他们喜欢被人们称为朋友，也喜欢把任何人当成好朋友，而不在意对方的真实意思。I型可以和任何人交朋友，从环卫工人到文体明星，从公交车售票员到公司总裁，而且经常以自己的朋友来自于"三教九流"而自豪。

I型性格情绪善变，他们会因为小事和朋友翻脸，但是很快又和好如初。他们会因为某个悲伤的电视场景落泪，也会为一转台看到的相声小品大笑。他们像永远长不大的孩子，他们宁愿这样永远长不大，因为他们可以在任何时候利用任何理由要礼物，哪怕是一块随处可见的口香糖。

I型尽情地享受生活中的快乐，他们看到的永远是乌云后面的阳光。"今朝有酒今朝醉"是他们的处世名言。

I型喜欢随兴而发，最反感按部就班，因此从不做什么计划。他们相信车到山前必有路，他们相信自己的聪明，也相信自己的好运气。

金克拉说："人不可能长时间做那些他内心不认同的事情。"对于I型性格尤其如此。

"只要快乐就好。"I型的人笑着对大家说，然后又投入另外一个游戏。

（3）S型性格的整体特征

如果说D型（力量型）性格是天生的领袖，I型（活泼型）性格是快乐的天使，那S型就是为我们生活带来安定的人。到底是应该拼命地工作，还是尽情地娱乐？领袖和天使不可避免地产生冲突时，就需要维护和平讲求和谐的S型（和平型）性格了。

"和谐的使者"是S性格给自己的定位，也许还是S型性格来到这个世界的使命。这也是给默默无闻、脚踏实地工作的S型人的一个公正评价。

内向、旁观、沉默，是对S型的整体概括。

S型性格属于内向的一类，他们不会轻易出头，也不会随意表达自己的观点，他们总是站在旁边，做一个观众。就是有想法想表达，他们也会等到其他人结束后再慢慢地道来，也许这时候人们已经不感兴趣，如果这样，他们会随时停止。

S型性格讲求面面俱全。总希望世界是和平而友好的，他们是最容易相处的人，他们注重友谊，善解人意，他们会关心他人，他们善于倾听，他们是最好的知心朋友。当一个人生病需要照顾的时候，在他的身边总是有S型，而这时候D型的工作去了，I型的也许玩得正开心呢。

S型的人不会轻易作决定，更不会轻易采取行动。他们最反感的是贸然行动。他们总是告诉自己"再等一等"，他们总是希望"看看再说"，他们总觉得准备工作没有就绪，他们信奉的是"绝对不打没有准备的仗"。他们一旦采取行动，就会坚持到底。

S型性格喜欢安静，喜欢默默地待在某个角落，可以什么事情都不做地待上一天。他们就喜欢这样，并不等于心情有什么低落，或者遇到什么不太好的事情，这就是他们的常态，他们需要独立、安静的空间。

如果说D型是在制造故事，I型是在讲故事，那么S型就是在看故事。他们不喜欢参与其中，除非是发生冲突需要他们协调的时候。他们也会取得好的成绩，他们也需要表扬和奖励，但是他们更需要的是默默的欣赏。一个感激的眼神，一个会心的微笑，他们就会很满足，千万不要试图把他们拉上台去，那会让他们很难堪。

S型总是保持冷静和镇静。很少有什么事情能让他们冲动，他们总是给人安全感。如果发生什么意外，当D型在解决、I型在尖叫、C型在悲伤时，S型是在观望。他们是真正的"泰山崩于前而色不改"的人。

S型的人心地善良，宽容平和，他们总是在祈祷世界的和平和生活的安宁，他们相信："只要人人都献出一点爱，世界将变成美好的明天。"他们是"和谐社会"的倡导者和身体力行者。

（4）C型性格的整体特征

当I型寻求快乐，D型试图领导他人，S型观望的时候，还有一种人，他们在默默地思考。他们就是有着敏锐的观察、深邃的思想、明确的目标、严肃的态度的C型性格。

"思想的巨人"是C型特质典型的特征。

内向、思考、悲观是对C型性格的准确概括。当D型的在"做"，I型的在"说"，S型的在"看"的时候，C型的在"想"。

C型性格思想有深度、善于分析、富有心思。他们总不会让自己的思维停止，白天在思考，夜里会在梦中思考。C型是常常做梦的人。

C型总是善于分析事物，他们能够发现很多事物的内在联系。他们显得成熟而稳重，像个思想家一样受人尊重。他们心思缜密，观察入微。他们经常在考虑和谈论社会问题，他们在思考人类往何处去的问题。

C型性格注重细节，追求完美。他们总是希望达到最好的阶段，他们在不断要求他人和自己。当I型在欢呼"60分万岁"的时候，C型还在为没有得到满分而仔细地检查。他们希望注意到每个细节，他们不允许失败。不完美是对他们的伤害，而失败就是最大的不完美。因此他们总是非常严肃认真、一丝不苟，不允许出什么差错。他们善始善终，坚持不懈，直到完美。

对C型的人来说，永远没有满足的时候，他们会"从合格到优秀"，还要"从优秀到卓越"，最后甚至于"从卓越到伟大"，他们告诉人们"细节决定成败"，身体力行并且乐此不疲。

C型性格目标明确，严肃认真。他们和D型性格一样都是以任务为导向。不同之处在于，D型性格会立即行动，而C型性格在开始以前总是深思熟虑，他们遵循的是"想好了再说""计划好了再做"。

C型性格照章办事，遵守秩序。他们总喜欢制订规则和计划，并且严格按规则办事。他们是讲求原则的人，他们经常说"没有规矩，不成方圆"，他们善于计划，对于时间和数字非常敏感，他们也喜欢制作图表和数据，他们总喜欢把事物纳入预定的轨道。他们善于清理、整顿和归纳。他们最反感杂乱无章和随意散漫。他们是最守时的人，也是工于算计、善于理财的人。当I型成为"月光族"，经常大呼小叫"钱不够花"的时候，C型总是有盈余。I型一进家门，会随手乱扔袜子，而C型总是把鞋和袜子放好。

C型性格思维能力强，善于发明创造。他们是最有天赋和创造力的人，他们在文学、音乐、哲学、诗歌等方面有很好的天赋。亚里士多德说："所有的天才都是完美型的人。"他们还善于发明创造，不断改进，不断追求。

C型心地善良，多愁善感。他们是真正的"先天下之忧而忧，后天下之乐而乐"的人。他们善解人意，关心他人。他们的朋友不会很多，但一定有相交很深的朋友。他们视觉独特，总是能从事物的其他方面观察和思考。当I型看到阳光的时候，他们看到的是阳光后面的乌云。当I型在欢呼漂亮的鲜花时，他们看到的却是鲜花下面的杂草。所以C型总是生活在乌云中，他们是最认真却最不快乐的人。

"为什么受伤的总是我？"这是C型经常发出的感叹。

以上是对DISC各种类型性格特质的描述。培训师可以参照自己，看看自己的个性特质中，哪种特质的比重最多。同时，培训师还可以依据性格特质来快速区分学员，掌握学员的个性，投其所好。

四、性格分析在培训中的运用

结合ADDIE模式，性格分析如何有效地用在课程设计以及课堂呈现上呢？

在我讲授的所有课程中，基本上都会用到性格分析，除了因为我本身的定位就是讲"性格分析以及运用"这个课题以外，更重要的是，性格分析确实是一个很好的工具，能够帮助培训师增强培训效果。因此，无论是讲TTT还是职业培训师培训，我都会用上DISC性格分析，每次都会带来立竿见影的效果。

有一次给国家检察官学院讲授TTT，在最初的需求调查中，学员们并没有提及性格分析，因此我最初讲课没有讲性格分析。在上我的课之前，这帮来自全国各地检察系统的管理者已经连续上了几天的课程，非常疲倦，加上TTT课程又是采用实操演练的方式，刚开始上课，我感觉大家的参与性不高，于是将原来计划下午进行的性格测试换到上午，给大家做了测试和分析。大家的学习兴趣一下子就提起来了，参与性更高了，而且开始运用DISC相互打趣，整个培训取得了良好的效果。

性格分析在培训中到底该怎么用呢？

1. 培训师如何快速区分学员个性

在培训课程刚开始的时候，就可以运用性格分析的方法，快速区分学员个性，为后面的培训过程做相应的准备。

如何区分学员的个性？判断方法跟传统中医的诊断方式一致，那就是"望""闻""问""切"。

（1）"望"：就是观察，就是看

在培训刚刚开始的时候，我通常就用观察法，结合学员的坐姿状况，对现场学员进行一个初步的判断，大致了解本次学员的整体风格，对后面的培训做些相应的调整。

表1-2

类型	长相和表情	动作	形容词
D	威严，严肃，眼神有力	直接，迅速，有力	直
I	丰富，眼神闪动，面带微笑	丰富，夸张，摇晃	圆（曲）
S	眼神呆滞，平淡，很少有变化	拘谨，稳重，安静	平
C	忧郁，焦虑，蹙眉	优雅，规矩，注重细节	长

（2）"闻"就是听学员说的话

不同类型的学员，有不同的常用语、口语。

手机扫描二维码后，输入"PXDY02"，你将看到段烨老师的讲课视频，教你用性格分析方法与学员互动。

表 1-3

类型	常用语	口语
D	快,马上,立即,你错了	哼,行了
I	好,太棒了	呀,啊,哈
S	差不多好,还行,随便	哦,嗯
C	注意点,小心,认真	吗,不会吧

(3)"问"就是问问题,看学员对该问题的反应

培训师在刚开始上课时采用"提问法"做开场白,可以得到不同的回应。

通常对于学员的判断是几种方法的结合,并不仅仅用一种方法。快速判断学员的个性类型,最好的方法就是"破冰"。在开场的时候设计一个破冰的环节,通过这个环节可以快速地判断学员的个性状况。关于这个内容,详见《培训师21项技能修炼(下)——精彩课堂呈现》。

在我讲授的培训师培训中,通常最开始我会安排学员上台做第一次展示,这个环节是经过专门设计的,首先我会将主要内容进行一个简单介绍,然后要求学员上台做展示,如果人少,比如鹰隼计划的B计划,就是两个人组成一个小组;如果是企业内训师培训,人往往比较多,就三个人一组。要求是介绍对方,内容包括:1.对方姓名、来自什么部门;2.对方最擅长讲的课程是什么;3.针对这次培训的主题,对方最需要的三项内容是什么。通过"小组互相介绍",一方面进一步了解了学员的需求情况和现在的授课水平;另一方面,在这个过程中,也运用了"望、闻、问"对学员的个性状况进行了初步判断,接下来再运用"切"的方式,这样对学员的个性状况就做了一个整体判断。

(4)"切"就是专业的工具测试

了解和掌握学员个性之后,还需要明白各种类型的学员对课程的认同点和反感的地方,这是性格分析的第二个作用。

2. 各种性格类型学员的认同点和反感点

表 1-4

分类	认同点	反感点
D型学员	重点突出，观点明确	语言含糊、啰唆，不自信，形式太花哨
I型学员	生动活泼，亲和力强，形式丰富	气氛压抑，形式单一，没有互动
S型学员	和风细雨，思想深邃，气氛和谐	太强势，压力太大，互动太多
C型学员	思路清楚，逻辑严密，内容翔实	逻辑混乱，数据不明，不重细节

在培训的过程中，培训师要充分满足学员的认同点，同时尽量避免学员的反感点。在课程开发和课堂呈现的过程中，要专门设计和运用各个"兴奋点"，同时尽量控制、防止引起学员的反弹，甚至直接攻击。

有一次我给某著名的通信企业中高层管理者做情境高尔夫，培训的助教是一个有着大I特质的小伙子。在我上午授课结束后，这个助教为了让学员更"嗨"，专门增加了一个娱乐环节，引导大家上台去表演节目。没想到这家企业的老总是个大D，在小伙子带领大家"嗨皮"的时候，这个老总把我叫到身边说："段老师，我觉得情境高尔夫这种形式非常好，大家已经非常投入了，没有必要再搞最后这个娱乐环节，而且还有可能跑题。"这个在某著名商学院上过EMBA、见多识广的大D还建议："情境高尔夫整个过程已经非常好了，如果非要搞个活动，我觉得下午课程刚开始的时候可以搞一个，当然，要尽量压缩时间，还是要把主要时间用在情境高尔夫的内容研讨上。"

这就是一个D型特质比较反感I型的地方。我采纳了这个建议，确保了培训的顺利进行，也得到了这个大D的极高评价，后来连续给他们的中层做了6期情境高尔夫。

3. 掌握培训师自己在课程开发及授课中的各种状况

各种性格类型的培训师的优点和缺点：

表 1-5

分类	优点	缺点
D型培训师	重点突出，观点明确，善于控场	生动不足，论据欠缺，压力太大
I型培训师	生动活泼，亲和力强，形式丰富	思路混乱，容易跑题，重点不明
S型培训师	和风细雨，思想深邃，气氛和谐	控场不足，论证不足，观点不明
C型培训师	思路清楚，逻辑严密，内容翔实	要点不明，内容复杂，应变不足

在我主讲的培训师培训中，设计了一个"批评与自我批评"环节，就是让学员组成学习小组互相评价，通过对方这样一面"镜子"，看看自己存在的问题。

各种类型的培训师在保持优点的同时，应尽量弥补自己的不足：

表 1-6

分类	优点	缺点改善方法（加减法）
D型培训师	重点突出，观点明确，善于控场	加：案例、故事、笑话、互动、形式 减：压力、强势、自我、绝对化
I型培训师	生动活泼，亲和力强，形式丰富	加：重点突出、数据、逻辑、准确性 减：笑话、故事、形式、小动作
S型培训师	和风细雨，思想深邃，气氛和谐	加：重点、自信、声音、形式、控场 减：枝叶、谦虚、不确定
C型培训师	思路清楚，逻辑严密，内容翔实	加：观点、笑话、故事、互动 减：数据、案例、证据

实际上，性格分析技术在整个培训过程中都会用到，在ADDIE的每个环节也都能够用到。尽管本书为了阐述方便，把性格分析和需求调查放在了A（分析）环节，但是它在课程的D（结构设计、内容开发）环节、I（实

施和呈现）环节，以及最后的 E（评估）环节都会用上。培训是和人打交道，有人的地方就有性格，而性格分析就是一把钥匙。

五、关于性格分析的答疑及工具

1. 关于性格分析的疑问

疑问 1：为什么将性格分析用在课程开发中？

掌握学员个性是因材施教的一个基本指导思想，因为培训就是在和人打交道。性格分析不仅用在课程开发中，整个授课环节都需要用到。

疑问 2：性格可以贴标签吗？

不可以！性格不可以贴标签，因为人的性格是非常复杂的，贴标签过于僵化，同时容易产生误解。用"DISC"来形容，只是为了便于表述。

疑问 3：经常看到"D 型性格"之类的表述，是什么意思呢？

用"D 型性格"来表述，并不是说这个人只有 D 型的特质，而是包含两个意思：第一，这个人的 D 型特征比较多，属于典型的 D 型性格，但并不代表没有其他特征；第二，D 型性格是指"D 型性格特质"的特征，指的是一种特质，而不是一个特指的具体的人。

一个典型的 I 型性格的人，在某些地方会有 D 型性格的表现，这说明他有 D 型特质。

疑问 4：我看了上面的 DISC 介绍，怎么发现我好像每种都具备呢？我都不知道自己到底是哪种性格了。

没有任何一个人只有一种人格特质，从"人格"包含"气质"和"性格"就可以看出来。从我培训和测试过的上万名对象来看，目前没有发现任何一个人只有一种特质。极少数人有两种，所占比例不到万分之一；绝大多数人有四种，也有一部分人是三种。

因此，每个人都是性格组合。性格组合就是，每个人的性格都是由 DISC 四种性格特质组合而来，只是由于组合的方式以及 DISC 的比重不一样，性格的表现也就不一样。这是人的性格多样性的一个根本原因。每个人的性格都是由 DISC 组合而来的，掌握了这些特质的内涵以及组合规律，就可以分析每一个人。

疑问 5：我学习过其他的 DISC，发现中文的表述和本书的表述不一致，为什么呢？

不要只看名字，关键要看内涵。DISC 根据翻译情况用了不同的词语来形容，这很正常。

如同任何一门科学，DISC 也在不断改进和发展，尤其是引入国内以来，发生了很大变化，不再是生搬硬套国外的学术。本书所讲的 DISC 结合了目前国内外众多性格管理学说的优点，比如下文提到的"DISC 人格测评工具"，就不是传统的 DISC 测评工具，而是以一套著名的四型人格学说为基础，结合 DISC 人格测评工具优化而来。因为是以 DISC 为主要内容，所以也叫 DISC，但准确地讲，应该叫"四型人格分析学"。

疑问 6：性格分析应该是一门复杂的学问，仅仅通过这个章节，好像似懂非懂，有没有更详细的内容？

性格分析的工具很多，除了 DISC 以外，现在最知名的还有九型人格、MBTI，另外还有传统的 16PF，以及大五人格，其中相对容易掌握和运用的就是 DISC。关于 DISC，详细内容请参见拙作《只用管好四种人——DISC 性格分析让你成为高绩效的管理者》。

2. 关于性格测评的工具

目前，培训界最常用的性格测评工具有四个：MBTI、PDP、九型人格和 DISC。DISC 最简单，也最容易掌握，本书将提供初步的测评工具，读者可以自己测试，详见附："DISC 人格特质诊断"。

附：DISC 人格特质诊断

在每个题目（40 题）中选择一个最符合你自己的选项，做好标记，不要遗漏。

1. 整体上讲，我是一个

    a. 勤劳的人，不停地工作，总想赶快完成任务，不愿意休息

    b. 充满活力的人，精力充沛，不停地动

    c. 和气的人，易相处，易说话，易让人接近

    d. 完美主义者，对自己和别人要求都很高，希望凡事都要有秩序

2. 生活中，我总是表现得

    a. 生机勃勃，对生活充满热情

    b. 满足现状，容易接受任何情况与环境

    c. 谨小慎微，对周围的人和事过分关心和敏感

    d. 不断进取，不满足现状，希望推动改变

3. 我觉得自己是

    a. 适应力强、轻松自如适应任何环境的人

    b. 善于分析、喜欢研究事物逻辑关系的人

    c. 喜欢挑战、愿意面对新事物并敢于下决心掌握的人

    d. 让人开心、喜欢与他人相处、充满乐趣的人

4. 对于任务，我愿意做

    a. 计划者，先制订详尽的计划，并严格按照计划进行工作，不想改动

    b. 指挥者，自己身先士卒，指挥和带领他人一起干

    c. 发起者，用人格魅力来发动和鼓励别人参与

    d. 跟随者，启动虽慢，但是愿意跟随他人持续干下去

5. 与人相处时，我是一个

    a. 善于说服的人，用逻辑和事实结合威严和权力让人听从

    b. 使人振作的人，给他人帮助，激励他人振作

    c. 善于聆听的人，重视别人的意见，愿意听别人倾诉

    d. 体贴他人的人，关心别人的感受与需要

6. 生活中，我通常

    a. 尊重他人，常常为别人着想

    b. 情绪稳定，善于控制自己的情感

c. 喜好娱乐，常常开心，充满乐趣与幽默感

d. 善于应变，对新情况能作出有效反应

7. 我日常的表现是

a. 稳定平和，在冲突中不受干扰，保持平静

b. 善始善终，要完成现有的事才能做新的事情

c. 喜欢竞争，把一切当作竞赛，总是有强烈的求胜欲望

d. 积极参与，总是最快地参与新活动

8. 面对新事物，我

a. 注意细节，观察入微，能发现新的信号和情况

b. 敢于冒险，无所畏惧，喜欢挑战新事物

c. 充满好奇，跃跃欲试，积极参与

d. 安于现状，不太理会新事物

9. 有人评价我

a. 很自信，相信自己的个人能力，很少犹豫或者动摇

b. 充满活力，并将快乐带给他人

c. 情绪平稳，没有大的起伏变化

d. 有文化修养，对艺术、学术特别爱好，如戏剧、交响乐、文学

10. 与人相处，我属于

a. 有趣的人，风趣、幽默

b. 强势的人，总是发号施令，让他人听从

c. 忠诚的人，一贯可靠，忠心不移，一旦认同就很难放弃

d. 友善的人，虽然不主动交谈，但是也不爱争论

11. 对于规则，我是

a. 遵守者，严格遵守并认真执行，虽然对规则并不完全赞同

b. 制订者，常常制订规则，以身作则，并希望人人都按规则办事

c. 破坏者，破坏规则，不愿意自己受到任何约束

d. 变化者，时而遵守，时而挑战，要看具体情况

12. 好朋友评价我是

a. 追求完美的人，总是希望把所有事物做到完美无缺

b. 意志坚定的人，决心以自己的方式做事而不管他人意见

　　c. 善于社交的人，友谊第一，认为与人相处是好玩，而不是挑战

　　d. 与人为善的人，易接受他人的观点和喜好，不坚持己见

13. 生活中，我会

　　a. 重视他人感受，尽量不说或者做可能引起别人不满和反对的事情

　　b. 积极响应，鼓励别人参与、加入，并把每件事情都变得有趣

　　c. 讲究规律性，生活、做事依靠时间表，不喜欢计划被人干扰

　　d. 自给自足，独立自信，不需要他人帮忙

14. 人际交往中，好朋友说我是一个

　　a. 受欢迎的人，聚会时的灵魂人物，受欢迎的宾客

　　b. 和气的人，给人舒适感，让人放松

　　c. 忠心的人，对理想、朋友、工作都很忠实，一旦认同就不容易改变

　　d. 强势的人，各个方面总是显得比别人强

15. 我的思维具有

　　a. 平衡性，讲究平衡、稳定、走中间路线

　　b. 规范性，时时坚持自己的举止合乎认同的规范

　　c. 进取性，无所畏惧，大胆前进，不怕冒险

　　d. 跳跃性，充满活力，变化很快，总显得生气勃勃

16. 生活中，我总是

　　a. 考虑周到，善解人意，帮助别人，总能记住特别的日子

　　b. 自信而执著，不达目的誓不罢休

　　c. 不断地说话，讲笑话，娱乐他人，觉得应该尽量打破沉默

　　d. 易迁就，改变自己以与他人协调，短时间内按他人要求行事

17. 我感觉自己是一个

　　a. 果断的人，总是很快作出判断、采取行动

　　b. 情绪外露的人，从不掩饰情感、喜好

　　c. 含蓄的人，自我约束情绪，不轻易发表自己的看法

　　d. 深沉的人，深刻并常常内省，厌恶肤浅的交谈、消遣

18. 面对任务，我通常是

a. 积极响应，只要被人喜爱，成为人们注意的中心，就可以行动

b. 看看再说，不用着急，先看看情况，做好准备

c. 三思而后行，有系统有条理地安排事情

d. 立即行动，只有行动才能完成任务

19. 讨论中，我通常

a. 显得宽容，易接受别人的想法和看法，不需要反对或改变他人

b. 重视数据，善于用图表和数据来组织工作、阐述思想、解决问题

c. 很乐观，鼓励大家要积极向上，快速采取行动

d. 积极主动，抓住机会，毫无保留，坦率发言

20. 我愿意充当

a. 规划者，以自己完美的标准来设想、衡量和规划事物

b. 推动者，推动事物高效率发展，是别人的领导者，闲不住

c. 社交家，喜欢周旋在聚会中，能很快把陌生人变成好朋友

d. 调解者，经常居中调解不同的意见，以避免冲突

21. 最熟悉我的人，有时会说我是一个

a. 不善交际的人，总喜欢挑人毛病，不被人喜欢

b. 冷漠的人，漠不关心，得过且过，不太有热情

c. 天真的人，孩子般单纯，不理解生命的真谛，永远长不大

d. 工作狂，为了回报或成就感，设立雄伟目标不断工作，耻于休息

22. 如果有人询问意见，我会

a. 热情洋溢、滔滔不绝地把自己的意见讲出来

b. 言简意赅，直接表达自己的意见

c. 不愿意直接表达意见，表示尊重对方的意见

d. 先猜测对方的真实意图，再逻辑清楚地表达自己的意见

23. 如果有人不同意我的观点，我通常的做法是

a. 平静地倾听他人的想法，尽量避免冲突

b. 运用沟通技巧，利用个人魅力吸引他人，让他们同意我的观点

c. 摆事实、讲道理，改变他人的观点

d. 积极地反驳，用强力改变对方，让他接受我的观点

24. 我希望有

　　a. 影响和吸引他人的机会

　　b. 不断修正、走向完美的机会

　　c. 改变世界、控制事物的机会

　　d. 放松、休息的机会

25. 对于工作计划，我的看法是

　　a. 计划虽然有用，但最重要的是行动，结果才是最重要的

　　b. 最好不要有什么计划，太多的约束会影响创意

　　c. 有无计划都行，只是不要弄得太复杂

　　d. 必须要有计划，而且需要严格地遵循计划

26. 面对规则，我属于

　　a. 规则的执行者，虽然不一定认同，但还是会遵守

　　b. 规则的制订者，也是以身作则的遵守者

　　c. 规则的改变者，总是想方设法不断地调整和改变规则

　　d. 规则的破坏者，反感受到约束，总是去挑战和破坏自己不认同的规则

27. 聚会中，我显得

　　a. 有些孤僻，需要大量的时间独处，避开人群，思考自己的事情

　　b. 有统治欲，毫不犹豫地展示自己的控制能力，以显示自己的独到之处

　　c. 沉默，不太喜欢参与，显得有些不太热情

　　d. 嗓门大，说话声和笑声总盖过他人，希望成为大家关注的焦点

28. 如果必须需要某些资源，我通常会

　　a. 恳请对方支持，并且提出替代方案，以免让对方为难

　　b. 运用严密的逻辑、详细的数据来说明情况，以获取支持

　　c. 运用个性魅力拉近关系，以获得对方的支持

　　d. 告诉对方不能满足会带来什么负面后果，从而迫使对方答应

29. 我比较反感

　　a. 粗心大意、不注意细节的人

b. 沉闷、死板、生活没有情趣的人

c. 冲动、反应太过于激烈的人

d. 动作迟缓、反应慢、懒惰的人

30. 在指导对方时，我通常的做法是

a. 友好地提出意见，并和对方共同完成任务

b. 直接进入要点，要求对方遵照执行

c. 运用数据、流程，非常严格地要求对方

d. 热情友好，采用大量的身体语言吸引其他人参与

31. 稍微熟悉我的人认为我是一个

a. 固执的人，坚持按自己的意见行事，无法听取不同意见

b. 行动迟缓的人，迟迟才有行动，不易参与

c. 随兴的人，做事情没有一贯性，很随意

d. 难于取悦的人，因为要求太高

32. 如果不同意对方的观点，我会

a. 热情、友好地向对方直接提出我的看法

b. 直接指出对方的错误，并提出自己的意见

c. 理解和尊重对方的观点，委婉地提出自己的意见

d. 详细地分析和阐述对方观点的谬误

33. 以下四个选项，最能形容我风格的是

a. 做——行动才能解决问题

b. 想——三思而后行

c. 看——旁观者清

d. 说——畅所欲言

34. 我对自己不够满意的地方是

a. 挑剔，过于在意琐事、细节，总喜欢挑不足

b. 胆小，面对不同的意见和冲突总是躲避和退让

c. 健忘，不愿意记无趣的事情

d. 率直，直言不讳，不管他人感受

35. 对于合作，我通常

a. 采取中间路线，无高低之分，很少表露个人倾向

b. 自我评价高，认为自己是最佳人选

c. 总看到危机，尽管期待最好，但往往首先看到事物不利之处

d. 允许别人做他喜欢做的事情，为的是讨好别人，令别人鼓吹自己

36. 生活中，我有时也会

a. 有些消极，往往看到事物的消极面、黑暗面

b. 渴望认同，希望得到他人的赞赏、鲜花和欢呼

c. 拘谨，不好意思用语言和动作当众表达情感

d. 很乏味，凡事总是提不起兴奋和热情，不想参与和投入

37. 我最欣赏

a. 做事严谨、关注细节、思路清楚的人

b. 心地善良、宽容、有耐心的人

c. 活泼、友好、总是给人带来快乐的人

d. 果敢、自信、敢做敢当的人

38. 关于业余爱好，我最符合的是

a. 没有什么特别的爱好，能让人放松就行

b. 爱好不多，但是做得还行

c. 只喜欢对工作有帮助的活动

d. 爱好太多了，玩得都挺好

39. 看到有人做得不对的地方，我会

a. 又说又做，既指责对方的不足，同时又帮助对方调整和改变

b. 不说不做，不需要太着急参与，给对方留出足够的时间和成长空间

c. 多说少做，主要是在语言上给对方更多指导，不一定采取行动

d. 少说多做，不需要过多的语言，直接帮助对方解决问题

40. 我最认同的关于使命的说法是

a. 用我的意志改变世界

b. 用我的魅力给世界带来快乐

c. 用我的牺牲给世界带来和平

d. 用我的付出让世界更美好

对照及统计

请将上面选择的结果参照以下答案，在对应的DISC中做好记号，然后统计出个数和比重。

选项	a	b	c	d	选项	a	b	c	d
1	D	I	S	C	21	C	S	I	D
2	I	S	C	D	22	I	D	S	C
3	S	C	D	I	23	S	I	C	D
4	C	D	I	S	24	I	C	D	S
5	D	I	S	C	25	D	I	S	C
6	C	S	I	D	26	S	C	I	D
7	S	C	D	I	27	C	D	S	I
8	C	D	I	S	28	S	C	I	D
9	D	I	S	C	29	C	I	S	D
10	I	D	C	S	30	S	D	C	I
11	S	C	D	I	31	D	S	I	C
12	C	D	I	S	32	I	D	S	C
13	S	I	C	D	33	D	C	S	I
14	I	S	C	D	34	C	S	I	D
15	S	C	D	I	35	S	D	C	I
16	C	D	I	S	36	C	I	D	S
17	D	I	S	C	37	C	S	I	D
18	I	S	C	D	38	S	C	D	I
19	S	C	D	I	39	C	D	S	I
20	C	D	I	S	40	D	I	S	C

类型	个数	比重
D		
I		
S		
C		

本章小结

1. 学习要点

掌握和运用 DISC 性格分析工具。

2. 课后作业

①运用 DISC 测评工具掌握自己的性格特征;

②借助 DISC 工具发现自己的不足;

③运用 DISC 塑造适合自己的培训风格。

第二章 寻根问底
培训需求调查的流程和方法

ADDIE小贴士

在ADDIE模式中,A(分析)既包括对学员性格的分析,还包括对学员课程需求的分析,在传统模式中,A(分析)还包括更多的内容,如行业发展、公司背景、岗位任职情况等各个方面,这是为公司开发整个课程体系打下基础。但是在实际的培训过程中,无论是职业培训师,还是内部培训师,真正做到这样全面分析的并不多。在具体操作过程中,要根据具体的情况选择分析项目,其中学员的需求调查分析是一个重点,也是一个必须环节。

一、培训需求调查存在的问题

1. 忽视培训需求调查

培训首先要做好需求调查,就像医生治病首先要诊断病情一样。如果事先没有做调查,会产生什么后果呢?

在写作本书的时候,本来我计划将下面这个案例改一改,但是在实际工作中,我发现类似的情况还不少,于是决定保留这个案例。

高中时,只要生病了,同学们就会去找校医开药。老医生很认真:先把脉,再用听诊器,然后量体温,最后认真开处方,并照着处方配药,临走时还认真叮嘱服药事项。按此流程,每次诊断要两个小时左右。后来大家发现:老医生不仅看病的流程是一样的,就连处方都一样;不仅一个同学多次看病时处方一样,而且给不同的同学看病时处方也一样。所以后来如果有几个同学同时病了,根本不用大家都去看病,只需要一个同学去多开点药回来,大家分着吃,就像帮同学打饭一样。我们经常会在宿舍听到这样的话:"我生病了,去找校医看病,还有哪些同学要我带药回来?"

如今,培训行业也兴起了这种开"普药"的现象,而且某段时间居然大行其道,有人连企业背景都不知道,甚至连企业的名称都没有搞清楚就去培训。

有些公开课不做需求调查是可以理解的。公开课本身的授课形式决定了无法做真正的需求调查,公开课就是起"普及作用"的,就是"普药"或者"保健食品",虽然不一定保证有益,但是基本上无害。你决定去参加公开课,就意味着你去的是药店,是直接去买药,而不是去医院看病。

但是作为内训，面对的是企业的内部员工，是要"治病救人"的，这就必须对症下药，如果不做需求调查，可真是有点"江湖郎中"的味道了。

"没有调查就没有发言权"，而现实中，很多在讲台上侃侃而谈、以权威自居的培训师，并没有真正做过需求调查。

如果我们问培训相关者（包括培训师、培训机构、企业培训主管、参训学员等）"培训需不需要做需求调查"，几乎所有人的回答都是"Yes"。

如果接着问"有多少人在培训前真正做了需求调查"，很多人就不好意思回答了。

如果继续问"有多少人认为自己的调查真正掌握了学员需求"，回答就更少了。

再继续问"有多少课程是根据需求调查来设计的"，回答更是寥寥无几。

有一次给某著名地产公司做课程设计和开发，课程的主题是"如何做一名合格的总经理"。

通过前期的沟通，我们了解到这是一家在当地非常有实力的以地产开发为核心的集团企业，在全国许多地方都有分公司。他们希望加强管理，提高整个集团的学习力，还构建了"学习地图"，为整个集团的学习和人才培养搭建了基本框架，并且即将成立商学院。和国内众多商学院一样，都是建立了"框架"，就差"内容"——系统的课程和讲师队伍。其商学院即将开学，急需开发两门课程，一门是如何做高管，一门是如何做中层。

在前期通过电话沟通做完调研后，我们项目组前往该企业面谈。面谈刚刚开始，该企业的培训负责人就问，段老师，通过前期的调研，请问你们设计的具体的课程内容是什么呢？我回答说："我们前期仅仅对贵企业的背景做了初步的了解，还需要深入地了解和调查。我们今天来就是做这部分的，只有做好了调查，才会有后面的内容。"

后来，我们为该企业做了完整的需求调查。假如培训师和企业都不重视需求调查，那么这个重要的环节就有可能被忽略。不过有时候，即使培训师做了需求调查，也还是会有一些问题。

在我们组织的鹰隼计划训练营中，学员Z老师谈到她经历的一个案例。

Z老师：有一天，我接到某上市公司人力资源部的电话，请我给他们讲授一个课程，按照惯例，要做需求调查。调查发现，该公司刚请咨询公司做了"绩效管理"的咨询项目，加强了绩效考核，但是企业管理者并没有接受，导致人力资源部推行的新考核制度受到很大抵制，因此想组织一次培训，来提高大家对于绩效考核的认识，从而促进项目的推进。

段烨：这个调查组织得很好，那么培训的主题是什么？

Z老师：在确定主题的时候，他们的培训主管、人力资源经理以及总监都提出了自己的看法，但是意见不一致，当时还进行了激烈的讨论。

培训主管认为，应该讲授"如何做好绩效管理"。他认为正是由于大家对这个绩效管理的项目没有正确认识，才产生了抵触情绪，应该通过培训来帮助他们提高认识。

人力资源经理认为，应该讲授"管理技能"课程，因为她明显感觉到该公司的管理层缺乏一些基本的管理技能，他们很多是从一线提拔起来的骨干，做具体的业务可以，但是缺乏管理技巧。虽然他们对绩效管理的项目认识有些不到位，但更重要的是他们缺乏管理技能，就算认识到了绩效管理的意义，在实际工作中也没有办法完成。

人力资源总监认为，根本原因在于公司管理层对人力资源缺乏正确的认识，更谈不上推行绩效管理的相关工作了，这才是根本的问题。

经过多次沟通，最后确定主题为"非人力资源经理的人力资源管理"，结合该公司刚刚推行的绩效管理制度，主要是以绩效管理模块为重点，帮助管理层正确地理解和认识人力资源，掌握一些基本的人力资源管理技能，同时兼顾企业其他方面的需求。

段烨：培训进行得顺利吗？

Z老师：不顺利，培训那天，该公司老总也参加了，此前他并未确认会参加。在培训的中途，他们老总建议我讲"销售"，他觉得应该加强销售培训，因为这个老总是销售出身，对销售情有独钟。

段烨：他们的总经理，你有没有沟通？总经理要参加这个培训吗？

Z老师：需求调查的时候，他们说总经理经常出差，不一定参加培训。

段烨：这就是需求调查的问题了！尽管做了需求调查，但是仍然存在一些问题。

2. 培训需求调查存在的其他问题

①**调查做得不深入**。做了调查，但是流于形式，没有掌握真正的需求。
②**方法单一**。简单地发个需求调查表了事，做了调查，但没有效果。
③**需求调查和讲课内容脱节**。虽然做了调查分析，但讲授的内容还是照搬以前的版本，与需求调查无关。

3. 培训需求调查存在问题的三个原因

培训中没有科学的需求调查，原因是多样的。

（1）企业培训管理者的问题

有时会接到这样的电话：

对方：段老师，听说你会讲情境高尔夫？

段烨：讲呀，这是我们的版权课程。

对方：那发个培训大纲吧，我们需要这个课程。

段烨：情境高尔夫是一种培训模式，包括"向下管理"，就是如何管理下属；还有"向上管理"，指怎么与上司更加顺畅地合作，以圆满地完成工作；还包括"横向管理"，也就是指跨部门合作，和其他同事有效地沟通和合作。

对方：段老师，那请你发个向下管理的大纲吧，我想我们需要讲这个。

段烨：情境高尔夫的特点之一就是具有针对性，在培训之前需要对培训企业进行需求调查，根据企业的具体情况设计情境，因此我们采取的是CTC模式，要做需求调查。我不知道你们企业的具体情况，怎么给你大纲？

对方：没有关系，你先发个曾经讲过的给我看看，然后给我们培训总监审查。

面对这种情况，怎么做需求调查？

（2）培训机构的问题

有一次接到这样一个电话：

对方：段老师，听说你专门讲TTT，我们的客户刚好有这样的需求，请你把大纲发给我。

段烨：对方是什么需求呢？

对方：我还不是很清楚。你先把大纲给我，回头我再给你讲详细情况。

段烨：需要讲多少天课的大纲呢？

对方：你有几天的？

段烨：半天的、1天的、2天的、3天的、4天的、6天的、8天的都有，你需要哪个？

对方：都给我吧。

段烨：那你准备给对方哪个呢？

对方：都给他，让他自己选。

这有点类似于餐厅里的"菜单"，看似能提供若干选项，却未必能对症下药。面对这种情况，我通常会把"ADDIE培训师的21项修炼"作为整个课程的大纲发给对方，告诉他们，请客户根据自己具体的需求做选择，通常一天是四项。这只是初步的调查，等客户确定后，还要再做进一步的调查，以确定重点内容。

（3）培训师的问题

我们格诺威公司遇到客户有需求的时候，也会去联系老师，经常遇到类似下面的情景：

格诺威：×××老师，您好，请问您讲销售类的课程吗？我们的客户有这个需求。

×××老师：讲呀，讲过很多。

格诺威：×××老师，您主要讲销售的哪方面？

×××老师：只要是跟销售有关的都会讲，都是相通的嘛。

格诺威：那请问×××老师，您擅长讲销售的哪方面呢？

×××老师：只要是销售类的都擅长，这个你就不用担心了。除此之外，我还擅长讲人力资源、团队建设和生产管理……这些都是相通的。

格诺威：那×××老师您通常讲什么课程呢？

×××老师：客户需要什么课程，我就会讲什么课程。

终于提到"客户"了，不过不是"需求"，而是"需要"。

对于这种什么都擅长的全能型大师，我们一般都敬而远之。

除了以上三方面原因，培训对象、调查对象也是影响需求调查质量的重要因素。比如，参训学员不愿意接受调查，认为是多此一举，耽误时间。在他们的印象中，培训就是"学习"，直接去教室听讲就可以了，还调查什么呢？

在情境高尔夫培训过程中，我们都要收集培训学员的案例，对这些案例进行整理和加工，从而构建符合企业实际情况的情境，培训时就围绕这些情境进行深入的讨论和学习，确保培训内容与学员实际情况的契合性。这是情境高尔夫这种培训模式深受学员欢迎的重要原因之一。但是在实际操作中，我们往往会遇到很多的阻力，学员不愿意提供案例。

有一次我给某上市药企上"情境高尔夫——向下管理"。第二天，一位学员发言了："哎，我现在最后悔了，当初我们商学院的老师做需求调查，收集工作中的案例，我当时觉得经常参加培训，听听就可以了，还收集什么案例？加上工作忙，就没有提供案例。通过昨天的培训我发现，课程研讨的内容就是我们工作中遇到的事情，哎，其实我在工作中有很多事情，需要大家共同探讨，可惜……我太后悔了。我要求参加下一次'向上管理'的培训，我一定会提供很多案例。"

培训学员以及企业不愿意做需求调查，许多培训界同行都遇到过类似情况。尤其是很多企业的内训师，做这样的需求调查更是不被同事理解，阻力更大。其中一个重要原因是，大家对于需求调查的意义和作用理解不够。

二、培训需求调查的管理学原理和作用

1. 培训需求调查的管理学原理

（1）对症下药原理

这是培训的基本原则，要根据企业具体需求设计解决方案。

（2）20/80 法则

又名"帕累托法则""二八定律"等。20/80 法则认为：原因和结果、投入和产出、努力和报酬之间存在着无法解释的不平衡关系，结果、产出或报酬的 80% 取决于 20% 的原因、投入或努力。20/80 法则要求培训师抓住重点，企业存在的问题不是某一方面，而是多方面的，对调查结果要抓住重点。

（3）目标导向原则

培训首先要明确目标，目标从何而来？关键就是需求调查，了解学员的需求，掌握学员存在的问题，根据这些情况，进行课程的设计、开发与实施，从而实现培训目标，真正取得培训的效果。

ADDIE 模式中，A 就是"分析"，而分析的最终目的就是确定培训的目标。所以说目标导向原则是培训的第一个原则。

2. 培训需求调查的三个重要作用

（1）确定主题

每家企业都存在这样或那样的问题，而一次培训只能解决一个或者一类问题。到底要解决哪类问题呢？首先就要通过调查确定主题，就像医生做 CT 一样，通过诊断确定哪个地方出了问题，为后面的解决方案提供依据。

（2）确定内容

确定内容，就是提供解决方案，就像开处方一样，通过设置内容来解决存在的问题。

确定主题与确定内容是相互联系的，既可以先后两次进行，也可以同时进行。

（3）确定目标

确定主题和内容，最终目的是确定培训目标。在整个培训过程中，无论是 ADDIE 模式还是其他模式，培训目标都应该是培训最重要的依据，不管是在课程开发阶段还是授课阶段，培训师一定要不断地问自己"目标是什么"，将目标作为指导培训的依据和标准。

当你爬梯子的时候，首先要确保你的梯子搭对地方；当你准备培训的时候，首先要确保你的目标是确定的。本章"非人力资源经理的人力资源管理"的案例，培训不顺利的一个原因，就是调查所获得的需求不一致，培训目标也不一致。

所以，调查最根本的作用就是确定目标。

三、培训需求调查的类型和流程

1. 培训需求调查的三种类型

根据需求调查的目的，可以将需求调查分为三种类型。

类型1：没有限定范围，需要做全面调查。

即并不确定主题，或者是主题不明确，要通过需求调查来得出主题。对这种类型，要做两次需求调查：第一次，确定主题；第二次，确定内容。

医院里：

患者：医生，我最近身体不舒服，请帮我看看。

医生：哪里不舒服？

患者：我全身都不舒服。

医生：主要症状是什么？

患者：我症状很多。

医生：那好，从头部开始讲起。

患者：我自己说不清楚，你帮我检查一下吧。

医生：好的，那需要做个全身检查。首先做血常规检查，接着做CT，然后做彩超。

培训中：

企业培训主管：老师，我们的企业管理出现问题了，请帮我们培训一下吧。

培训师：你们管理中哪些地方出了问题？

企业培训主管：我觉得每个地方都有问题。

培训师：能不能讲讲，你对哪些地方不满意？

企业培训主管：我觉得都不满意，都存在问题。

培训师：这样的话我们需要对企业做整体的调查，要对企业战略文化、组织结构、研发、设计、采购、生产、营销、财务、人力资源等各个方面进行深入的了解。

这种情况需要对企业进行全面系统的调查，这通常是"咨询"要做的工作，一般的培训不需要这么全面。但是在培训管理规范的企业，这样全面的调查也很常见。主要就是在年底的时候，为了制订第二年的整体培训计划，需要进行全面调查。这种调查通常是企业培训部门所做的事情。

企业培训师通常做的是下面两种类型的调查。

类型2：先限定范围，再做需求调查，目的是确定主题。

患者：医生，我头痛，请帮我治一治。

医生：你头痛？

患者：是的，我头很痛。

医生：痛了多久了？

患者：痛了一周了。

医生：你给我讲讲，有哪些症状？

患者：我说不清楚，就是头痛。

医生：还有其他部位不舒服吗？

患者：不，只有头痛。

…………

医生：好，情况大概明白了，可能是感冒引起的头痛。一方面需要验血，看是否有病毒；另一方面，要做个头部的CT，看是否有器质性损伤。

这就是有一定范围后再进行调查，培训中常用的就是这种类型。

企业管理者：我们普遍感觉最近士气比较低落，想做个培训。

培训师：整个团队的士气都很低落？

企业管理者：是的。大家感觉工作热情和团队凝聚力不强。

培训师：除此之外，你觉得还有什么不满意？

企业管理者：就是这点。

培训师：那好，我们来调查一下团队士气低落的原因。以下这些问题，需要我们深入沟通……

这样的培训往往是"头痛医头，脚痛医脚"，也许不能从整体上解决问题，但是至少比"头痛医脚，脚痛医头"要好。

如果想从整体上解决问题，要么进行系统的培训，要么采用咨询的方式。

到底应该如何确定培训主题呢？通常采用的思路是"大胆假设——小心求证"，这是麦肯锡公司的法宝。我们在此基础之上加一句，变为"大胆假设——小心求证——确定主题"。

①**大胆假设**。就是在确定主题以前，首先进行一个假设，假设产生这种不良状况的原因是什么。

②**小心求证**。通过需求调查来验证，产生这种状况的原因是否就是假设的这个原因。

③**确定主题**。根据培训需求调查得出原因,设计解决方案,从而确定主题。

需求调查后,通常会存在三种情况:

情况1:假设的原因刚好就是根本原因,是问题所在。

情况2:假设的原因是问题的重要原因,但是产生该状况还有其他原因。

情况3:假设的原因虽然相关,但不是根本原因,该状况主要是由其他原因造成的。

我们通过具体案例情景模拟的方式来理解上面三种情况。

一家企业的培训负责人感觉他们的员工士气低落,打算做一个激发员工士气的培训。到底讲什么内容呢?需要做需求调查。以下就是模拟现场交流的情况。

企业管理者:我们普遍感觉最近士气比较低落,想做个培训。

培训师:除此之外,你觉得还有什么不满意?

企业管理者:就是这点。

培训师:那好,我们来调查一下团队士气低落的原因。通常团队士气低落有以下几种原因,你看看你们属于哪种。

- 成绩得不到认可。取得了很多成绩,却没有得到相应的认可和承认。
- 一时看不到成功的希望。目标制定存在一定的问题,干了很久,发现目标太远了,总感觉离最后的成功很遥远。
- 遭遇重大挫折。遇到很难解决的问题和障碍,一时找不到解决的办法。
- 缺乏团队合作的氛围,相互拖后腿,产生了内部消耗。
- 缺乏足够的领导力,团队中没有主心骨,无法领导和激励大家。

然后,我们开始大胆假设:

情况1:假设的原因刚好就是问题所在。

企业管理者:对,我感觉这几种情况都存在,就是这些问题让大家士气低落。

培训师:好,那你就此举例说说。

企业管理者：好的。比如说，第一，……

结论：该企业存在的问题是士气低落，提供的解决方案是"通过对五个方面的逐项训练，解决实际存在的问题，从而激发团队士气"，主题是"提升五项修炼，激发团队士气"。

情况2：假设的情况是问题的重要原因。

企业管理者：我觉得主要是第五个原因，缺乏足够的领导力。

培训师：为什么呢？

企业管理者：大家都觉得我们现在的领导能力不行。

培训师：你举个例子描述一下，你们领导哪里能力不行。

企业管理者：比如，平时他总是低头干事，很少和我们沟通，我们遇到什么问题去找他，他总是推脱。

培训师：还有呢？

企业管理者：还有就是他不懂得鼓励我们，一说话就是骂人，我们都躲着他，私下里都不服他。

培训师：为什么呢？

企业管理者：他是刚被提拔上来的，以前没有当过领导。

结论：看来这个领导缺乏管理技能。团队士气低落，是因为这个领导欠缺领导力，那么重点就在领导力培训上。

这时候可以给对方两个方案。

①**主题不变，但是将这个重要原因作为重点**。比如，继续以"激发团队士气"为主题，但是以提升领导力为重点。因此，培训主题可以设计为"提升领导能力——激发团队士气"。

②**以这个重点因素作为主题**。比如，可以安排这个部门的领导参加"领导技能"类培训。

情况3：假设的情况虽然相关，但不是根本原因。

企业管理者：我们整个团队氛围挺好的，领导也很有能力，大家都相信他。最近也没有遇到大的问题，工作还是在推进，但是最近公司的薪酬制度调整了，大家越干越没有信心了。

培训师：你能不能详细描述一下？

企业管理者：是这样的，最近我们推行新的薪酬制度，对大家的收入影响很大。

培训师：有多大？

企业管理者：大家的整体收入都降低了。

看来真正的原因是薪酬制度调整影响了团队士气，但薪酬制度的调整是培训改变不了的，就算组织一次"激发团队士气"的培训，意义也不大。因此应该更换新的主题，解决根本问题。

在具体的培训工作中，现实情况往往比以上模拟的案例更为复杂：一是因为导致一些不良现象的原因很多，并不仅仅是某一个原因；二是很多时候并不能轻易找到原因，就算找到了原因，也不能确定这就是根本原因。这就需要培训师有火眼金睛，能透过现象看本质。

有一次接到北方某著名移动通信公司培训负责人的需求，他们要做一个"情境高尔夫——向下管理"的培训，以下是我与他们负责人杨经理的访谈记录（节选）。

段烨：杨经理，你好，请问本次培训的基本背景是什么，为什么要选择情境高尔夫这样的培训模式？

杨经理：是这样的，我们是一家移动通信公司，在本行业市场占有率最高。我们也一直重视培训，除了集团总部以外，我们自己也要组织很多培训，可以这么说，市面上比较知名的培训课程我们都上过了。我们的同事对培训也比较熟悉了，甚至算是内行了，所以有些不太支持培训，我们的组织工作难度很大。因此，我们想上一种新型的培训模式，既能激发大家的学习兴趣，也能产生真正的效果。我们也听说过这种叫"高尔夫"的培训模式，深入了解后发现有几个流派，后来我们就选择了"情境高尔夫"。

段烨：谢谢你的信任。现在我们讨论一下，确定培训的主题。情境高尔夫是一种培训模式，而不是一门课程，可以根据具体的需求设计不同的主题。

杨经理：段老师，那通常有哪些主题呢？

段烨："情境高尔夫——向下管理"指的就是管理者如何管理和领导下属，完成相应的任务，这个主要针对中基层管理者；"情境高尔夫——向上管理"指的是管理者如何理解和配合上司，共同完成工作，这个实际上每个人都需要，因为每个人都需要和上司合作，但通常是中层管理者如何做好上司的左右手，所以中层参加的多；另外还有"情境高尔夫——横向管理""情境高尔夫——领导力修炼""情境高尔夫——教练型领导"等等，当然还可以根据具体需求设计相应的课程。我们的课程是按照ADDIE的模式设计的。

杨经理：照你这么讲，好像我们都需要呢！

段烨：嗯，是好像都需要，但是每次课程只能设定一个主题。

杨经理：那怎么设定一个主题呢？

段烨：咱们这次的培训对象是谁？

杨经理：三级经理和二级经理，主要是三级经理，他们人数更多。

段烨：那你觉得他们目前最欠缺的是什么呢？或者说，从公司角度，对他们哪些地方不太满意？

杨经理：主要还是他们的绩效不太好，尤其是在绩效管理方面存在不足，我们去年推行新的绩效管理制度，结果他们好像不太配合，不够支持。

段烨：你们在推行新的绩效管理制度？找咨询公司做的？

杨经理：是的，去年就完成了，也组织过相应的培训，但是总体感觉大家都不太配合，还有很多怨言，甚至有的公开抵触。尤其是咨询公司撤场后，推行起来就更难了，但是必须推行，因为这是整个公司的重要项目。

段烨：哦，那我们可以把"绩效管理"定为本次培训的主题呀。

杨经理：情境高尔夫可以用这样的主题吗？

段烨：当然可以，我刚才说过，情境高尔夫是一种培训模式，主题可以根据具体需求来设定。我们给你们同行业的类似企业也做过。

杨经理：哦，太好了，本来我们准备请老师专门讲绩效管理，但是害怕用传统的方式大家不接受。

段烨：那好，咱们就暂定这个主题，还要进行相应的调研，以及取得公司高层的认可和理解。

后来经过深入的沟通和调研，主题确定为"情境高尔夫——绩效管理"。给该公司所有三级经理和二级经理做了12期的培训，获得客户良好评价。

开始时，他们由于不了解需求，打算上"向下管理"，通过调研后，确定为"绩效管理"。两者还是有很大差距的，可见需求调查的重要性。

类型3：主题已确定，要确定具体的内容。

即已经确定了培训的主题，调查的目的是要找到原因并确定课程内容。

通常讲的培训中的需求调查其实就是这第三种情况。对于企业内部培训师来说，这叫"培训任务"；对于职业培训师来说，这叫"培训需求"。接到这样的培训任务或者培训需求，培训师要做的就是确定培训内容。如何确定呢？通过需求调查确定。

一家著名集团公司的培训主管跟我联系，要请我讲"情境高尔夫——向下管理"。已经确定了培训主题和培训模式，需要做的就是确定内容。

因此，我需要进行两方面的培训需求调查：一是培训背景调查，二是培训内容调查。调查采用两种方式：一是问卷调查，包括培训背景调查表和培训内容调查表；二是访谈法，了解培训背景以及具体的需求。调查对象是该企业的人力资源部邓经理。

段烨：邓经理，你们计划做向下管理，你能简单给我介绍一下背景吗？为什么计划做这个培训？

邓经理：是这样的，集团公司曾经组织我们参加过高尔夫课程的培训，我觉得效果很好，是真正的实战培训，我们另外一家分公司几个月前也请你讲过高尔夫课程，他们也觉得效果非常好，特别向我们推荐你的课程，所以我们找到了你。

段烨：那为什么要计划开"向下管理"这个课程呢？

邓经理：我们是一家大型的集团公司，以前是传统的国有企业，后来被这家央企兼并重组，现在对管理层的要求比以前更高了，管理者的能力有些跟不上。同时，很多管理者都是从一线提拔上来的，之前都是业务方面的骨干，专业能力很强，但是缺乏管理技能，尤其是对于如何管理下属，存在很多问题和困惑，所以想做"向下管理"的培训。

段烨：好，高尔夫课程是一个培训前、培训中、培训后相结合的课程，因此我们需要做深入的了解，主要包括两点：一是目前参训学员的一些情况，包括岗位、学历、工作年限，以及其他的个人情况，对此有一份"培训背景调查表"要辛苦你填一下；二是关于高尔夫18洞的具体案例，企业不一样，这18洞也不一样，这一项更加复杂，也要辛苦你填写一份调查表。同时，还需要组织参训学员，请他们提供工作中的案例，我们再将这些案例进行整理和加工。这个工作比较复杂，需要辛苦你。

邓经理：我们不怕辛苦，只怕没有效果。只要有效果，我们当然愿意配合。

段烨：好，我这里还有模板，提供给参训学员，他们就可以提供相应的案例了。我们把这几个调查表做好之后，还要确定具体的案例，这是要确定培训的内容。

…………

这就是确定主题的需求调查，调查的目的是确定授课的内容。

这里需要注意的是：第一，虽然已经确定了主题，但是培训师还须再次和对方确认。因为有的时候这个主题并非真正"确定"的，因此需要再次确认，否则很有可能出现这样的情况——培训师辛辛苦苦备课以后，被告知不讲这个课程了。第二，确定主题之后，主要的工作是确定课程内容，这时一定要了解一些背景，因为这些背景会对课程内容产生重大影响，甚至背景本身就是课程内容的一部分。

2. 培训需求调查的基本流程

①**确定调查范围和对象**。限制调查的范围，不要太过宽泛，通常会根据培训对象提出的大致范围实施调查。选择调查对象，根据具体情况确定向谁进行调查，调查对象一定要有代表性。

②**确定调查方法和内容**。根据对象的具体情况，结合条件选择相应的调查方法，同时设计调查的内容。

③**实施调查**。这个过程需要运用各种调查方法。

④**调查结果分析**。对调查的结果进行深入分析,找到真正的需求。根据 20/80 法则,结合培训对象的负责人确定真正的需求。

⑤**确定课程内容**。根据调查结果确定课程内容,这就属于内容设计的环节。

四、培训需求调查的方法和主要内容

1. 培训需求调查的方法

培训需求调查和其他调查的方法类似。通常,其他行业的调查方法在培训需求调查中也可以借鉴。基于培训的特殊性,在这里重点介绍以下几种方法:

表 2-1

方法	内容	优点	缺点	备注
观察法	现场观察学员的状况	1. 一手资料 2. 真实反应 3. 深入现场	1. 观察对象少 2. 不够全面 3. 对观察者要求高	运用多种感官观察
问卷法	设计调查问卷实施调查	1. 对象多 2. 成本低 3. 时间少	1. 不够真实 2. 不够深入 3. 不能保证问卷回收率	问卷设计要科学合理
访谈法	面对面的访谈交流	1. 内容全面 2. 真实性强 3. 交流深入	1. 对主持者要求较高 2. 很费时 3. 成本高	对象必须具有代表性
考核法	对培训对象进行考核	1. 真实全面 2. 内容深入	1. 操作难度大 2. 容易被抵制	考核内容设计要合理
资料调查法	调查过去的资料档案	1. 容易操作 2. 全面 3. 成本低	1. 不能及时反映变化 2. 需要提炼	资料提供要全面

（续）

方法	内容	优点	缺点	备注
抽样调查法	抽取具有代表性的人员进行调查	1. 便于操作 2. 成本低	1. 可能存在偏差 2. 对象可能不典型	配合其他方式的一种形式

在上面几种方法中，如何选择调查方法呢？这要根据各个调查方法的特点，结合自己的实际情况进行选择。通常采用组合式调查法，也就是几种调查方法结合在一起进行调查。

2. 培训需求调查的两项重点内容

培训需求调查通常包括两项重点内容：一是培训背景调查，包括企业状况、培训目标、学员状况，这些背景资料对内容设计起指导作用；二是培训内容调查，就是到底该设计什么内容。具体内容要经过调查，真正做到满足需求，而不是闭门造车，想当然地设计内容。

五、培训需求调查的分析——确定目标

通过需求调查确定培训的目标，为这个目标设计具体的内容，这就是ADDIE 模式中 A 的具体含义。

对于培训的目标，业内有三种不同的流派体系，包括解决问题、提升能力、提高绩效。这三个目标从不同的角度出发，关注点有所不同。

解决问题这种流派关注某个问题，依据某个问题制订相应的计划，设计培训内容。

提升能力，是关注人的某个具体能力，比如"执行力"。需要从能力角度解决问题。

提高绩效，就是从绩效出发，根据绩效的具体标准，找到差距，然后针对这个差距，设计相应的内容，从而提高绩效。

1. 确定培训目标的原则

（1）去伪存真

有时客户不清楚自己的真正需求，就类似于病人不清楚自己的病因，就像感冒，有风热感冒和风寒感冒，不一样的病因，治疗方案也不一样。作为培训师，就要抓住客户真正的需求。

（2）抓大放小

在调研的时候，调研对象不一样，得到的调查结果肯定不一样，比如调查50个学员，他们的需求肯定不一样，那么到底以什么为主要内容呢？基本原则就是照顾大多数，即以大多数人的需求为主。培训师要时时把"大多数人"放在心里，针对大多数人做课程设计和开发。

（3）注意关键人物

在照顾大多数的原则之下，还有一个重要的原则，就是注意关键人物。这个关键人物主要就是指会对本次培训产生重大影响的人。这个人，可能是培训负责人、人力资源负责人，也可能是公司老总，或者在学员中有影响力的人，他们的意见非常重要。

像上面某移动公司"情境高尔夫——绩效管理"的案例，当时跟培训经理杨经理谈好了，最后还要跟该企业人力资源负责人以及分管培训的老总确定，否则可能会白干。在我们开办的课程设计与开发工作坊中，有位学员就提到了他失败的一个案例：

他是培训部的负责人，通过调查发现员工士气低落，因此组织了一次"激发团队士气"的培训，请了外部的一位老师讲课。原来计划是做两天，开始也得到了公司的批准，但是培训了一天后，公司老总觉得不应该上这个课程，而应该上"提升执行力"的课程，弄得他很难受。

2. 确定培训目标的思路和方法

（1）从问题出发

培训的目的就是解决问题，哪里存在问题，哪里就是培训的目标。比如：高效沟通课程，就是培训对象在沟通中存在问题，培训目标就是解决这些问题。这是目前培训中最常见的方式，尤其是外聘老师讲课时，就是针对存在的问题设计课程。

（2）从绩效出发

也就是从绩效的角度去考察学员存在什么不足，然后针对这些不足，设计相应的课程和内容进行培训。这种方式更加具有规范性，比从问题出发的角度更加深入，同时也更客观。

（3）从能力出发

从能力出发是前面两种类型的深入，也可以说是在根本上找原因。员工在工作中存在问题，或者绩效不高，最根本的原因就是能力问题。

（4）培训目标所包含的基本内容

上面提到的三个角度是考察和确定培训的目标，最后可以归纳为三个方面：知识的传播、态度的转变、技能的提升，这也就是培训的基本职能。

六、课程名称设计方法

通过需求调查，确定了主题和培训的目标后，还需要确定具体的课程名称。

1. 设计课程名称的意义

给课程设计一个既专业又有吸引力的名称，是课程开发中的一个重要环节，一个好名字是塑造一个好品牌的基础。

课程名称的设计并不固定在某个时间段，可以在主题确定后设计，也可以在内容设置后设计，既可以在结构模式确定后设计，也可以在PPT制作过程中设计。

2. 设计课程名称的流程

①明确培训对象。对培训师来说，明确了培训对象，可以使备课和授课更有针对性。

②明确培训主题。这可以让参训者明确自己是否需要培训。对培训师来说，确定了培训主题才可以设计相应的内容。

③设计课程名称。根据培训对象和培训主题设计课程名称。名称的结构通常是"主语+谓语"。像"关于新员工入职培训"这种类似"通知"的标题就不合适，可以改为"新员工入职培训"。

3. 规范的课程名称的要求

一个好的课程名称要让参训者一目了然。第一，讲什么；第二，讲给谁——要包括培训对象和培训主题，让人明白"让谁来学习什么"。对于培训师来说，就是"给什么人讲什么内容"。

标准的课程名称公式：课程名称 = 主题 + 对象

就同一个主题，对不同的对象可以讲不同的内容。

如果对象没有确定，如何确定具体的内容呢？

比如"赢在执行"这个课程，如果仅仅看"赢在执行"，可以看出是关于执行的主题，但是对象是谁呢？"执行"这个主题，对于企业高层来说，在于制订执行的制度，建设"赢在执行"的企业文化；对于中层管理者来说，在于制订可以被执行的方案、措施；对于基层员工来说，执行关键在于做事情，把事情完成。如果没有确定培训对象，培训师对要讲的内容心里是没底的，很多时候只能讲一些大而广、缺乏针对性的通用内容。这样必然会影响培训质量。

从这里可以看出，给课程设计名称表面上看仅仅是取个名字，其实它包括很多内容，本身就是一个课程开发的过程。

4. 常见的课程名称设计失误

不太规范的课程名称有以下几种类型：

表 2-2

类型	典型名称	问题所在
有对象无主题型	赢在中层	看得出内容吗？ 大胆想象会讲什么内容？
有主题无对象型	问题的分析与解决	这样的标题看起来很给力，但是仔细一看，讲给谁听的？不可能是讲给每个人的吧？
耸人听闻型	马上成功 超级成功学	成功真的那么容易吗？
不知所云型	打造百年企业的捷径	有捷径可走还需要 100 年？ 猜猜会讲什么？
包罗万象型	人力资源管理 营销心理学 财务管理 企业文化	这不是一个课题，而是一个系列课题，甚至是一门学问。几天的培训就能解决这些问题，你不感到有"压力"？
唯我独尊型	第一销售秘诀 卓越企业家第一成功法则	自古"文无第一，武无第二"，谁敢称第一？好像成功的企业（家）都是你培训出来的。
以偏概全型	赢在执行 细节决定成败	听了这个课题的都会赢？都决定成败？包治百病的良药？

规范的课程名称有以下几类:

表 2-3

类型	典型代表	说明
对象+主题	店面人员的职业化修炼 非人力资源经理的人力资源管理 柜员销售技巧培训 中层管理者管理技能训练	对象和内容非常明确。
主题+对象 +量化	高效能人士的七个习惯 高层管理者的七项修炼	不仅包括主题和对象,还把课程内容量化。
双标题	情境高尔夫——向下管理——如何有效地管理下属 赢在执行——提升中层执行力的五项修炼	一个标题不足以表达时,可以用双标题的方式。

七、关于需求调查的答疑及工具

1. 关于需求调查的五个疑问

疑问1:所有的培训,包括公开课和内训,都需要做需求调查吗?

当然,就像你无论去药店还是医院,医生都要询问症状一样,只不过去药店和去医院的诊断过程不一样而已。公开课和内训的需求调查方法、流程都是不一样的。公开课调查的是"症状",内训除了看到"症状",还要找到"病因"。如果不想做调查也可以,就去买"保健食品"——光碟来看。

疑问2:什么样的调查方法更好?

这要看你调查的是什么。就像血压仪和听诊器都有各自的用途一样,每种方法都各有优势。

疑问3:需要同时用几种调查方法吗?

如果你想对身体做个全面检查,当然是可以的,这样会消除你的担心,但是会增加你的成本，花费更多的时间，同时还可能会对身体造成损害。

疑问4：调查的结果有什么用？

就像量血压是为医生开处方、设计治疗方案提供依据一样，培训师要依据调查结果设计培训主题和课程内容，也就是给企业制订"治疗方案"。

疑问5：如何让调研对象配合？

这是培训师尤其是内训师最常见的问题，主要可从以下几个方面做些工作：

第一，整个调研活动需要宣导；

第二，调研的内容与对象有关系；

第三，提高个人魅力。

2. 关于需求调查的工具

工具1：培训主题调查表

工具模板

运用范围：各类培训

目的：找到学员最主要的需求，确定培训主题

适用对象：培训负责人

表2-4

一、你目前最不满意的3个现象是什么？ 　　1._____　2._____　3._____
二、你和你的团队面临的最重要的3个问题是什么？ 　　1._____　2._____　3._____
三、你最迫切希望解决的问题是什么？
四、你觉得产生这些现象的原因是什么？
五、你觉得最重要的原因是什么？

（续）

六、你希望本次培训达到的目标是什么？
七、你希望本次培训的主题是什么？
八、你希望本次重点阐述的内容是什么？
九、你觉得不需要阐述的内容是什么？
十、你希望本次培训的方式是什么？
十一、你还有什么需要补充的问题？

说明："培训主题调查表"可以用面谈、电话沟通和问卷调查的方式填写，其中，面谈的效果最好。

工具2：培训背景调查表

工具模板

运用范围：各类培训

目的：了解学员的具体情况，因材施教

适用对象：培训主管

表2—5

一、最近一年是否发生过有影响力的事情？具体是什么事情？
二、你们团队比较独特的地方是什么？
三、参训学员对本次培训的基本态度是： □赞成　　□反对　　□无所谓
四、参训学员以前是否参加过类似培训？ 　1. 参加的时间： 　2. 培训主题： 　3. 参加的人数：
五、这些学员喜欢的培训方式是： □讲解式　　□训练式　　□活动式　　□案例分析式

（续）

六、学员状况统计 　　1．学员人数 　　　　男（　）人；女（　）人 　　2．学历 　　　　本科以下（　）人；本科（　）人；本科以上（　）人 　　3．年龄 　　　　30岁以下（　）人；30～40岁（　）人；41～50岁（　）人；50岁以上（　）人 　　4．工作年限 　　　　5年以下（　）人；5～10年（　）人；10年以上（　）人 　　5．相关工作经验 　　　　5年以下（　）人；5～10年（　）人；10年以上（　）人

说明：请如实填写参加本次培训学员的基本情况。

表2-6

姓名	性别	年龄	岗位	职务	学历	工作经验	其他

工具3：培训内容调查表

工具模板

适用范围：应急性培训、计划性培训

运用目的：找到培训对象的需求，确定课程内容及主次安排

适用课程：中高层管理技能

表 2—7

培训内容	非常需要	需要	不需要
1. 个人时间管理的方法			
2. 要事第一的做事原则			
3. 有效的会议管理原则			
4. 提高组织会议效率的方法			
5. 科学判断的方法			
6. 科学决策			
7. 有效授权			
8. 目标管理原则			
9. 计划管理			
10. 书面沟通技巧			
11. 口头沟通技巧			
12. 沟通原则			
13. 科学激励的原则			
14. 正激励的技巧			
15. 激励的时机			
16. 如何选择团队成员			
17. 如何激发团队士气			
18. 如何处理团队冲突			
19. 如何营造团队氛围			
20. 掌握团队成员个性			
21. 塑造自己的管理风格			
22. 提升执行力			
23. 当众讲话的技巧			
24. 培养积极的态度			
25. 提升学习能力			
其他（自行补充）			

说明：

1."非常需要"，2分；"需要"，1分；"不需要"，0分。按照加权得分排序，作为课程内容主次安排的依据。

2.这个调查表是讲授"管理技能"课程中所做的课程调查。如果是类似的课程可以借鉴，如果是讲授其他课程，也可以参考这种方式自行设计调查表。

本章小结

1.学习要点

①掌握需求调查的意义和作用；

②掌握需求调查的流程和方法。

2.课后作业

①结合自己的课程设计调查方法；

②总结自己在需求调查中存在的不足和差距。

第三章 逻辑清晰
结构设计的模型和工具

ADDIE 小贴士

根据ADDIE模式，A做需求分析，确定培训目标。接下来就需要设计整个课程的结构，也就是整个课程的大致框架，类似于建筑物的结构图。该模式中的两个D其实是紧密结合的，第一个D（design：结构设计），第二个D（development：内容开发）。结构加上内容才是一个完整的课程，因此统称"课程开发"。只是根据课程的先后顺序，加上课程开发中最常见的问题就是结构混乱，所以本书专门将结构设计单列出来做深入阐述。

此外，课程设计也应该贯穿每个环节，包括课程内容和授课方式等。本书为阐述方便，主要涉及结构设计和模块设计。而重点内容设计以及最后一章"精彩设计"，其实都属于课程设计的环节。

一、结构混乱的表现

1. 结构混乱的典型案例

情景描述

有一次给某银行企业讲 TTT，学员都带了自己的课件，在授课过程中，我要求大家用金字塔原理将课程的主要结构展示出来，但是很多学员并不会展示。原来大家对于课程内容不熟悉，有的课程是公司现成的，内训师只管讲，并不对内容进行深入分析。有的学员虽是自己开发的课程，但靠的是"度娘"，也就是接到公司的培训任务，先上百度去搜索，然后将相关的内容拼凑起来。这种课程被我称为"火锅式课程"，它们谈不上结构化。

授课过程中，我发现大家存在一个相同的问题：缺乏开发课程的思路和流程，没有完整的逻辑结构，不能有效运用"电梯时间"将课程呈现出来。

2. 结构设计的常见问题

①**需求调查不明，内容不规范。**培训师没有真正掌握学员的需求，只是按照自己的想法和思路去做，不知道重点是什么，也不知道如何设计结构。

②**结构混乱，或者没有结构。**每次 TTT，学员演示前，我都会让大家用 1 分钟的时间把自己要讲的内容介绍清楚，但是很少有人能做到，这说明他们的课程结构是混乱的，所以说不清楚。

二、结构设计的管理学原理和作用

1. 结构设计的管理学原理

（1）金字塔原理

金字塔原理（Pyramid Principles），1973年由麦肯锡国际管理咨询公司的咨询顾问巴巴拉·明托（Barbara Minto）发明，旨在阐述写作过程的组织原理，提倡按照读者的阅读习惯改善写作效果。培训师在结构设计时可以参考金字塔原理。

（2）电梯时间

"电梯时间"是麦肯锡公司衡量表达效果的一个重要手段和指标。它要求叙述者在一分钟内，把自己要讲的内容简单明了地表达出来，便于大家理解。

电梯时间的模式是：

我今天给大家分享的主题是……我将分以下三个部分进行阐述。

第一部分：开场；

第二部分：正文；

第三部分：结尾；

正文是重点，我将从四个方面进行阐述：

第一方面……第二方面……第三方面……第四方面……

每次培训前，培训师都要试着用电梯时间对内容进行总结和概括，如果概括不出来，说明逻辑有问题，结构上也有不合理的地方。

2. 结构设计的作用

（1）让内容逻辑清楚，便于表达

从表达者的角度看，结构化便于表达者按照某种符合逻辑关系的方式，把内容有效地表达出来。如果结构是混乱的,就会导致思路混乱,表达就会出现问题。

(2)让内容便于理解

从听众的角度看,结构合理、逻辑清晰的内容,能帮助学员更加有效地理解和接受培训内容。结构图如同旅游地图,能帮助学员更好地掌握培训内容,取得更好的效果。就像导游在旅游刚开始时要对游客进行整体的介绍一样,在正式授课的时候,培训师通常要对整个课程进行简单的介绍,让学员有个大致的了解。

三、课程结构化的具体流程和方法

1. 结构设计的依据

结构设计的流程和步骤,主要依据有三点:第一,需求调查所获得的信息;第二,培训师的经验;第三,5W2H。

第一个依据,根据需要调查所得:在 ADDIE 模式中,这个 D 是直接来源于 A 的,实际上在 A 需求调查的部分,设计的调查内容已经具有某种逻辑性,尤其是涉及具体内容的时候,其本身就具有某种逻辑性。

在和企业合作 TTT 系列内容的时候,做完前期调研之后,需要确定学员的具体需求,我通常会提供 3 个版本的内容:一个版本就是课程开发的内容,也就是 ADDIE 中的 A、D、D 部分,一共 10 章内容;一个版本是 ADDIE 的 I、E 部分,也就是现场呈现的部分,一共 11 章内容;一个版本是 ADDIE 的完整版,一共 21 项内容,这包括了课程设计开发以及实施,也就是《培训师 21 项技能修炼》上下册两本的内容。

这些内容本身就具有逻辑性,学员选择后,可以按照自然逻辑设计结构。

第二个依据,要结合培训师的经验。学员的需求是重要因素,同时还要结合培训师自己的知识基础,以及专业的培训经验。因为学员的需求并不完全一样,这就要结合培训师的经验,进行取舍。

在前面的 TTT 三个版本中,除了学员的需求之外,我在设计各个模块的时候,除了结合其他需求以及长期授课的经验,还要对内容进行适当调整。

同时,培训师还要将需求调查结合自己的经验,对课程的重点进行设计,通常我在每次 TTT 授课之前,会再对学员进行许多调查,进而设计本次课程的重点。所以,如前文所说,需求调查也是贯穿始终的。

第三个依据——5W2H,这是课程结构设计中最常用的思路,也是一些通用类课程,尤其是"技能类"开发课程最基本的思路。这种思路是人们惯用的,所以也容易被大家理解。

5W2H 指的是:

what(什么,指具体的内容和概念);

why(为什么,指课程的目的和意义);

who(谁,指的是培训对象);

when(时间,指课程的整个时间安排);

where(地方,指培训的具体场所、场合);

how do(怎么做,指具体的操作方法);

how much(多少)。

5W2H 包括了一个课程所应具有的整体内容。不过,在课程和结构设计中,通常用得最多的是 2W1H,即 why,what 和 how。

这种模式是开发"微课程"时最常用的。"微课程"通常指的是半个小时到一个小时之间的课程,最多不超过三个小时。这是很多企业内部最常见的一种课程。

有一次给一家快消品上市公司做课程开发,其中一个学员讲的就是"如何提高客户拜访技巧"的微课程。如图 3-1:

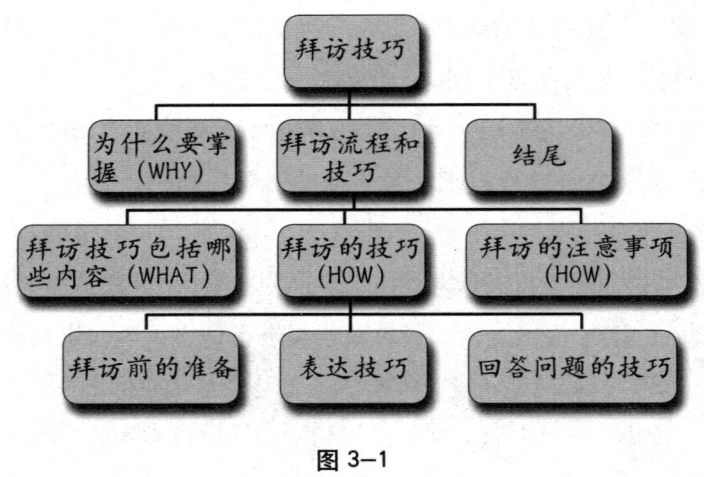

图 3-1

2. 结构设计的流程

结构设计是和需求调查紧密结合的,需求调查的目的是确定主题,确定了主题就需要给课程设计一个整体的框架。

将内容结构化,可以依据以下流程:

第一,分析内容的内在结构是以什么方式组合的,然后看看有几种分析思路。

第二,选择主要的结构模式,将最容易阐述和理解的作为主要结构。

第三,内容归类。将各个内容划入某个类别中,如果划不进去,说明归类的方式有问题。

在课程开发的训练中,每次在这个地方,我都采用现场演练的方式,先不用这样的结构图(图 3-2),让学员来背诵,通常的情况是,刚开始大家都能背下这 8 种食品,但是时间久了,就会忘记。这时,我就用这个结构图帮助大家记忆,结果发现大家都能记下来。表面上看,做成这样的结构图,单词还变多了,由 8 个变成了 12 个,但是大家的记忆会更好,这就是结构化的作用。

苹果、西瓜、土豆、番茄、黄瓜、牛奶、鸡蛋、酸奶,这几项怎么归类?

怎么做呢？

第一步：定义，它们都是食品；

第二步：分类，水果、蔬菜、蛋奶；

第三步：相互关系，第一层次并列，第二层次也是并列；

第四步：从抽象到具体。

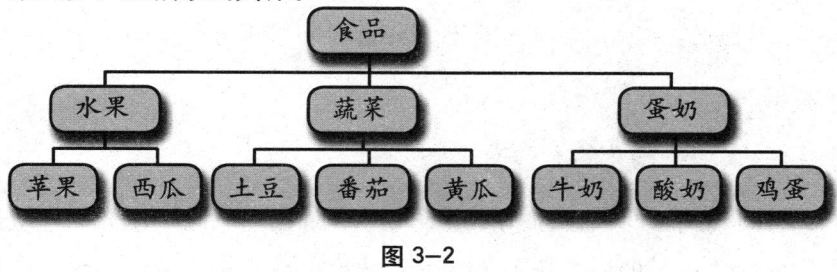

图 3-2

3. 结构化的步骤

第一步：确定标题名称，这个步骤应该在 A 需求调查的部分完成；

第二步：确定三段式结构——开场、正文、结尾；

第三步：确定主要内容的各个模块，这是结构化的第一层次；

第四步：分解各个模块，这是就某个模块具体内容的设计，课程的重点内容还可以继续分解下去；

第五步：充实各部分内容，不能再分解就是具体的内容，也就是图 3-3 中的 ABC。

图 3-3 是结合金字塔原理设计的课程结构的经典模型。

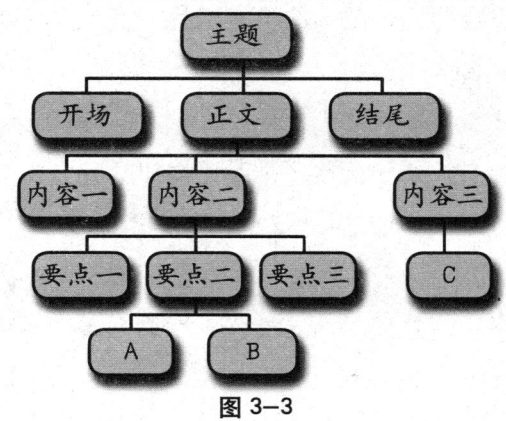

图 3-3

4. 结构设计最常用的模式

如何将内容有效组织起来，成为一个有机的整体？所谓内容整体的结构，就是指正文的各个内容之间如何排序，以及用什么方式将各个内容连接起来。

这里指的就是图3-3中，内容一、内容二、内容三等同一层次的各个内容之间的关系。同时还包括要点一、要点二、要点三这同一层次的关系以及分布。

（1）课程结构化的七种模式

①时间式。时间式也称"先后式"，有时也叫"编年体式"，就是按照事物发生的先后顺序连接起来。这种结构主要用于企业发展史、产品更新换代过程以及个人成长方面。常见的课题有企业文化中的企业发展史、新产品上市的发展史、员工职业生涯规划等。时间式是最简单也最容易掌握的一种结构模式。

在TTT中，一位学员介绍公司的发展史：

公司的前身为……成立于1995年，当时公司的主要产品是……年销售额……主要市场是华南地区。1999年，公司成立一家分公司，主要产品有3类……销售额……主要市场由华南扩展到华东。2004年，公司成立集团公司，旗下有8家分公司……产品分为10个大类……年销售额……已经迈向全国市场。2009年，公司成功上市……

时间式既可以成为课程整体的主要结构，也可以是某个内容分支的结构，比如讲解某个案例。

②分类组件式。分类组件式也称"单元式""模块式"，即把内容按照某种维度分成几个模块，然后将各个模块按照某种方式组合起来，是最容易理解和掌握的模式。分类组件式又包括以下几种：

a. **并列式**

模块之间是平级、并列的，既没有先后关系，也没有包含关系，可以打乱顺序，按照不同的顺序进行组合。

比如，"管理者的五项修炼""销售精英的十堂课"，里面的各个模块可以按照不同的顺序组合。"商务礼仪"课程也属于这种情况，其"着装礼仪""形体礼仪""社交礼仪""服务礼仪"等模块都是可以按照不同方式组合的。《培训师的21项技能修炼》中的21章也是按照这种方式设计的。

有一次给某银行做课程开发的项目，其中一个学员所讲的课程就是销售精英的五个心态，他的结构图就很简单。

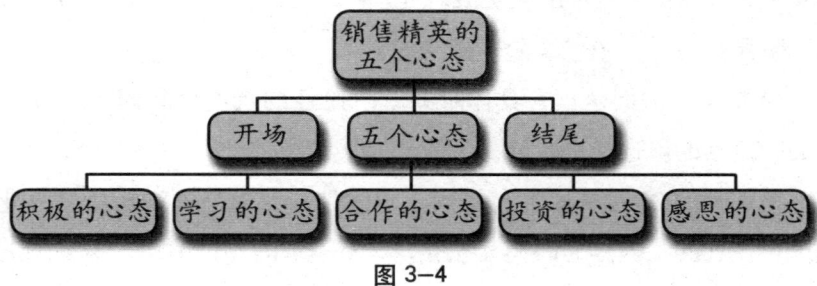

图 3-4

b. 空间式

即按照空间的顺序将各个模块组合起来。

比如，按照区域可以把全国市场分为华北、东北、华中、华南等市场。由里到外、由上到下也是一种划分方式。一个学员介绍他们生产的汽车的驾驶室，用的就是空间式，先介绍外观，再介绍驾驶室的内部设置，这样的顺序比较符合人们的认知习惯。

有一次给某大型医药集团做课程开发，其中一位学员的课程主题是"公司简介"，就用了模块式来介绍。

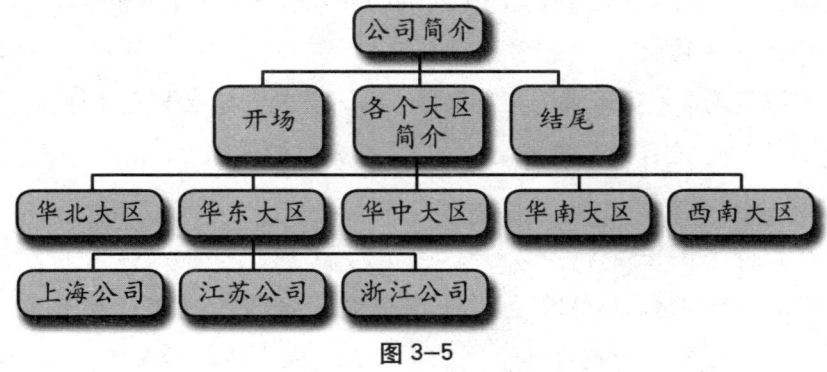

图 3-5

c. 进阶式

即各个模块是按照发展阶段的进阶组合在一起的,这和时间式有点相似,都是按照逻辑的先后排序。但是二者还存在不同:时间式有具体的时间点,比如"某年""某月";而进阶式是按照某个阶段划分的,这个阶段的时间点是不明显的,无法用具体的时间概念来阐述。

比如,讲员工的职业生涯规划,如果采用时间式,就是第一年做什么,第二年怎么发展,第三年怎么发展;而进阶式则是:第一个阶段做基层员工,第二个阶段做主管,第三个阶段做经理。

选择模式的依据是:有具体时间的阶段性的就选择时间式,没有具体时间的阶段性的就选择进阶性。

《培训师的 21 项修炼》升级版下册《精彩课堂呈现》就是按照进阶模块式进行设计的,内容之间相互独立,又有一定的递进关系。本书加上《精彩课堂呈现》也是依据 ADDIE 的逻辑思路,按照模块(共 21 个)进行整体设计的。

分类组件式的优点:把事物分类,简单明了,便于理解和掌握。

时间式和分类组件式是最常见的结构模式,常常用在第一层次,如果再进一层次,也就是在对内容进行进一步阐述的时候,通常还有以下方式。

③ A/B 式。就是按照 A 和 B 两个部分组成的模式。A/B 式又可分为:

a. 问题／解决方案式

第一部分提出问题(作为 A),第二部分针对这个问题提供解决方案(作为 B)。比如,"管理者常犯的 10 个错误"课程采用的就是这种方式——第一部分:拒绝承担责任(A);第二部分:让管理者勇于承担责任(B)。

b. 形式／功能式

这种模式常常用于讲述某种仪器设备,首先介绍仪器的某种形式,然后介绍这种形式有什么功能。比如,"灭火器的使用",就可以采用这种方式。

c. 设问／解答式

提出一个问题,然后进行解答;再提出一个问题,再进行解答。

A/B 式通常作为局部的一种结构模式,而很少作为整体的结构模式

（除非是内容比较少的时候）。如果内容太多，用时太长，就需要和整体的结构模式配合运用。

针对上文提到的"销售精英的五个心态"——可以将五个心态作为五个组件放在第一层次，然后在组织每个组件时用 A/B 式。如图 3-6：

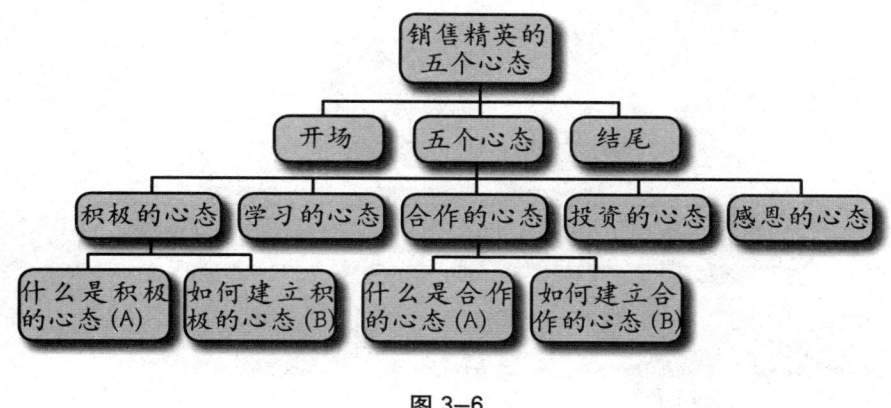

图 3-6

④**案例分析式**。提出案例，进行分析；再提出案例，再进行分析。案例分析式既是一种结构模式，也是一种教学方式。

如果内容比较多，不适合用案例分析式。案例分析式更多用于局部，整体上用案例分析式不多。因为不可能整个课程只分析一个案例，除非时间很短，可以只用案例分析式。

目前全程采用案例分析式的情境高尔夫课程，整体采用分类组件式，全部课程设置 18 个洞（典型案例），然后对每个案例进行分析。其中，分类组件式属于进阶式，18 个洞的案例并不是简单的并列关系，而是按照计划、组织、实施、协调、监控、评估这种进阶式的逻辑排序的。所以，情境高尔夫课程是：主结构"进阶式分类组件式"＋辅结构"案例分析式"。

⑤**矩阵式**。就是设计某个矩阵，然后就矩阵的每一个模块分别进行阐述。矩阵式在视觉上对人有冲击力，很容易让人理解其中的逻辑关系。矩阵式还给人"很科学"的感觉。相对来说，培训中矩阵式用得不多。

时间管理的四个象限就是矩阵式，如著名的波士顿矩阵。我讲性格分析也是用矩阵式。

⑥对比式。将两个事物通过比较的方式进行阐述，可以很快把各个事物的优、缺点凸显出来。本书很多内容都采用了这种方式，比如讲需求调查时，介绍各种调查方法就采用了对比式。前面提到的"销售精英的五个心态"，也可以用对比式。

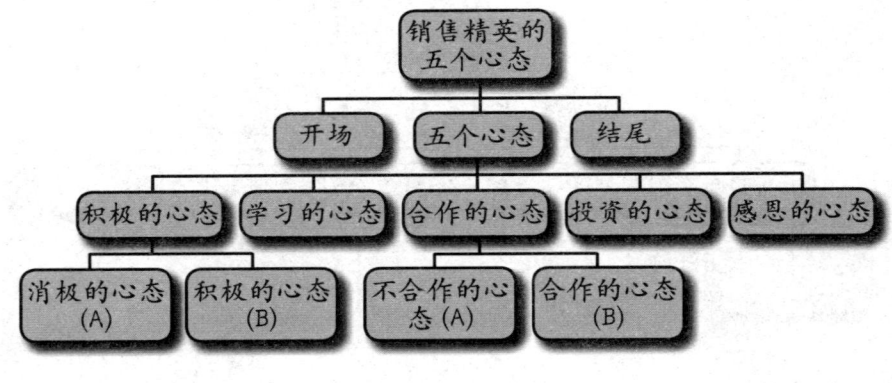

图 3-7

⑦复合式。以一种结构为主、几种结构为辅的结构模式。通常一个完整的培训采用的都是复合式结构。

复合式 = 主结构 + 辅结构

培训的内容就像一棵大树，主干就是主结构，枝叶就是辅结构。越是长得好的树，其主干越是清晰。相反，那些低矮的风景树常常是枝叶交织在一起，杂乱无章。

常见的复合式结构是前者为主，后者为辅，比如：

时间式 +A/B 式

时间式 + 案例分析式

分类组件式 +A/B 式

分类组件式 + 案例分析式

分类组件式 + 矩阵式

每次 TTT 我讲结构化的时候，总是让学员重新设计自己的课程结构，很多学员的课件要做较大幅度的修改，有的甚至需要完全打破重来。但是一旦调整好了，学员课程的流畅性就大大提高了。

结构化课程，其实是结构化思维。思维的改变是很难的，但也是必须的。优秀的课程都是结构化非常清晰的课程。

需要强调的是，一个课程只能有一种主结构模式，如果同时有多个主结构，就会引起结构混乱。辅结构可以是各种结构模式。

（2）选择结构模式的三个依据

用什么样的模式更为合理呢？用什么作为依据进行选择？主要依据有以下几点：

①**事物本身的内在结构**。根据事物本身的结构选择相应的模式，这是根本依据。培训师不能凭空选用某种模式，而是要深入分析内容本身的内在关系，从中选择最适合的方式。

②**便于表达和理解的模式**。有时候事物内部可能存在多种结构关系，这时选择哪一种呢？要优先选择最适合表达和理解的模式。

③**选择培训师最擅长的模式**。如果事物本身有多种结构模式，且都便于表达和理解，那么将哪种结构模式作为首选呢？要选择培训师自己最擅长的模式。培训师要根据自己独特的个性和习惯，优先选择自己最擅长的模式。

四、PRM 课程开发模型及示例

PRM 既是结构设计模式，也是课程开发模式，尤其在"微课程"开发中，是最容易掌握的一种模式，很多内训师，包括职业培训师都在采用这样的方式。

1.PRM 课程开发模型

PRM 是 phenomenon（现象呈现）、reason（原因分析）、measures

（措施及解决方案）的简称。PRM模型也称"咨询式培训模型"（图3-8），就是在借鉴咨询项目操作流程的同时，结合培训项目的特点而形成的一种课程开发模型。简而言之，PRM模型是用"填空"的方式来开发课程（后文中会有一个标准的模板做示例）。它更适合企业内部培训师，因为他们不会像职业培训师一样，花很多时间在课程开发上，企业内部培训师需要的是逻辑清晰、操作简单、一学就会、会了就能用、一用就灵的课程开发模型。

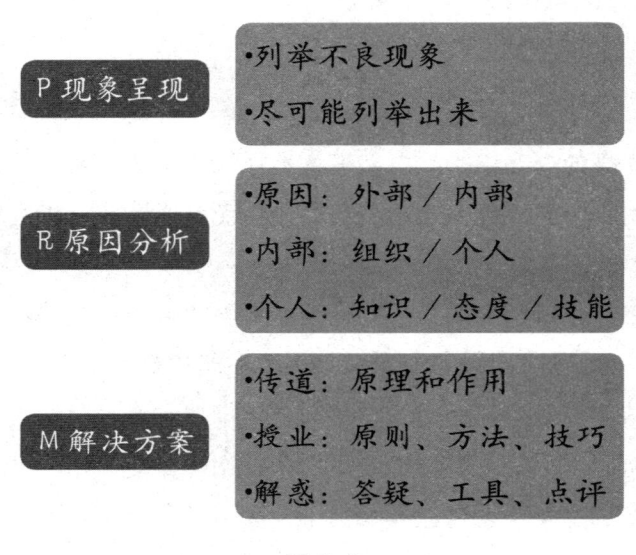

图 3-8

（1）现象呈现

即列举培训对象存在的各种不良现象，用麦肯锡"相互独立，完全穷尽"的原则，把所有的现象尽可能地罗列出来。

需要注意的是，这个步骤要明确的是现象，而不是结论。不要过早下结论，因为有时我们看到的只是表面现象。培训师在调查中要鼓励对方说话，不管对方说什么，都要表示支持，绝对不要打压和反对。

（2）原因分析

即分析和挖掘导致以上现象的原因。这就要求：

- 尽可能把与之相关的所有原因都找出来，绝不遗漏。

- 分析导致现象的最重要的原因,做好轻重缓急排序。
- 找到首要原因。

(3) 措施及解决方案

即按照"传道、授业、解惑"的顺序设置内容:
- 传道:一是专业知识,这是基础;二是解决问题的原则、原理和指导思想。
- 授业:给出解决这类问题的具体方法、技巧、工具,确保培训效果。
- 解惑:答疑解惑,设置问题解答环节。

在整个课程开发体系中,将5W2H融入其中。

说明:现象呈现和原因分析只能通过调查获得,不能是培训师自己想象出来的现象和原因;措施和解决方案是培训师根据需求调查情况,结合自己的专业所提供的解决方案。

2. PRM课程开发举例

在我们最近几年所做的培训师培训和课程开发的项目中,通常采用的就是ADDIE结合PRM的课程开发模式,在实际培训中取得了良好的效果,现在就以某银行课程开发项目为例介绍这种模式,希望给读者一些启示。

某银行课程开发项目说明书

主办方:省银行培训学校

参与者:省级部门的内训师及各市级银行的内训师(多是部门负责人)39人

时间:三天两夜(实际上四天)

培训目标:

①学习课程开发的模式和原理。

②掌握课程开发的操作方法。

③开发出授课时间在一个小时左右的课程（有的是半个小时，有的是一个小时）。

培训模式：集训方式

项目背景：参训的学员主要是省级下属部门及市级部门的负责人，都是兼职培训师，其中一部分学员参加过授课技巧的 TTT 培训。大多数学员都没有掌握课程开发的流程和方法，其课件来源于两个方面：一是公司为其提供的课件；二是自己凭感觉开发的课件，主要来自于网络。

学员存在的主要问题是：

①没有系统学习和掌握课程开发的模式和方法。

②已有的课程缺乏标准和统一，花样百出。

③无法根据实际需求开发有针对性的课程。

操作流程：

本次培训将39位学员分成13个学习小组，每组开发1个课程。学习小组成员实行"混搭"的方式，即小组成员来自不同的地区，或者不同的部门、不同的岗位。这样做的目的是便于复制，通过这种方式，重点在于系统掌握课程开发的方法，回到实际工作中，也可以按照类似的方式，召集几位同事给他们开发课程。也就是说，也许该小组开发的课程并不是某个要讲的课程，但是学员可以学习这样的方式，重新开发自己需要的课程。也就是不仅"授人以鱼（课程）"，更重要的是"授人以渔（方法）"。

整个课程开发流程就是 ADDIE 模式结合 PRM 模式。其中一个小组的课程主题是：高效沟通。

PRM 课程开发举例——高效沟通。

现象呈现 (P)

为掌握真实状况，确保培训效果，请如实回答以下问题：

①请介绍自己沟通方面的情况。

②你认为沟通方面存在哪些问题？

③在实际工作中，为你带来负面影响的是哪些沟通方式？

④你觉得最不满意的沟通现象有哪些？

⑤关于沟通，你最惨痛的经历是什么？

⑥在你看来，你的上司和你在沟通中存在什么问题？

⑦你和同事之间的沟通障碍主要体现在哪些方面？

⑧在对上、对下和平级之间的沟通中，什么现象让你不满？

⑨你最想解决的沟通问题是什么？请列举三项。

⑩对于沟通，你还有什么补充？

注：在现象呈现过程中，要选择合适的调查方式，通常用问卷调查和访谈法。

原因分析（R）

对于以上沟通方面存在的问题，你觉得最主要的原因有哪些？

公司外部原因（如果有，请详细列出来；如果没有，就不用列举）：

公司内部原因：

①公司方面（你觉得导致沟通不良的原因主要是什么？有的话请列举）

企业文化：

公司的规章制度：

公司新的政策：

公司最近发生的重大事件：

②个人方面

缺乏相关的知识：

没有掌握沟通技能：

对高效沟通的作用缺乏正确的认识：

措施及解决方案（M）

主题：如何提高公司内部沟通绩效

课程内容：

表 3-1

第一部分：现象呈现（P）——常见的十大沟通误区（占时10%左右）		
第二部分：原因分析（R）——产生以上沟通误区的原因（占时10%左右）	1.公司外部因素（如果有，简单提及）	
	2.公司层面的因素（淡化，提示会用其他方式解决）	
	3.员工方面存在的问题（最大问题是缺乏沟通技能）	欠缺沟通方面的知识
		没有掌握正确沟通的相关技能
		对高效沟通的作用缺乏正确的认识
第三部分：解决措施（M）——如何提高沟通技能，实现高效沟通，5W1H（重点，占时80%左右）	1.传道：关于沟通的知识和原则（占时10%左右）	What：什么是沟通？沟通的原则有哪些
		Why：沟通的作用和目的是什么
	2.授业：提高沟通技能的方法和技巧（占时80%左右）	How：如何讲？如何听？如何做到双向沟通；如何处理争议
		Who：上对下如何沟通？下对上如何沟通？平级之间如何沟通？如何与客户沟通
		When：沟通的时间和时机
		Where：沟通的场合和地点
	3.解惑：沟通中常见的困惑有哪些？个人遇到哪些特殊的问题（占时10%左右）	
	4.名称确定：主标题"提升沟通技能，实现高效沟通"，副标题"某某公司中层管理者沟通培训"	

从上例可以看出，PRM 模型是由两个 PRM 套在一起的，前一个的 M 中包含了后面的 PRM，后面的 PRM 中又包含了前面的 P 和 R。也就是说，前期做的需求调查中发现的问题，要作为案例进入培训的内容，将前期的调查和后期的训练有机结合起来。如果前期调查结果不作为正式的培训内容，那么前期工作就白干了，还会导致培训内容缺乏针对性。

PRM 是一种非常简单可行的课程开发操作模型，培训新手完全可以用此来开发课程。经验丰富的培训师，不一定完全按照每个细节操作，但是同样可以借用 PRM 模型进行课程开发。完整的课程开发，除了内容设置以外，还包括结构设计和名称确定，这就是接下来要讲的内容。

上面这个案例是内训师的"微课程"开发，作为职业培训师，同样可以将ADDIE结合PRM模式进行标准课程（1~3天）的开发。

附：PRM课程开发模型完整案例

某著名企业要做TTT，该企业生产照明产品，是行业的领头羊。我与该公司人力资源总监周总和培训经理李经理进行了面谈。

第一步：现象呈现

段烨：周总，你们打算做TTT？那请你介绍一下背景，为什么要做TTT？

周总：其实，做TTT是去年的一个计划，由于时间关系一直拖到现在。如今已经感觉刻不容缓了。因为我们发展非常快，全国拓展市场，增开了生产基地，同时加入了大量经销商，这就需要招聘大量的新员工。但是，我们发现这些员工存在问题：

第一，这些新员工很难迅速接受我们的企业文化，不能很快地融入公司，流失非常严重，我们的招聘人员每天都去招聘，工作量很大。

第二，新员工缺乏相应的专业知识和技能，影响业务的开展。因此，我们想加强内部的培训，解决这个问题。

我们培训的目的很简单：宣导企业文化，留住员工；加强专业能力培训，提升员工。

段烨：咱们的内训师水平怎么样？对于他们，公司认为哪些方面还有待提升？

周总：一是课程设计方面，他们都不太会做课件，有些课件是我们做好了给他们，他们照着讲。二是培训技巧方面，常常是他们自己在讲，没有什么互动，现场氛围很差。课程的生动性和吸引力不足，给人感觉不是在培训，更像是在开会。总之，这个"味儿"不太像培训。三是他们对于培训师的认知存在一些误区，好像他们不应该做培训。

第二步：原因分析

段烨：为什么会出现这样的状况？他们以前参加过TTT吗？

周总：他们都没有参加过，只有我参加过。他们都是业务高手，但就是不会培训。

段烨：哦，也就是说，他们都没有经过系统的培训师技能方面的训练？

周总：没有，呵呵，所以要请您讲这个课程。他们的手艺都是参加一些培训时偷师学来的。

第三步：解决方案

段烨：我手里有两份资料。一是"TTT培训背景调查表"，这主要是了解本次培训背景的，等会儿请你们填一下，尤其是学员个人状况要写清楚。二是"TTT培训课程内容调查表"，这主要是调查具体的需求，用来设计课程的。这个调查表的调查内容是ADDIE课程设计与开发模式的下个部分——精彩课堂呈现，就是作为培训师在现场呈现的最重要技能，根据每家企业的具体情况选择讲哪些项。

（接下来，我将十一项内容逐项给他们做了介绍，然后让他们选择。）

段烨：通过逐项沟通，我们基本上找到了本次培训的需求，但是这还不够，还需要对参训的学员做调查，两者结合起来才能确定内容。等调查内容出来了，咱们根据具体情况确定培训需要几天。

……………

几天后，根据调查情况，设计了以下方案：

×××企业培训师培训方案：企业培训师十项修炼

培训目标：

1. 正确认识培训师的角色
2. 掌握培训的相关技能
3. 提高培训技巧
4. 提升培训质量
5. 培养一批合格的企业内部培训师

培训方法：讲授＋演练＋考核

培训时间：3天2夜全封闭培训

培训大纲：略

这个方案用金字塔图形呈现出来就是：

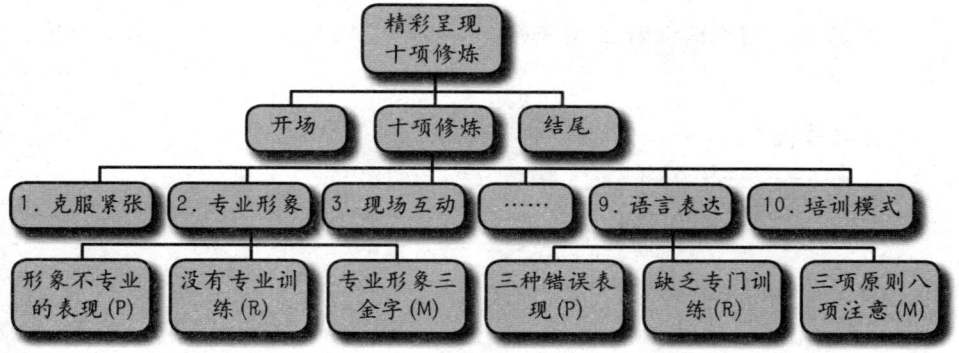

图 3-9

五、关于课程开发的答疑及工具

1. 关于课程开发的两个疑问

疑问1：课程内容除了可以通过需求调查得到，还有什么方式可以得到？

便捷的方法是上网搜索一下，会得到很多相关内容。这是一种非常便捷的方式，是很多培训师常用的，尤其对于内训师来说，省时省力。

但是记住，网络上收集的内容，你可以借鉴，但决不能照搬，一定要有所改变，有所创新，有所提升。

如果把人家的东西简单地复制过来，会带来以下风险：第一是侵犯别人的知识产权；第二是一旦被学员发现，会给他们留下不好的印象；第三是培训师在讲授的时候，很有可能因为不是自己的东西而记不住。

疑问2：我如何开发自己的核心课程？

开发自己的核心课程，是培训师提高竞争力的重要手段和途径，也是培训师从优秀到卓越的必经之路。开发核心课程涉及培训师的成长，具体方案见本书"成长之道"相关内容。

2. 关于课程开发的三个工具

工具1：TTT培训背景调查表

工具模板

运用范围：TTT培训

目的：了解学员具体情况，因材施教

适用对象：培训主管

表 3-2

一、最近一年是否发生过影响企业培训师队伍的事情？具体是什么？
二、请谈谈你们团队比较独特的地方。
三、参训学员对本次培训的基本态度是： □赞成　　□反对　　□无所谓
四、参训学员以前是否参加过类似培训？ 1. 参加的时间： 2. 培训主题： 3. 参加的人数：
五、这些学员喜欢的培训方式是： □讲解式　　□训练式　　□活动式　　□案例分析式
六、学员状况（统计，请如实填写参加本次培训学员的基本情况） 1. 学员人数 　　男（　）人；女（　）人 2. 学历 　　本科以下（　）人；本科（　）人；本科以上（　）人 3. 年龄 　　30岁以下（　）人；30～40岁（　）人；41～50岁（　）人；50岁以上（　）人 4. 工作年限 　　5年以下（　）人；5～10年（　）人；10年以上（　）人 5. 相关工作经验 　　5年以下（　）人；5～10年（　）人；10年以上（　）人

说明："培训背景调查表"可以用问卷调查的方式完成。

表 3-3

姓名	性别	年龄	岗位	职务	学历	工作经验	其他

工具2：TTT 培训内容调查表

工具模版

运用范围：企业培训师培训（TTT）

调查对象：培训组织及管理者、参训学员

调查目的：掌握学员对于培训内容的具体需求

表 3-4

类别	名称	内容	很需要	需要	不需要
A:需求调查	1.性格分析				

说明：

1.请根据具体情况如实填写，每项只能选择一个。

2.调查结束后需要进行统计。"很需要"，2分；"需要"，1分；"不需要"，0分。根据统计状况设计课程内容及课程重点，分数越高越重要。

3.最好是用问卷调查法调查。

工具3：选择课程结构模型

工具模板

运用范围：所有培训

目的：确定课程结构模式

适用对象：培训师

表 3-5

模式	内容	选择与否	备注
时间式	时间的先后顺序		
分类组件式	并列式 空间式 进阶式		
A/B式	问题/解决方案式 形式/功能式 设问/解答式		
案例分析式	提出案例，逐步深入分析 和A/B式相似		
矩阵式	矩阵形式		
复合式	几种模式的有机统一 主线清楚		

本章小结

1. 学习要点

①掌握结构设计的流程和方法；

②掌握 PRM 课程设计与开发模式。

2. 课后作业

①将已有的课程结构化，用金字塔模式展示出来；

②运用 PRM 设计一门课程的初步框架。

培训师 21 项技能修炼
精湛课程开发

第四章 | 浑然一体
课程链接的方法和技巧

ADDIE 小贴士

课程进行了设计，相当于构建了各个模块，课程链接就是将各个模块有机地连接起来，形成一个整体。课程链接分为"课程内容设计的链接"和"授课过程中的链接"。课程内容设计的链接属于课程开发（上册 ADD）的内容，授课过程中的链接属于课堂呈现（下册 IE）的内容，但是其思路和原理是一致的，因此放在本章一起进行阐述。

一、课程松散的表现

1. 课程松散的典型案例

情景描述

户外拓展培训曾经是一种广受欢迎的体验式培训,但是最近几年越来越走下坡路,原因是多方面的,其中一个很重要的原因就是,在设计拓展项目的时候,各个项目缺乏整体的规划,项目之间缺乏链接。同时在训练的过程中,往往也是某个团队完成某个具体的项目,甚至会临时换项目,而培训师在这个过程中也没能将前后进行的项目进行有机的链接,让学员感觉训练是零碎的,没有整体性。

生活中也有这样的案例:

重庆被称为桥都之一,重庆主城最悠久的大桥是石板坡长江大桥。桥的南边叫南岸区,桥的北面是解放碑所在的渝中区。南岸区号称"离解放碑最近的区",这个称呼后来没有人用了,为什么呢?因为堵车。每次经过这座桥,车子刚开始可以在桥上畅通无阻,但到了桥头,就会堵上,这种感觉很不爽。为什么这个桥头总是堵车?其实这个桥头已经重修过几次,解决了一个难题,另外一个又出现了。出现这种情况,一方面是因为重庆特殊的山城结构,另一方面是在设计上缺乏整体把控。

培训中也会出现这种状况。培训师自己在"桥上"跑,学员却被堵在了"桥头"。培训师在台上意气风发,台下的学员却是云里雾里。这样的培训师是不合格的。

如何让学员跟培训师一起"上桥"呢？方法就是过渡和衔接。

2. 课程松散的典型表现

- 内容上没有链接，没有进行有效的设计。
- 呈现方式上没有链接，在授课过程中没有采用科学的链接方式，无法让学员体会内容的整体性。
- 过渡显得突兀，不符合逻辑。
- 用口头禅过渡，方式太过简单。
- 选用的链接方式不合理，无法将全部内容形成一个整体，显得很混乱。

结构松散的原因：第一，在课程设计中存在问题，没有按照结构化的方式进行设计；第二，现场呈现即培训过程中缺乏有效的衔接。这种链接是每个培训师都在用的，但是如果在课程设计的时候没有进行内容链接的设计，只在授课的过程中强行链接，就像"拉郎配"，显得很生硬。尤其是有着I型特质的讲师，其思维本身就有跳跃性，讲课更容易跳跃，让人感觉缺乏逻辑。

二、课程链接的管理学原理和作用

1. 课程链接的管理学原理

（1）断桥效应

断桥效应是指桥身和引桥之间缺乏顺畅的衔接，无法连接成一个整体。断桥效应运用在培训中，是指培训过程中如果无法采用合理的链接方式，传递给学员的信息将是零散、杂乱的，导致学员无法真正理解和掌握学习的内容。

(2) 位差原理

处在不同的位置，对事物的理解不一致，导致大家不能达成一致。培训师和学员之间其实就存在位差。首先是站的角度不同，身份不一样，对内容的看法也不一样。其次，培训师传达信息的方式和学员吸收信息的方式是不一样的。培训师知道自己将要讲什么，属于线性思维；学员不知道老师要讲什么，要一个点一个点地吸收，属于点性思维。这些差异导致两者的信息经常不一致。

如何减少失误，让培训师和学员尽可能保持一致呢？如何让前后的内容形成一个整体呢？这就需要链接。

2. 课程链接的作用

培训中的链接是将培训的各个内容有机联系起来的方式和手段，它主要有以下作用：

①**顺利过渡**。让上下文的连接更合理，符合通常的习惯，让学员不感到突兀。

②**将全部内容形成一个整体**。链接除了将上下文连接起来以外，还能将全部内容形成一个整体，保持完整性。

③**引导学员**。使学员全面理解培训内容，防止盲人摸象。当学员仅仅看到某一部分内容的时候，培训师要提醒他还有其他内容。

④**引导培训师**。引导培训师顺利表达所要讲的内容。如果说课程内容是一颗颗漂亮的珍珠，那么链接就是一条绳子，将零散的珍珠串成珍珠项链。

三、课程链接的原则和方法

1. 课程链接的原则

①**链接自然**。要符合人们的习惯，不要显得太突兀。

②**链接紧密**。要把各个部分的内容连接成整体,形成紧密的关系。

2. 课程链接的两种情景

(1) 课程内容设计中的链接

课程设计的链接就是在课程设计中,要将各个模块在内容上进行设计,采用某种链接方式将各个模块有机地连接起来,内容上形成一个整体。

如图4-1,所谓链接就是如何将内容一、内容二、内容三有效地组织起来,关键在于找出它们之间的关系。同样,要点一、要点二、要点三也是如此。这一点恰恰是培训师们容易忽略的。

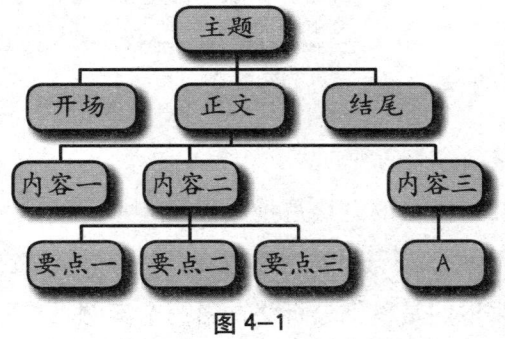

图 4-1

在给某工商银行做TTT的时候,我就按照ADDIE的模式进行训练。其中有一个小组开发课程的主题是"银行系统的保密机制"。他们设计的主要内容是:1.什么是保密原则;2.为什么需要保密原则;3.保密的具体做法;4.案例分析。如图4-2:

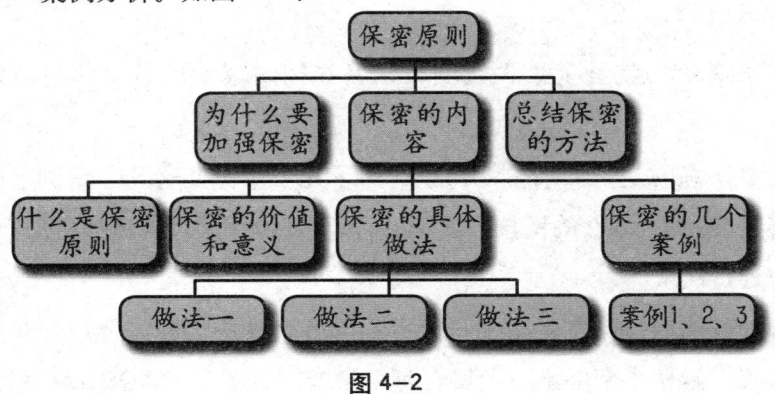

图 4-2

但是，通过对链接的分析，我发现了问题，因为"保密的几个案例"其实就是用具体的事件说明如何保密，它应该归属于"保密的具体做法"。他们也认识到了这一点，于是就将三个案例纳入"保密的具体做法"，这样，整体结构和内容就更加合理、清楚。如图4-3：

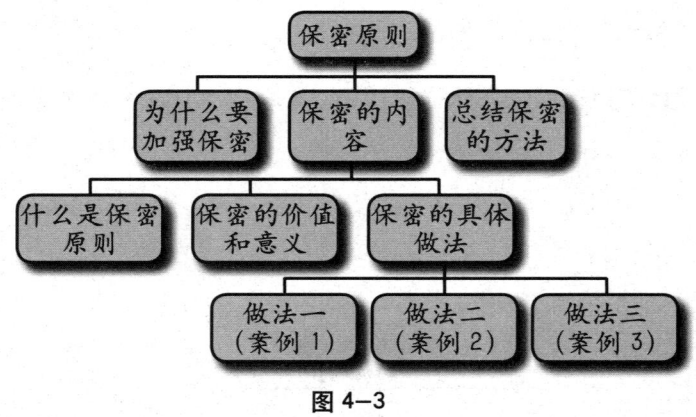

图4-3

内容上的链接又分为两种方式：

①**内在的链接**。内在的链接是指课程内容本身就是一个整体，只是要按照某种方式在先后上进行设计，也就是所谓的"无缝链接"。

比如，如果采取的是案例分析法，由一个案例贯穿整个培训的始终，因为案例本身是连贯的，所以课程内在就有着某种天然的链接。

一堂课程，如果里面的案例就有连贯性，那么这些案例就能自然地连贯起来，连贯起来的案例就组成情境，会让课程更加真实。

当然，设计这样的"全景案例"需要专业水准，要不断地搜集、整理、加工、提炼。

情境高尔夫就是全景式案例教学（详细内容参见《培训师的差异化策略》）。

需要注意的是，如果一堂课程选择了几个案例，这几个案例之间本身缺乏连贯性，那么内在的链接力就不足，需要在授课的时候适当增加"合页"，将内容连贯起来。

②**外在的链接**。这是指同一个课程的各个模块之间需要用外在的工具链接起来。就像本套书上下两册在每一章专门设置了"ADDIE小贴士"，

这个小贴士就相当于合页,将这个部分有效地链接起来。采用这样的方式在专业上称为"锚定物",即一看到 ADDIE 就会自然联系到其他内容。

我在讲课程设计与开发以及 TTT 课程时,就是运用锚定物的方式,将 ADDIE 的整个结构图用一张大白纸完整地写下来,让学员对于 ADDIE 有一个整体的思路,然后分别进行讲授和演练,而每到一个模块,就重新来展示这张纸,让大家不断地强化整体印象。

这就是在讲课的时候运用外在的链接,最常用的课程也可以这样设计。

有一次,鹰隼计划班的一个学员讲 MTP 课程,我们就专门给他进行了设计。

MTP 是一个最常用的管理类课程,往往用模块的方式进行呈现。虽然各个模块之间是有连接性的,但是这些连接性不太容易被学员发现和理解,这就需要培训师在课程开发时进行相关的连接,有意识地制造一个"合页",也就是锚定物。例如"管理者的五大技能",就可以把"五大技能"作为一个锚定物。每一个模块就可以设置为五大技能之员工管理、五大技能之工作管理等内容,这样在课程设计的时候,培训师就会有明确的思路。

在制作 PPT 的时候,可以将这个"五项修炼"设置成一个锚定物。

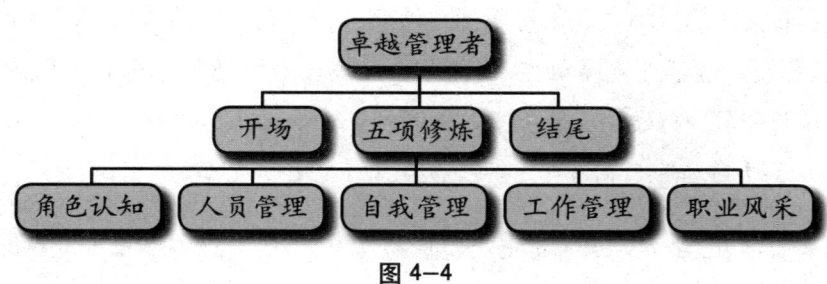

图 4—4

从以上的案例可以看出,课程的链接其实是课程设计中非常重要的一个环节,也是必备的一个环节。

(2)课堂呈现时的链接

这里主要指的是培训师在授课过程中采用的链接方式,目的是让学员感觉到整个课程是有衔接的。

常用的链接方式有两种:过渡和衔接。两者意思相近,但略有区别。

过渡是指连接上下文的内容，比如第一段和第二段之间，或者上一句话和下一句话之间的连接。过渡相对比较简单，可以是一个词、一个动作，或者一个声音的变化。

而衔接是将前文和后文，包括全部内容的各个部分连接在一起的手段，目的是将全部内容结合在一起。

可以说，局部的链接叫"过渡"，整体的链接叫"衔接"。

过渡和衔接很多时候是一起用的，过渡也是衔接，衔接也是过渡，只是为了学习的深入，将二者分开来阐述。

①**过渡的方法**。过渡的方法主要有四种。

a．**关联词过渡**

这是最常见的方法，也是运用最多、最简单、最容易掌握的方法。

常用的关联词有：首先、其次、然后、接下来、最后；然而、但是；第一、第二；因此、因而、所以、那么、结果……

这里需要注意的是口头禅。

什么叫口头禅？同一个关联词连续出现三次以上就是口头禅。

口头禅不能当作一种过渡方式，因为根本就没有"渡"过去。过渡是由A到B之间的过程。如果每次都"然而""然而""然而"，很长时间一直在"然而"，就是一直停留在AB之间，根本没有到达B，就像汽车堵在桥头，轮胎在原地打转，就是上不去桥面。

每次授课，在这个环节，我总是会引用这样一个真实的案例：

十多年前，我在一家著名的大型医药集团上班。集团每年都开营销大会，连续五天，会议的内容之一就是每个分公司老总谈自己公司的目标和规划，其实和其他公司关系不大。当时集团公司对会议纪律有着严格要求，违规就要罚款，迟到罚款、早退罚款、中途离开罚款、睡觉罚款、说话罚款、接电话罚款……会议的内容与自己完全无关，又没有什么趣味性，还不让睡觉、说话，那么做什么呢？后来有同事终于找到一个秘诀，就是记录台上讲话者的口头禅，而且几个人打赌，看谁记得准确，谁输了就请客吃饭。这下大家可精神了，不仅听的时候聚精会神，而且还要做笔记，唯恐漏记了某一点。这个方法很快得到了传播和普及，此后的会议，大家都聚精会神地做笔记，再也没有睡觉、聊天的现象了。只不过大家的笔记本上全是关于"这个""然而""但是"的"正"字（一个"正"字表示出现了五次）。

记"正"字这种方法，对于控制口头禅有非常好的作用。每次 TTT，我都会讲这个故事，告诉学员要注意自己和别人说话时的口头禅。演练的时候，无论台上的学员，还是台下的学员都非常重视这点。

b. 声音过渡

用声音的变化来过渡，如音量的变化、速度的变化等。只是声音的变化要和语言连接起来。

除了刚才讲的着装礼仪以外，关于礼仪（加重语气和声音），还有一个重要的方面，就是举止的礼仪。

c. 身体语言的过渡

通过身体语言的变化来实现过渡，比如由站到走、由走到站、从演讲桌后面走出来等。

（培训师用规范的站姿站着）刚才我们共同学习了站姿的要求，现在训练坐姿（在预先准备好的凳子上坐下）。

d. 设问过渡

在需要过渡的地方设一个问题，通过问题来引导过渡。最常见的是口头语言、声音和身体语言结合起来过渡。

刚才我们讲到了礼仪的重要作用，那么（声音加大），在工作中，到底应该怎么运用这些礼仪呢？接下来，我们就开始学习常用的一些礼仪。

在实际的培训过程中，更多的情况是将关联词、声音、身体语言和设问几种方式结合在一起的过渡。

刚才我们请"模特"给大家展示了标准的站姿，除了站姿以外，礼仪中还有很重要的一个方面就是坐姿，那么，到底该怎么坐呢（声音提高）？哪位伙伴来演示一下（向学员走近）？

几种方式结合不仅能够有效地过渡，还能让现场更精彩。在培训过程中要多采用结合的方式，至少两种方式一起用，当然最常用的还是关联词。

②衔接的方法。衔接也被称为"链接"，也就是将不同的内容有效地组合在一起，形成一个整体。这种方式是培训师必须掌握的。实际上，很多时候学员就是"盲人"：一方面，培训师讲述的是一条线，而学员接收的是一个点；另一方面，培训者自己知道将要讲什么内容，而学员是不知道的，他们是被动地接收。

这样就会导致学员接收的信息是不完整的，甚至是错误的。

一个员工刚去新公司报到做行政文员，正好碰上领导去上厕所，于是领导给新文员布置任务。

领导：来了啊，欢迎。你去把纸买回来。我去上厕所，今天拉肚子。（说完就往厕所跑。）

新文员（立即跑出去买了包卫生纸回来，站在厕所门口喊）：领导，纸买回来了，给您送进去吗？

领导：送进来干吗？你赶紧去打印一份资料。

新文员：这个怎么打印？这是卫生纸。

领导：谁让你买卫生纸的？我叫你买A4纸，要打印资料。

产生这个误会的原因是什么呢？主要是表达问题，领导表达的意思和员工理解的意思是不一样的。在培训中也是如此，不要以为培训师讲的学员都听明白了。尤其是当内容很多的时候，如果培训师无法把自己的内容有机地衔接起来，学员就会目光呆滞，神游八方。

避免这种问题有两个方法：一是在设计内容时，要有科学的结构，就是要将内容结构化，甚至模式化，当学员听到这个内容的时候，就可以猜测下一个内容；二是在讲课时运用链接。可以这么理解：结构化是培训内容内在的逻辑联系，而链接是培训师将这些联系展示给学员，让学员明白。

a. 关联词语法

这个方法和上文提到的过渡类似，只不过比过渡更多一点。下面以时间管理为例来说明。

第四章 | 浑然一体
课程链接的方法和技巧

（开始阶段）

今天的主题是"时间管理",我们将从以下四个部分进行阐述：第一,时间管理的意义；第二,常见的错误的时间管理法；第三,时间管理的基本原则；第四,时间管理的具体方法和操作流程。

点评：一开始就用链接,可以让学员"鸟瞰"整个培训的结构和内容。

（中间阶段）

刚才我们讲了第二点,就是错误的时间管理的做法,让大家知道了这些方式是错误的。那么到底什么样的时间管理才是正确的呢？在掌握具体方法以前,我们一起来看看第三点"时间管理的原则",原则是指导思想,只有掌握了原则,我们才能更好地管理时间。

点评：中间的链接能够将已经讲过的上文和接下来要讲的下文链接在一起,这样既强化了对上文的记忆,又帮助学员把上下文联系起来。

（最后阶段）

我们今天学习的主题是"时间管理",让我们共同来回忆有哪些内容。一共是四点：第一,时间管理的意义；第二,常见的错误的时间管理法；第三,时间管理的基本原则；第四,时间管理的具体方法和操作流程。

点评：无论是在开始阶段、中间阶段,还是结尾阶段,连接词都能够把内容衔接起来,形成一个整体。

b. 重复关键词法

重复关键词,也就是强化主要内容,让学员明白自己的思路没有错,是跟老师在一起的。就如同导游带领大家游览重庆菜园坝长江大桥时,一定要不断地提及"菜园坝长江大桥",如果仅仅说到长江大桥,就会有游客不知道究竟是哪座长江大桥,因为长江大桥不只一座。重复关键词既强化了主题,又将学员的思路聚集在一起。

重复关键词还有一个好处,就是帮助培训师提醒自己,要在主干道上跑,不要跑上了岔路。尤其是思维活跃型培训师,思路发散,加上缺乏方向感,很有可能自己跑到了岔路上还不知道。因此，重复关键词，能够帮助培训师把自己拉回来。

什么是关键词？比如，时间管理课程中，时间管理是关键词；社交礼仪课程中，社交礼仪是关键词；TTT 培训中，培训师是关键词；5S 管理中，S 是关键词。

记住，关联词不是关键词。关键词是指与主题相关的词，重复关键词是一种正确的链接方式，而重复关联词就成了口头禅，是错误的链接方式。一字之差，含义大不相同。

c. 前后呼应法

培训师在授课过程中，要前后回应，相互提及，让所讲的内容形成一个整体。上文中"时间管理"这个案例，除了关联词语法以外，其实也用了前后呼应法。

"前后呼应法"包括两层含义：

第一层含义是"前呼后"。在前面讲述的时候，提及后面的内容，这个内容与之相关，但是因为课程安排的原因，将在后面详细讲。这样既让每个部分都有自己的重点，又提及了另外相关的内容，保证整个内容的完整性，让学员对另外的内容充满期待。

第二层含义是"后应前"。就是讲到后面课程的时候，要回应前面讲的问题，这样形成一个"闭环"，让学员觉得整个内容很完整，如：

我们刚刚讲到时间管理的原则，前面我们还讲到了一些错误的时间管理法，现在就来学习正确的时间管理法。

d. 交叉引用法

对前面提到的某几个项目不做具体阐述，在后面的某个环节才进行相应的阐述。

交叉引用法和呼应法有些类似，区别在于：呼应法更多是"一对一"——前面提到某个问题，后面就针对这个问题回答；而交叉引用法是"多对多"——前面提到某几个问题，后面再分别进行回应。可以这么理解，交叉引用法是多个呼应法的组合。

交叉引用法类似于"花开朵朵，各表一枝"，把一朵一朵的花描述清楚，同时也让学员看到其他的花，否则就成了"一枝独秀"。

e. 排比句法

将关键的某句话作为连接词。

最著名的例子就是马丁·路德·金的"我有一个梦想"。每一节都是以"我有一个梦想"作为开场，将全部内容衔接在一起，对听众极具煽动性。排比句除了起很好的链接作用以外，还有很好的修辞作用。

f. 列举法

将几个并列的内容逐一列举，并深入分析和讲解。例如"高效人士的七个习惯"，讲这个课程可以用列举法，首先列举七个习惯的概念，然后针对每个习惯逐一深入分析。这种方式在结构上称为"分类组件式"。给企业做TTT内训时，我通常讲的是"企业培训师的十项修炼"，也是用这种方式。只是企业不同，这十项的具体内容也不同，但模式是相同的。"卓越领导力七项修炼""管理者的五项技能""5S管理""优秀店长的十项技能"等，都可以用这种方式。

g. 总结连接法

讲完一部分内容，要做总结，然后再进入下一部分，这样逻辑清楚，重点突出，连接有力。

来，咱们共同回忆一下刚才的内容，我们刚才讲的是时间管理中常见的问题，一共有七种。那么，如何解决这些问题呢？……

什么时候总结呢？第一，每部分结束时可以总结。第二，一个小时左右总结一次。

四、关于课程链接的答疑及工具

1. 关于课程链接的疑问

疑问1：有时我自己思路不清楚，忘了内容，有时讲一些案例，就会跑得太远，回不去了，怎么办？

- 结构化你的内容，重新整理你的结构，必须确保结构本身是没有问题的。
- 板书，在白板上板书你讲的内容，记不住的时候可以链接起来。
- 不要忘了电脑或者投影，上面有你的讲课内容。
- 最重要的是你自己要置身事外，避免"不识庐山真面目，只缘身在此山中"。记住，你是导游，不是游客。

疑问2：我感觉自己有口头禅，怎么改变？

是否叫口头禅，一是看重复性——某个词，尤其是连接词，连续出现3次及以上；二是看重复的这个词是否多余，也就是说，看看是否不需要这个词也可以完整地表达。符合以上两点的才是口头禅。

口头禅是一种习惯，既然是习惯，那就改变它。首先要发现自己的口头禅，在讲话的时候自己多留意。另外，你可以录音，听听自己的口头禅有哪几个，尽量避免它。

2. 关于课程链接的工具

工具：紧密链接

【工具模板】
运用范围：所有培训
目的：提高课程魅力
适用对象：培训师

表 4-1

方式	目的	措施	备注
过渡	衔接上下文	连接词过渡：首先、其次、然后、接下来、最后；然而、但是；第一、第二；因此、因而、所以、那么、结果……	注意：口头禅不是过渡
		声音过渡：变化声音	
		身体语言变化	
		设问过渡	
链接	将各个部分及全文连成整体	关联词语法	和过渡类似
		重复关键词法	
		前后呼应法	
		交叉引用法	
		排比句法	
		列举法	
		总结连接法	

本章小结

1. 学习要点

掌握链接的设计原理和方法。

2. 课后作业

①将自己的课程结构化，寻找其中的逻辑关系，检查是否合理；

②把自己授课情况录下来，看看在表达中是否存在口头禅，如果有，注意纠正。

第五章 一鸣惊人
开场白的设计原则和方法

ADDIE 小贴士

在第三章设计框架，第四章课程链接后，需要充实具体的内容，以下几个章节都属于这个内容。

一、错误的开场导入

1. 错误开场白的典型案例

情景描述

　　有一次给某著名的电子产品的商学院上TTT，在早上快九点的时候，我在教室的后面做好准备，等着他们做好开场，然后正式上台。这时他们的培训负责人走到我面前，对我说："段老师，咱们开始吧。"我说："好的。"然后等着他的开场，结果对方没有任何反应，我明白了，原来没有开场。我只好自己上台开场。

　　这是我遇到的最没有"开场"的开场。在以往的培训中，至少会有一个主持人说"掌声欢迎段老师上台"。
　　这是培训管理的环节没有开场。
　　还有更多的情况是培训师自己没有开场。
　　在我们鹰隼计划全国培训班中，每次的初步演练，总会遇到很多学员，一上台就开始讲课，直奔主题，没有专门的课程导入。
　　开场白是正式培训中非常重要的一个环节，但也是培训师常常忽视的一个环节。

2. 常见的错误开场白

（1）直奔主题式

各位领导，大家好，我叫×××，来自人事行政部，我今天演讲的主题是：我骄傲，我是×××人。

这是鹰隼计划的一个学员为一次演讲比赛准备的开场白，这样的开场白平淡无奇，没有吸引力。

各位培训机构的领导，各位老师，各位同行，大家好，我叫×××，今天我参加展示的课程是"高效沟通"……

这是最近几年全国各地的师资展示大会中最常见的开场。

（2）装腔作调式

各位优秀的企业家，大家好。非常荣幸来到贵地。在来以前，我就知道这里是个人杰地灵的地方，在座的各位都是非常优秀的企业家，今天能够和大家一起交流和学习，我真是三生有幸。所谓"百年修得同船渡"，看来我们是非常有缘分的，为我们的缘分，来一点掌声！掌声不够热烈，再来一点！好，太棒了！你们是最棒的，掌声再次送给你们！

这样的开场方式很热闹，但是对于一个培训师来说，明星式的开场还是让人感到怪怪的。

（3）自我贬低式

各位学员，大家好，非常荣幸来参加今天的培训。本人能力和精力有限，对这个课题没有多少深入的研究，接下来谈的内容也仅仅是我个人一些不成熟的看法，讲得不对的地方请各位专家原谅。我也是第一次上台，有些紧张，希望大家多多支持一下。

这是在培训中最常见的现象,这种开场白也叫"自杀式开场"。这样的"谦虚"只能让学员感觉你不够自信,你无疑是在告诉学员"我很害怕",那些喜欢挑战的学员已经跃跃欲试了。

(4) 枯燥无味式

各位同事,今天给大家讲讲关于公司制度的内容。你们是刚来我们公司的,因此要好好了解制度。这些制度都是公司规定的,每次新员工入职的时候都要讲,大家可以学学。首先我们讲讲考勤制度……

这种开场白也叫"外交式开场"或"新闻发言式开场"。没有感情的例行公事开场白,只会让人感觉浪费时间。

(5) 啰里啰唆式

一位培训师受邀给某移动公司讲绩效管理。考虑到台下的员工比较抵触绩效考核,这位老师采用了这样的方式:

×××移动公司的各位管理者,大家好。我今天要给大家讲的主题是"加强绩效考核"。我讲这个主题并不是说大家现在做得不好。其实我感觉大家已经做得很好了。为什么要讲这个主题呢?是因为贵公司领导的要求。其实绩效问题是很多公司都存在的问题,那些所谓的知名企业,难道就没有绩效问题吗?我看未必,其实都是有问题的。所以咱们公司存在一些绩效问题是正常的。如果大家的绩效都已经很高了,那才不正常呢。当然,反过来说,就算大家的绩效提高了,公司对大家的绩效要求又提高了,所以还是会有问题。另外,我认为,绩效问题是多方面的问题,仅仅靠一个培训呀,开个会呀是不能解决的,要是真这么简单,绩效问题就不存在了。所以,其实我内心是不太愿意讲这个主题的,希望大家也能理解我。我呢,就给大家讲一讲,也希望大家多多支持。

这也反映了主讲者对于自己培训的主题不够自信。

（6）推卸责任式

各位同事，不好意思。因为最近太忙了，而且公司通知我讲这个课的时间也很紧，我准备得不够充分，最近这个天气挺怪的，昨天晚上我加班结果感冒了，所以今天状态不是太好，请大家原谅。

老师在上面找借口，学员会怎么样呢？学员会在下面讲："老师，我早上还没有吃饭，对不起，我去吃了再来，不好意思。""老师，我昨晚睡得晚，现在要休息一会儿，请老师原谅。"记住，借口只会带来借口。

（7）离题万里式

有一次我给银行公司做TTT，该银行刚刚组建企业大学，就是将此前的培训学校升级。为显示领导对本次培训的重视，三位领导先后上台，加上一位主持人，四个人花了差不多一个小时，做了开场。

三位领导从各个角度，结合当前的国际国内形势，高屋建瓴地谈到企业发展的方向和目标。就是没有谈本次四天三夜培训的主题——培训师培训。

我在下面，一方面感谢各位领导对本次培训的重视，一方面为流逝的时间着急。台下本来充满热情的学员开始不耐烦了。

这样的情景不止一次。

（8）自我吹嘘式

有一次某地办了一个讲座，请一位讲国学的"大师"讲人力资源，主题是"国学智慧与人力资源"，下面是"大师"的开场。

各位做人事工作的学员，大家好。欢迎你们有幸来参加我的培训。为什么是你们有幸呢？因为我通常是给企业家讲课的，我的课程深受企业家欢迎，大家听了我的课程以后，企业做得更大了。我还是第一次给你们这样搞人事工作的讲课，当然，听了我的讲座，肯定对你们的人事工作有帮助。虽然我自己完全不懂什么人事工作，现在好像叫什么"人力资源"，其实，在我看来都差不多，都是做事情的，跟老板相比，还是有差距。所以我不能保障你们每个人都能学到东西。同时呢，我一直研究的是国学，并且获得一点小小的成就。当然，你们不要称我为"大师"，因为现在国学中，没有敢称大师的，我呢，还是比较谦虚，我不自己说自己是"大师"，但是还是有些成果的，现在就简单地介绍一下我成功的经历。（此处省略5000字。）

这样的自我标榜和吹嘘是不是很常见？

（9）虚张声势式

各位学员，大家好。今天非常高兴地给大家讲授一个主题，就是"细节决定成败"，一个企业的成功，关键在于细节。古人云"一屋不扫，何以扫天下"，意思就是要强化细节。细节做不好，企业是做不好的。企业要想做大，首先要从细节开始。决定企业成败的关键就是细节。因此，做好了细节就意味着成功。

老师，我听过"执行决定成败""战略决定成败""创新决定成败""态度决定成败"……到底什么决定成败呀？

（10）狐假虎威式

各位同事，今天要开个会，会议的主题是"加强公司的车辆管理"。我知道大家对这个题目比较反感，认为公司管理得太严格了。今天我是奉公司各级领导的指示来给大家讲课的。董事长在年初的会议上就讲了，今年要加强车辆管理，总经理在各种会议上也一直强调，要加强车辆管理，因此上周专门安排我讲这个课题，昨天又把我叫到办公室，再次强调这个主题。所以呢，今天我来讲这个主题。请大家认真学习，我将把大家学习的情况汇报给公司的高层，到时候会根据这些情况做相应的奖惩。

老师，是不是把党和国家领导人的讲话也拉来当大旗呀？

（11）热闹非凡式

有一次，我参加某培联组织的讲师展示大会，一位讲师穿着大红外套，在台上上蹿下跳，搞破冰，互动，一共十分钟的展示，开场就花了六七分钟，可以想象这样的培训效果。

（12）重复开场

在上海举办的鹰隼计划班中，一位来自银行系统的学员在第一次上台的时候，用了这样的开场：

各位同事，大家好。我叫×××，来自培训部，今天我讲的主题是"营业厅的服务礼仪规范"。为什么要讲这个主题呢？我给大家讲一个故事：那是上个月发生的事情，当时，一个顾客在营业厅里大声嚷嚷，抱怨我们的工作人员服务不好，吵着要投诉，后来经理出面也没解决，直到惊动了一位副行长。相关同事因此受到了银行的处罚。为什么出现这个情况呢？其实，最根本的原因就是那位顾客不喜欢某位营业员说的话，说是冒犯了他，用段老师的 DISC 分析，这个顾客可能是"D 型"。因此，我今天专门给大家分享这个主题——营业厅的服务礼仪规范。

初看，这个开场白很精彩，用了故事开场法，但是仔细看，出现了两次开场。直奔主题加故事开场，这种双头式开场经常会出现。

为什么叫"双头式开场"呢？一个培训，其实就像一篇文章，通常分为开场、正文和结尾，可以形象地用人来形容：开场白就像头，正文就像躯干，结尾就像脚。直奔主题就是没有头。重复开场就像两个头。想象一下，当你看到有个人有两个头，是不是很恐怖？

以上是培训开场时出现的各种典型问题，在实践中，出现最多的是直奔主题式、自我贬低式、啰唆式开场。

二、开场白设计的管理学原理和作用

1. 开场白设计的管理学原理

(1) 权威暗示效应

人们会依据培训师的开场白来判断其是否权威,一旦培训师成功开场,就会在学员中树立威信。因此,开场白对于培训师非常重要。

(2) 破冰原理

培训刚开始,培训师和学员之间会有些隔膜,就像隔着一层坚冰,如果不把这个冰打破,就会导致培训师讲自己的,学员做自己的,无法形成一个整体。因此,培训师在开场时就要打破坚冰。所以,开场白在有些时候也被称为"破冰活动"。

(3) 三三三原则

三三三原则是在培训中最常用的原则,在本书中出现多次。第一个"三",三秒钟,也就是用三秒钟塑造良好的第一印象。如果学员接受了培训师的形象,接下来就需要第二个"三",三分钟的精彩开场,一旦开场白吸引了学员,学员就会认真地听下去,听培训师讲三个小时、三天甚至三年。

2. 设计开场白的作用

(1) 集中学员的注意力

培训和在校学习不一样。在校的学生有一种习惯,只要进了教室注意力就开始集中到老师身上,精力也会放在课堂上;但是培训面对的是成年人,成年人很少有学习的习惯,所以就算他们坐在了教室里,主持人已经通知学员培训马上开始,很多学员的注意力依然没有在课堂上。这就需要主讲者运用开场白来集中学员的注意力,告诉大家:"嗨,我们开始了。"

（2）为培训定调

不同场合，不同主题，授课的基调是不一样的。这如同唱歌一样，起调决定了后面的调子。如果主题是娱乐性的内容，开场白就要轻松愉快些，可以用故事、笑话当开场白。相反，如果主题比较严肃，那么开场白就要选择比较严肃、庄严的方式，主讲者的整个表情也要和主题风格一致，学员通过开场就知道此次培训的氛围了，可以尽快融入培训。

（3）吸引学员

如果是内训，如何让那些年龄比你大、资历比你深、职位比你高的同事听你讲下去？如何让他们感觉你焕然一新？如果是公开课，如何让来自不同单位、不同背景、不同专业、不同岗位的各路"神仙"听你讲？最好的方式就是专门设计开场白。

开场白的目的就是吸引学员，在培训一开始就要吸引他们，让他们保持好奇心，继续听你讲下去。

有一次我给某上市公司做TTT，他们是一家专注疫苗领域的高科技生物制药企业，是所在行业的领头羊，他们针对客户的主要方式就是产品展示，类似于销讲。在我们前期做调研的时候，学员普遍反映"整个演讲没有吸引力，没有特色，不能在一开始就吸引客户"，原因就是平铺直叙，没有设计开场白。

三、专业开场白的设计原则和方法

1. 开场白设计的三个原则

（1）为主题服务

无论采用何种方式，开场白一定是为主题服务的。所以，开场白一定要和主题有联系，更好地衬托主题。

（2）吸引力

设计开场白的目的就是吸引学员，因此，不管采用什么方式，都要考虑观众的实际情况。开场白的设计要有针对性，同样一个主题，学员不一样，开场白也应该不一样。

（3）新颖

开场白要敢于创新，不要用老掉牙的开场白。如果你刚讲上文，学员就知道了下文，那么没有几个学员愿意听下去。

在培训中，很多老师的开场白没有创新，主要体现在两个地方：一是采用故事开场，通常是网络上的老套故事，缺乏新意；二是采用的互动活动缺乏新意，最常见的是"好，很好，非常好。耶！"这种方法很多培训师都在用，缺乏新意。

2.九种常用的开场白

下面为大家介绍九种最常用的开场白，大家可根据具体情况借鉴和选用。

（1）提问法

这是最简单、最直接、最常见，也是最容易掌握的方法，无论何种主题都可以用这种方法。在鹰隼计划重庆班中，来自某上市公司的老师"彪哥"就用了提问的开场白：

各位同事，大家好，欢迎大家参加今天的培训。相信很多人都喜欢看葛优主演的电影。其中有一部名叫《天下无贼》，很多人都看过吧？这是部老电影了，但是其中有句关于人才的经典台词我相信大家还是记得的，是什么呢？对，是"21世纪什么最贵？人才"。是的，21世纪最贵的是人才，人才是推动企业发展最重要的力量。如果招错了人才，将给企业带来巨大的损失。今天在座的各位同事都是各个部门的负责人，是决定是否录用某个人才的关键角色,那么如何招到合适的人才,为企业创造最大的价值呢?这就是我今天要和大家分享的主题——运用行为面试法招到合适的人才。

点评:这里连续提了几个问题,这些问题比较简单,主要是为了得到大家的回应,引起大家的注意,然后将话题转到与主题相关的人才招聘问题上。

运用提问法开场,要注意以下几个问题:

①**提的问题必须与主题相关**,否则会离题万里,或者太突兀。同样是上面的案例,如果你问"各位同事,大家好,请问大家平时喜欢看什么呢",这样的问题就太空泛了,大家的回答会花样百出。

如果问"各位同事,大家好,请问大家平时喜欢看什么电影呢",大家的回答依然会花样百出。你需要花很多精力才能把大家引到《天下无贼》上来。

再进一步,由于《天下无贼》是部老电影,很多学员可能会记不住,因此需要直接提示电影名称。直接点到《天下无贼》这部电影,范围就会缩小,得到的回应会更集中。不要绕太大的弯,否则会节外生枝——大家跟着你走了"山路十八弯",绕了半天一直走不出来。

②**提的问题不能太直接**。如果是直接与正文相关,那就是直奔主题了。

各位同事,大家好,大家认为招聘人才重不重要呢?

点评:你还没有讲,大家就知道是讲人才方面的内容了,这样是无法吸引大家的。这种变相的直奔主题式是TTT中常见的现象,先点明主题,再来开场白,这能有什么效果呢?

这就如同幼儿园老师先把一块糖给小朋友们展示一下,再藏回兜里,然后问:"小朋友们,大家想不想知道我兜里藏的是什么?"小朋友们不会回答"想知道",而是会回答"想知道为什么还不给我们吃"。你已经让大家知道主题了,再故弄玄虚就没有吸引力了。

③**提的问题不能太难**。问题太难就没人回答,也就失去了吸引人的意义。

各位同事,你们认为企业发展最重要的因素是什么呢?是人才!那么到底人才对企业发展有什么作用呢？人才对企业的贡献率到底有多大？为什么中国企业普遍感觉缺乏人才？

点评：这样的问题很好，但是太难了。大家可能会失去思考的兴趣。

④避免重复开场。

各位同事，大家好，欢迎大家参加今天的培训。我今天分享的主题是关于人才招聘的问题。我相信很多人都喜欢看葛优主演的电影。其中有一部名叫《天下无贼》，很多人都看过吧？其中有句关于人才的经典台词是什么呢？对，是"21世纪什么最贵？人才"。

点评：刚开始就已经告诉学员主题了，缺乏吸引力，再绕一个圈子，学员会感到厌烦。其实只要去掉"我今天分享的主题是关于人才招聘的问题"这句话就可以了。

我们在鹰隼计划的训练中，提醒大家一定要"忍住，忍住"，把"我今天给大家分享的主题是……"改为"在分享今天的主题之前，我先问大家一个问题（我先给大家讲一个故事）……"。

（2）讲故事法

讲一个有新意的与主题相关的故事，以吸引学员。

下面是南京鹰隼计划班的学员周靖在校园招聘时的开场白：

各位同学，大家好。欢迎参加今天的校园招聘，感谢大家对我们企业的信任。这么早就来参加宣讲会，不知道大家饿不饿。下面就有一个饿狼的传说。

有一只饿狼，非常饥饿，正在到处觅食，突然在一个山洞的洞口外，看到一只兔子，它走近一看，那只兔子正在全神贯注地敲击电脑键盘。

狼：兔子，我来啦！

兔子：狼大哥，你好！

狼：今天很奇怪呀，你怎么不怕我呢？用电脑干吗呢？

兔子：我忙着写论文。

狼：写论文？写什么呢？

兔子：我写的是"论兔子如何战胜狼"。

狼：哈哈哈哈！兔子战胜狼？凭什么？

兔子：资料、素材都在后面的洞里，你进去看看就明白了。

狼：你等着，敢骗我，等我出来再收拾你！

狼进去了，结果传来阵阵惨叫。好长一段时间后，兔子收拾好电脑，进了洞，看到一幅景象：一头狮子正满足地剔着牙齿，地上是狼的残骸。

狮子：兔子，过来，我告诉你一个成功的秘密——一个人，要想在职场获得成功，除了自己努力以外，最重要的是要找到一个好老板。

一个好老板就意味着一个好的企业，一个好的企业就意味着一个好的平台。接下来，我就跟大家介绍一下我们的企业，让各位同学看看是不是一个好的平台。

注意：

- 讲的故事一定要和主题相关，不是为讲故事而讲故事。
- 故事一定要新颖，要与时俱进。一定要避免讲那些耳熟能详、陈芝麻烂谷子的"经典故事"。像本文的故事，就是经过改编的。
- 故事要经得起推敲，有一定合理性，必须考虑台下喜欢较真的学员。

（3）引经据典法

引经据典法就是引用那些经典的权威著作、名言等作为开场白。很多讲国学的老师常常会以"之乎者也"开场，就是引经据典法。

我现在讲情境高尔夫的时候，就会用引经据典的方法来介绍：

各位领导，各位伙伴，欢迎大家参加今天的培训。请问哪些伙伴经常打高尔夫？不会打也没有关系，我马上就会教大家，相信大家经过两天的培训，一定可以成为球场上的高手。

高尔夫通常有两位教练，一位是初级的动作教练，他会教基本站姿和握杆、击球的动作。但是，光掌握这些基本的动作要领并不够，这些只能是在练习场学习的。真正到了球场，还需要更高级的教练，就是思维教练。

手机扫描二维码后，输入"PXDY03"，你将看到段烨老师的讲课视频，看他如何为情境高尔夫课程开场。

打高尔夫应该具有某种思维，这种思维就是教练技术的创始人蒂莫西·高威总结并提炼出来的，高威发现，打高尔夫其实是可以运用一种思维模式的，这个模式就是——GROWAY模型。

第一步：确定目标G，目标（Goal），就是确定目标球洞，看要打哪个洞。

第二步：分析现实状况R，现实状况（Reality），就是分析目标球洞所在的位置、距离、朝向、风向等。

第三步：设计击球方案O，提出议案、方案（Offer），也就是要设计如何打这个杆，需要选择什么样的球杆，需要多大的力度，用什么角度，这是非常关键的。

第四步：击球W，工作、实施（Work），就是按照制订的方案挥杆击球。

第五步：调整动作A，调整，使一致（Accord），如果没有打进去，需要重新制订方案，包括球杆、力度、角度等等。

第六步：算分Y，获得收益（Yield），计算分数，获得成绩。

大家看看，这种GROWAY模式其实和工作、管理，甚至生活也是一致的，运用这样的思维方式可以提高我们的工作效率。因此，高威将高尔夫运动和管理结合起来，开创了"教练技术"的管理模式，同时也开创了"高尔夫"的培训模式。

通过这样的开场，不仅让学员掌握了"情境高尔夫"的来源，让大家初步了解贯穿情境高尔夫课程始终的GROWAY模式，同时还激发了大家的兴趣。

（4）案例运用法

用一个有代表性的与主题相关的案例作为开场白，也是一种有吸引力的方法，能一下子将学员带入主题。

有一次我给一家农业银行做TTT，一个学员讲的主题是"如何辨别钱的真伪"，这样的主题对其一般人来说很有趣，但是对银行的人来说，好像趣味不够。我建议她采用案例的方式作为开场。于是这位学员向其他同事收集了关于假钱的真实案例，经过简单加工作为开场白，取得了很好的效果。

（5）数据列举法

开场的时候，提供一组翔实、准确的数据，可以吸引学员的注意。

一次我给汽车企业做TTT，其中一个学员讲的主题是公司产品卓越的安全性能。为了引起大家对于汽车安全重要性的关注，他收集了一些权威的统计数据，既能让大家重视，又能说明该公司产品的安全性能好。

注意：数据列举法引用的数据一定要准确，表达要清楚。

讲专业技术、产品知识、行业趋势、生产研发等内容时，可以多用数据列举法。

（6）实物展示法

用一个实实在在的物体来展示，给大家直观的展示，会让人印象深刻。

一次我给某上市公司做TTT，当时有个财务部的学员讲的主题是"报账发票的规范填写"。第一次展示的时候，他按照惯例用PPT讲解，我建议他用实物展示。结果第二次他真去找了一些员工报账填写的发票单，一边演示一边讲解，效果非常好。

注意：

手机扫描二维码后，输入"PXDY04"，你将看到段烨老师的讲课视频，看他如何用游戏活跃课堂气氛。

- 实物展示法要求培训师有较强的控场能力，对专业和实物非常熟悉，否则会弄巧成拙。
- 实物展示法可以运用在工具设备的培训及路演中。

（7）活动游戏法

设计一个与主题相关的游戏，给学员耳目一新的感觉，同时让学员的参与性更强。

培训师首先给每人发一张 A4 纸，然后要求学员对折一次，再对折一次，撕下一个角。然后请大家展开看看，有什么不同。大家会发现纸上有一个洞，但每个人的洞都不相同。

为什么会有这样的差别？这是因为沟通出了问题，因此，我今天给大家讲的主题就是"高效沟通"。

注意：

- 要根据主题设计游戏。
- 要有正确的定位。这个游戏的目的到底是什么？一是引出主题；二是破冰，也就是热身游戏。
- 注意控场。
- 注意把控时间。游戏占的时间太长，容易冲淡主题。
- 游戏要有新意。像上面这个游戏，很多讲沟通的老师都在用，如果台下有参加过的学员，对其就没有吸引力了，而且有可能提前把谜底揭开。

①游戏要结合学员的状况。在最开始的时候，参训学员并没有完全投入，如果开场游戏设计不合理就会引起大家的反感。

有一次我给某政府管理层做情境高尔夫。助理说："各位领导，请全体起立。为了确保培训顺利进行，现在需要大家做一个热身游戏。请大家站到教室的空位上来……"话没说完，台下这些大叔、大婶们"哎"地全都坐下了，没有一个站出来，弄得助理很尴尬，只好邀请我上台。

我上台就采用最常用的开场方式：

各位领导、各位伙伴，大家好！……请大家统一回应"你好，我好，大家好"。

相对热身游戏，这样的原地"简单"开场更容易被大家接受。

所以，在做开场游戏时，要结合学员的具体情况，包括年龄、性别、岗位特征等进行，这个又回到了 ADDIE 中的 A 环节。

②游戏还要结合场地的状况。场地的大小是选择游戏种类的一个主要参考因素。

有一次我给南方某农行讲 TTT，培训助教在第一天下午开场就做了一个互动游戏——水果蹲，就是将学员分为几个组，每组用一个水果命名，然后围成一个圈一起下蹲。当时培训教室较小，桌子也不能移动，结果大家无法形成一个圈，虽然勉强做了活动，但是效果不是太理想。在后面的环节，我就引导大家总结如何通过游戏开场。

（8）回顾法

回顾法就是在第二次上课的时候，运用回顾的方式将上一次的内容进行回忆，以此来强化大家的记忆，同时有效地链接新内容。

在鹰隼计划上海班，我在第二天上课的时候就用了回顾法。

让我们来共同回忆，请大家看看这张 ADDIE 的内容，昨天上午我们首先讲了 A 的部分，主要内容就是需求分析，确定主题，以及设定培训目标。然后我们又进行了 D，就是对整个课程进行结构设计，确定基本框架。接下来又进行了第二个 D，就是内容设计。内容设计中，我们首先确定了开场白，然后就是案例的组织。昨天讲了案例的两个来源，第一个是引用案例，

第二个是改编案例。昨晚给大家布置的家庭作业,就是"龟兔赛跑故事新编",接下来就是大家展示的时候了,来,我们有请第一位伙伴上台,开始"龟兔赛跑第二季"……

这样,既强化了之前培训的重点,又链接了下文。

同一个课题的不同时间段,如果前后授课的间隔时间长,更应该用回顾法作为开场,对前面的课程进行温习、回顾,帮助大家回忆起以前的内容,"温故而知新"。几个老师或者主讲者先后进行培训或者演讲,如果前面有老师讲过某个主题,后面上台的老师也可以用回顾法,回顾一下前面老师讲的内容,然后引出自己的主题。

(9)综合运用法

就是将以上几个方法综合运用,而不是单纯地用某种方法。通常来说,提问法和其他方法都可以结合起来运用。

综合法就是提问+其他方法,比如:

提问+故事

提问+引经据典

提问+背景资料法

特别说明:

❶**充分准备**。对于同一门课程,通常要设计三个左右的开场白作为准备,在正式上台的时候,结合现场情景选择相应的一个开场白。

❷**适量**。开场白不能太多,一门课程最多用"综合式开场",不能用太多的开场,否则会显得啰唆。通常一个经典的开场在三分钟左右。尤其是课程时间短的情况下,不能花太多的时间在开场上。

❸**选择最佳开场白,开始"讲课频道"**。一个适合自己风格和主题的开场,会带来良好的效果。长期运用这个开场白,就像打开讲课的频道,会让自己尽快进入培训状态。同时,如果长期坚持下去,还会形成自己的风格。

我曾经用过多种开场白,后来就养成一个习惯,用"你好,我好,大家好"开场,这样,每次课程我都用同样的模式。当然,这样的开场白其实类似于破冰,还要和相应的主题结合。

类似的开启频道的方式很多,有时候生活化的开场也能吸引人。格诺威(重庆)公司的老总COCO通常采用的开场是展示自己孩子的照片,第一张是儿子的照片,第二张是一对可爱的双胞胎。照片一出来,现场往往就会有"哦"的反应,COCO就会给大家解释,这是一对龙凤胎,这时现场就会一片"哇",马上活跃起来。这样就很顺利地进入讲课频道。

四、关于开场白设计的答疑及工具

1. 关于开场白设计的疑问

疑问1:每次讲话都需要开场白吗?

当然,就像人有头一样,开场白是人的头,正文是人的躯干,结尾是人的脚。无论什么场合、多长时间的培训,都需要开场白,只不过开场白的方式不一样。

每次讲话、培训都需要开场,每一次开始都需要开场,比如第二节课刚开始的时候也需要开场。只不过相对而言,第一次开场需要更专门的设计。

疑问2:开门见山不可以吗?

开门见山的开场方式,适合两种情况:

情况1:对象是在校学生或者有着良好学习习惯的人群,他们不需要培训师的努力就能把注意力集中在培训上。

情况2:主讲老师上台前,助教已经做了足够的"破冰"工作,这时主讲老师既可以来一段开场白,也可以直奔主题。

因此,开场白的工作实际上可以两个人做:一是主讲老师,二是助教。只有一个人做也可以,两个人做更好,但是如果两个人都不做就不太合适了。

疑问3:专门设计开场白是不是显得太做作了?

就像你参加一个正规的宴会,需要重视自己的着装一样,这不是做作,而是专业。

疑问4:除了前面的方法,还有什么方法可以让开场白更加精彩呢?

①**新颖性**。引用的形式和内容要与时俱进,尽量少用陈旧案例和故事。

②**生动性**。讲的内容要生动丰富,结合身体语言,语音语调全部调动起来。

③**赋予情感**。不要把自己当成局外人和旁观者,让自己参与其中,带动学员也参与进来。

疑问5:开场白需要花多长时间?

遵循两个原则:第一,占整个课程时间的10%,比如10分钟的演讲,开场白最多1分钟。第二,一般是3分钟左右,不要超过5分钟。比如一天的培训,一个开场最多5分钟,而不是360分钟的10%,36分钟。

2. 关于开场白的工具

工具1:主持人的开场白模式

工具模板

运用范围:各类培训

目的:吸引学员的注意力

适用对象:培训主管、主持人

具体步骤

第一步:问候学员。"大家好,欢迎参加本次培训。"

第二步:自我介绍。"我是×××,是本次培训的主持人。"

第三步:介绍课程背景。"本次培训的主题是……目的是为了……"(在这里可以导入开场白正式内容,如故事、活动等)

第四步:介绍主讲老师。"因此,我们今天邀请的主讲老师是……主讲……"(介绍主讲老师的三个身份)

第五步:宣布培训纪律。"在主讲老师上场之前,我先宣布培训纪律。第一,……第二,……第三,……"

第六步:引导学员用掌声欢迎老师。"大家准备好了吗?好,让我们用热烈的掌声有请老师上台……"

第七步：交麦克风，下台。

工具2：培训师的开场白模式

工具模板

运用范围：各类培训

目的：吸引学员的注意力

适用对象：培训师、主讲人

具体步骤

第一步：问候大家。"各位同事（学员、伙伴），大家好，欢迎参加今天的培训。"

第二步：自我介绍。"我是……"（如果主持人已经介绍了，则可以省略）

第三步：开场白的具体内容。（直接运用前面提到的开场白模式开场）

第四步：过渡到主题。"因此，我今天讲的主题是……"

第五步：1分钟介绍主要内容。"我将从以下几个部分详细阐述今天的主题……"

第六步：开始正式授课。"现在，我们开始讲第一部分内容……"

以下是一个标准课程的3分钟开场白模式：

表5—1

步骤	项目	内容	备注	时间
第一步	问候大家	各位同事（领导、学员、伙伴）大家好，欢迎参加今天的培训（会议、论坛、沙龙、讲座……）	根据场景确定称谓	10秒钟
第二步	自我介绍	我叫×××（如果主持人已经做了介绍，此处可以省略）	身份和职务不要超过三个，选择有特色和与主题相关的身份	10秒钟

（续）

步骤	项目	内容	备注	时间
第三步	开场白	各种开场白：提问、故事、案例、游戏等	根据现场情况选定课程的开场白方式	1分钟
第四步	连接词	因此，今天我分享（交流、培训、主讲）的主题是……	简洁、有力、放慢速度，主题名称一定要清楚、完整	10秒钟
第五步	概述内容	我今天分享的主要内容包括三个部分（四个、五个……），第一部分……第二部分……	只做一句话的简介，不要做更多的阐述，记住，这还不是正式培训	60~90秒
第六步	正式授课	现在我们开始讲第一部分	可以根据需要选择其中某个部分进行详细阐述	5秒钟

本章小结

1. 学习要点

掌握开场白的作用和流程，以及经典的开场白。

2. 课后作业

①为自己的每一门课程至少设计三种开场白；

②为自己设计一种通用的开场白模式，打开授课频道，形成自己的风格。

第六章 血肉丰满
案例组织的原则和方法

ADDIE 小贴士

在课程开发中,搭建完基本的框架,有了开场,接下来就需要正文,正文中最重要的内容就是案例。案例就像树上结的果实,是最吸引人的地方。记住:讲道理不如讲案例,讲案例不如讲故事,讲故事不如演故事。

一、案例设置不科学的表现

1. 案例不当的典型表现

在一次 TTT 中,我设计了学员实战演练的环节,其中有一项是"5分钟讲故事",要求学员讲印象最深刻的事,可以是自己经历的,也可以是听说或者改编的。

这是一个学员上台演练时讲的故事,他说:

1976 年 1 月 8 日,周恩来逝世时,设在美国纽约的联合国总部门前的联合国旗降了半旗。自 1945 年联合国成立以来,世界上有许多国家的元首先后去世,联合国还没有为谁降过半旗。一些国家感到不平了,其外交官聚集在联合国大门前的广场上,言辞激愤地向联合国总部发出质问:我们的国家元首去世,联合国的大旗升得那么高;中国的总理去世,为什么要为他下半旗呢?

时任联合国秘书长的瓦尔德海姆站出来,在联合国大厦门前的台阶上发表了一次极短的演讲,总共不超过 1 分钟。他说:"为了悼念周恩来,联合国降半旗,这是我决定的,原因有二。一是,中国是一个文明古国,她的金银财宝多得不计其数,她使用的人民币多得我们数不过来,可是她的周总理没有一分钱存款!二是,中国人口占世界人口的 1/4,可是她的周总理没有一个孩子。你们任何国家的元首,如果能做到其中一条,在他逝世之日,总部将照样为他降半旗。"

这个故事相信很多读者都听说过,很多培训师也引用过。为什么要把它作为典型案例来讨论?因为这个常见的案例恰恰反映了培训中常犯的一些问题。

在写作本书时,我本来打算将此处的案例换成新的案例,但是没有想到,在培训的过程中,不止一次遇到有学员和老师在运用这个案例,其中包括一位非常著名的老师。看来这个案例已经成为"经典",那么,让我们看看这个经典的案例存在哪些问题。

2. 案例不当的五个常见问题

(1) 案例有争议

争议1:到底是联合国的联合国旗降半旗,还是联合国的所有成员国降半旗?有些培训师讲的是"联合国旗降半旗",有些培训师讲的是"联合国的成员国降半旗",二者的性质是完全不一样的。

争议2:到底有没有降半旗?很多培训师讲这个故事时言之凿凿,好像真有其事,实际上对此有很多不同的说法,这一直是个有争议的事件。

争议3:就算真的为周恩来降了联合国旗,那么"自1945年联合国成立以来,世界上有许多国家的元首先后去世,联合国还没有为谁降过半旗",这点是不是真的?

争议4:瓦尔德海姆发表的演讲,内容是否真实?比如,他是否真的发表过这样的演讲?就算是演讲了,是否真的包含这样的内容?

以上四点就是有争议的,有争议的案例会形成反论证。因为怀疑这个案例的真实性,连带就会怀疑论点是否正确。

(2) 案例不具有典型性

案例具有典型性,才能举一反三,激发大家向优秀靠拢,追求卓越。太过个性化的案例缺乏借鉴价值。

下面也是一位培训师所讲的故事。

大家今天来是想找到成功的秘诀。那么成功是否真的有秘诀呢?如果有的话,到底是什么呢?我给大家讲一个年轻人的故事。在10年前,有个年轻人，一没学历，二没资金。家里非常穷，一个月只花费3块钱，每天都是自来水加冷馒头（已经声泪俱下了），最穷的时候仅有3毛钱。他决定要做人上人。在最穷的时候，他也没有放弃对成功的追求，相信自己一定会成功。因此，他拼命寻找成功的方法。后来，他终于找到了成功的秘诀，并且成功了。这个人是谁呢？这个人就是我。今天我就把自己成功的秘诀分享给大家。大家欢迎不欢迎？

这是某培训流派都在用的案例，而且一直在用。不是某一个老师在用，而是不同的老师都在用，看来这个案例已经被复制了。案例可以被复制，其含义是否可以被复制呢？这样的案例看起来很感人，其实经不起推敲，因为过于个性化。成功可以复制吗？不可以。文凭可以复印，成功却不可复制。每个人的经历不一样，过于个性化的案例不具有普遍性，自然缺乏说服力和借鉴意义。

（3）案例陈旧

只要在网上搜索"培训中常用的故事"，就会出现一些故事，主人公要么是一个赶考的秀才，要么是一个老和尚，要么是一个智者，一看就是编纂的。而且这些故事往往发生在"从前""古时候""很久很久以前"。

本书作为《培训师的21项技能修炼》的升级版，除了基本的原则、原理、流程这些"普适"的内容没有太多的改变外，最大的变化就是案例改变。原书出版近三年，当时的案例现在看来已经陈旧了。除非是某些真正经典的、可以焕发新生命的案例，其他的案例本书都做了修改。如果下一次再做升级，相信改变最多的还是案例。

有一位老师，他的主要特点是语言表达能力非常强，尤其善于模仿毛主席、周总理的语音语调，甚至表情，很有吸引力。但是这个优点又成为他最致命的缺点，因为要模仿毛主席、周总理，所以选择的就都是他们的案例，而这些案例都是那个时代的。虽然他讲得很好，但是毕竟时代不一样了。这个老师有一段时间很火，不过很快就沉寂了。

（4）案例不能证明观点

这在内训师授课中很常见，讲课的时候，列举了很多案例，但案例是案例，论点是论点，没有直接联系，案例成了摆设。

我在《培训师的差异化策略》中，列举了"似是而非的七个差异化概念"，其中就谈到很多老师提出了一些差异化的概念，但是提供的内容不能证明这个差异化的论点，说服力不够。

（5）细节有问题，经不起推敲

有一次，一个老师讲了这样一个案例。

一次，美国西南航空公司一架从亚利桑那州首府菲尼克斯飞往加利福尼亚州的客机发生意外。客机因顶部出现大洞在亚利桑那州成功迫降，除一名空乘人员受轻伤外，其他人安然无恙。在出现意外的时候，大家都非常惊慌，一名叫艾米的乘客在飞机成功迫降前给她先生发了一条短信："约翰，我永远爱你，请你照顾好我们的孩子。"

这件事情给我们的启发是：爱，不要等到快要失去生命的时候才去珍惜；爱，就在身边，好好珍惜吧。

刚听到这个案例，大家都感觉很好，但是后来突然有人发现："不对呀，飞机上怎么能发短信？"于是引起大家激烈的争论。

在培训中，类似的存在细节漏洞的案例很多。其实只需要稍微修改一下，将短信改为纸上留言，这就是一个好案例了。

这是《培训师的21项技能修炼》中的案例，我本来想在本书中换一个新的，但最终还是保留了下来。为什么呢？

原文中"飞机上发短信"是有漏洞的，因为以前的规定是，飞机飞行过程中不能开手机等通信设备。但是，最近美国相关部门正在讨论出台新的规定，允许飞行过程中使用通信设备，或许在将来，这个案例就没问题了。

这个案例给我们培训师两点启示：第一，案例需要不断更新，也需要不断地挖掘，可以"老树开花"；第二，培训师一定要发挥C型特质，在选择案例的时候要小心小心再小心。

二、案例设置的管理学原理和作用

1. 案例设置的管理学原理

（1）证实偏见原理

即人们普遍偏好能够验证假设的信息，而不是那些否定假设的信息。

如果培训师仅仅提出某个观点，但是没有运用案例进行论证，那么就很难让人接受这些"干条条"。现在的学员都不喜欢理论式培训，更不喜欢教训式培训。当培训师提出一个观点时，学员就可能会想"为什么呢""那又怎么样呢"，所以培训师必须通过案例来论证观点。

证实偏见还有另外一个含义：由怀疑产生怀疑。如果听众对你的观点产生怀疑，就会对你的论据产生怀疑；同样，如果怀疑你的论据，就会怀疑你的观点。因此，证实偏见原理要求培训师在案例选择时必须遵循相关的原则。

（2）以点带面原理

一个好的案例必须具有典型性，起到以点带面的作用。因为无论这个案例有多么棒，它也仅仅是一个案例，如果不能从这个案例得到普遍性的结论，那就只停留在一个案例上。由此及彼，举一反三才是设置案例的真正目的。

（3）奥卡姆剃刀原理

也称"简单有效原理"，即"如无必要，勿增实体"，切勿浪费较多东西，去做用较少的东西同样可以做好的事情。

这个原理告诉我们，案例是必要的，但是不要太多，不要堆砌，而是要将案例有效地组织起来。通常来讲，一个观点最多不超过三个案例。重要观点可以是三个，次重点可以用两个，一般的只需要一个案例。

请牢记，运用案例的目的是为了让学员记住观点，而不是案例。案例是为观点服务的，讲案例的时候，一定要提示观点。如果你去约会，对方只记住了你穿的漂亮衣服，而没有记住你，是不是很悲催？

（4）美学原理

好的培训不仅能传授知识、提升技能，还能给人以美感。如何做到有美感？

培训就像一栋大楼，培训的主题和论点就是大楼的整个框架，而案例就是框架结构中的砖块，好的案例就像好的装修。结构不好的培训叫"烂尾楼"，没有装修的培训叫"毛坯房"。培训要呈现给学员的是结构合理、装修漂亮的"精装房"。

2. 设置案例的作用

①**证明观点**。案例是为论点服务的。

②**充实内容**。树木只有主干是不够的，还需要枝叶，最好有果实。同理，各种形式的案例能够让课程内容丰富多彩。

③**丰富形式**。好的案例能让课程形式更加丰富，便于学员理解和记忆。学员很难记住枯燥的结论，案例可以帮助学员记住论点。

三、案例设置的原则和方法

1. 选择案例的四个原则

①**能够证明观点**。案例和观点是有联系的，能够证明观点。

②**具有典型性**。具有典型的特征，而不是太多的个性。

③**具有可靠性**。经得起推敲，不存在争议和漏洞。

④**具有新颖性**。与时俱进，具有时代感。

有一次在培训师的交流圈里，几位老师因为观点不一致产生了争吵，另外一位老师出来劝架，讲了一个老和尚与小和尚下山抱女人过河的故事，以劝慰大家要"放下"。这个故事大家都知道，不够新颖，因此，另外一位老师说，其实老和尚与小和尚都放下了，倒是刚才这位老师没有"放下"，还在用这个老掉牙的故事。

2. 选择案例的两大注意事项

第一，并不是每个事件都可以作为案例，案例必须具有典型性，对于案例要有所取舍

一位培训师讲礼仪课程，时间是一天。上午半天，这位培训师都是讲自己身边的故事，包括老婆、女儿、侄子的一些事情。尽管这些事情都涉及礼仪，但是礼仪究竟该怎么做，他一直没有讲，直到下午把自己家的故事讲完了，才正式讲一些专业内容。学员感觉除了听这位老师讲了些自家的故事，几乎没有其他收获。

第二，案例并不是"原生态"，必须经过合理的加工，要来自生活，高于生活

情境高尔夫内训课程中的案例，基本上来源于该企业实际发生的事情。企业实际发生的事情有很多，其中一些具有典型性，可以直接作为案例；有些则不具有典型性，需要加工。

有一次做情境高尔夫培训，在做课前的需求调查时，该企业提供了一个案例：车间主任想制止一名工人在上班时间抽烟，由于处理方式过于粗暴，发生了严重的肢体冲突，最后甚至惊动了110。企业建议在培训过程中把这个案例拿来分析，但是我并没有直接用这个案例，原因有三：

第一，把已经过去了的冲突重新作为案例进行分析，很有可能带来新的冲突，因为有可能当时的处理并不令双方满意，甚至留有后遗症，旧事重提反倒可能带来不好的结果。

第二，就算当时事情处理得双方都很满意了，但是把这样一个消极的案例拿来当众讨论，当事双方都会感到难堪。

第三，这件事情仅仅是个案，只能就事论事，这样的案例分析缺乏举一反三的普遍意义。

因此，我把这个案例进行了加工，把这个真实的冲突换成了另外一个冲突，分析的重点则是如何做好冲突管理，达到了举一反三的效果。

3. 案例的三个来源

（1）直接引用

①**培训需求调查所得**。在需求调查中获得的案例，是培训内容中案例的重要组成部分。一定要把培训需求调查中获取的信息充分利用起来。

②**公司公布的资料**。这些资料一定是公开发布的正式资料，而且也是最新的资料。除了通过公司网站、文件获取资料外，培训师还要与公司的相关部门保持良好的关系，从而获得更多一手资料（当然基于遵守保密等原则）。

③**专业杂志**。平时多阅读与自己的培训方向相关的图书和杂志，不断吸收新知识，收集新案例。

④**网络**。这是最简单、直接的方法。一方面，通过网络收集案例时，要注意鉴别信息的真伪。另一方面，在网络上培训师和学员获取的信息内容差不多，这给培训师选择案例带来了很大的挑战——如果老师要讲的学员提前都知道了，培训就没有意义了。因此，培训师不能照抄网络上的内容，而是要对案例素材进行加工和整理。

⑤**其他渠道**。案例来自于生活，做个有心人，会发现生活中处处都有案例。

（2）改编

也就是将已有的案例进行适当的改编，形成新的案例。

①**改变内涵**。将已有的案例进行相应的调整，赋予新意。比如，前文曾经提到的这个故事：

（一只很饥饿的狼在到处觅食，终于在一个山洞的入口处发现一只兔子，兔子正在电脑上忙活。）

狼：兔子，我来啦！

兔子：狼大哥，你好！

狼：今天很奇怪呀，你怎么不怕我呢？用电脑干吗呢？

兔子：我忙着写论文。

狼：写论文？写什么呢？

兔子：我写的是"论兔子如何战胜狼"。

狼：哈哈哈哈！兔子战胜狼？凭什么？

兔子：资料都在后面的洞里，你进去看看就明白了。

狼：你等着，敢骗我，等我出来再收拾你！

狼进去了，结果传来阵阵惨叫。好长一段时间后，兔子收拾好笔记本电脑，进了洞，看到一幅景象：一头狮子正满足地剔着牙齿，地上是狼的残骸。

狮子：在这个世界上，想要顺利通过考核，除了自己认真写论文以外，关键要看导师是谁！

这个故事在网络上流传很广，本意是讽刺一些高校论文答辩中存在的不良现象。我当初看到这个故事时就感觉很有意思，于是进行了改编。比如在 TTT 中，为了说明培训师要想获得更快的进步和提升，要找到好的老师进行指导，我把这个案例进行了改编：

（前文省略）

狼进去了，结果传来阵阵惨叫。好长一段时间后，兔子收拾好笔记本电脑，进了洞，看到一幅景象：一头狮子正满足地剔着牙齿，地上是狼的残骸。

狮子：兔子，你要想在培训行业获得成功，除了自己的努力以外，关键还要找到一个好的老师。

2008 年，我们在北京举办的为汶川地震募捐的公益 TTT 中，讲了这个故事，号召大家编纂故事，后来有学员发到网上，又有很多朋友加入，形成一个"兔子吃狼"的连载故事，都非常精彩。

②**改变角色**。还是"兔子和狼"的故事，因为流传很广很多人都知道了，没有新意，所以可以改变角色。比如，把兔子变成喜羊羊，把狼变成灰太狼，不仅有了新的角色，而且与时俱进，有可能获得更多的笑声和掌声。

③**改变情节**。在鹰隼计划训练班的这个环节，我通常是让大家编纂"龟兔赛跑的故事"，有以下几个要求：1.兔子必输，每次都是；2.不能重复，兔子每一次输的原因都不一样，比如，不能每次都是"兔子睡觉了，所以又输了"；3.有合理性，经得起推敲。

训练通常采用故事接龙的方式，大家一起编，然后按照前面的要求一起讨论，修改故事。

④**提升案例的含义**。著名的演讲家和培训大师金克拉讲过一个"踢懒猫的故事"：某公司经理加强了考勤制度，结果自己迟到被罚款，然后他怪罪秘书，秘书怪罪打字员，打字员怪罪清洁工，清洁工怪罪自己的儿子，儿子没有办法，只有怪罪猫，踢了猫一脚。培训师在讲职业化、心态课程的时候常常引用这个故事。这个故事生动、形象地说明了人会习惯性地推卸责任、抱怨他人，但仅仅是揭示现象，并没有直接阐明这种现象带来的不良后果。

我把这个故事进行了以下改编：

大家知道，猫是一种性格温顺的动物，尤其对人是非常友好的。但是在一个城市，却发生了猫咬人的事件，当地警方经过深入的调查，弄清了事件的原委。

当地一家企业的一个经理，加强了考勤制度，规定只要上班迟到，无论什么理由都要罚款50元。制度实施后，员工无论任何理由迟到都被罚了款。后来有一次，这个经理头一天晚上和客户应酬，很晚才回家，第二天早上起晚了，眼看就要迟到，只好闯红灯加速开车，结果被交警开了罚单。经理满身怨气地赶到办公室，还是迟到了，被罚了款。这时经理的怨气更大了，他叫来秘书：

经理：我昨天安排你送一份重要的文件给总经理，你送了没有？

秘书：经理，我还没有送。

经理：为什么没有送？

秘书：你不是说还有部分内容需要修改吗？所以我想等你修改后再送。

经理：谁让你自作主张的？我让你送，你就应该送。这点事情都干不好，是不是不想干了？不想干就走人！

秘书一肚子委屈，心里想：你简直是无理取闹，我辛辛苦苦给你做了这么多工作，没有一句好话就算了，还经常挨骂。秘书从经理室出来，正好看到行政部的文员。

秘书：刚才给你的那份资料，你打印好没有？

文员：还没有呢，你没有说急着要啊！

秘书：还没有？你是怎么干事的？这么简单的事都做不好？

文员：我在忙其他事情，还没来得及打印。

秘书：来不及？我的事就不是事吗？你到底什么意思？对我不满吗？有什么不满直接说出来。

文员心里想：就你这样的态度，我有不满还敢说？你这个狐假虎威的家伙，我帮你做了那么多事情，却要受这样的委屈……这时，一个清洁工过来了。

文员：清洁工，赶快过来擦擦办公桌。

清洁工：好的，我把这边擦洗好了就过去。

文员：为什么不先做这里的清洁？这不是该你做的吗？你是怎么做清洁的？

清洁工本来正在认真工作，没想到这个小小的文员劈头盖脸地骂过来，虽然满腹怨气，但是没有办法发作。下班了，清洁工回到家里，看到10岁的儿子居然在玩电脑游戏。

清洁工：玩什么游戏，还不去做作业？

儿子：作业早就做好啦，放松一下嘛！

清洁工：放松？你整天什么事都不干，还放松？我这么累，怎么没有放松？作业做好了，不可以多看看书吗？一点不求上进，将来怎么能有出息？

儿子早早把作业做完了，正等着妈妈表扬呢，没想到竟是这样的结果，满肚子的怒火无处发泄。这时候，家里那只肥胖的猫刚刚睡醒，慵懒地走过儿子身边。愤怒的儿子一脚踢过去,懒猫正想着今晚的美食呢,哪里想到来这么一出,只听它"喵"的一声惨叫,从窗口蹿了出去,刚好落在一个人的肩上,这只一向温和的懒猫怒不可遏,一口咬下去……只听那人一声惨叫,倒在地上。

大家猜猜,这个被猫咬的人是谁?对,就是那个经理,正所谓"抱怨引来抱怨,责备带来责备"。

听众在笑声中一定会明白这个故事的真谛。

(3) 自编

自己根据经历或者见闻编撰案例,这样的案例更具真实性。

①**自己听说的案例**。需要强调的是,这种案例要经得起推敲,不要把谣传当成案例,否则真会产生谣言。如果拿不准真假,就不要用它当案例。

②**身边人的案例**。自己同事、朋友、亲属的一些事情,也可以作为案例。

③**自己经历的案例**。这种案例相比其他的更能经得起推敲,一般情况下没有人怀疑它的真实性。但是如果要编这种故事,就要注意了,一定要经得起推敲,否则有可能弄巧成拙。我自己就经历过这样一件事情。

有一次给一家企业讲管理技能方面的课程,核心内容之一是性格分析。我就讲了一个"孩子拼地图的故事"。故事原本是这样的:

一个年轻的父亲是单位的经理,工作非常繁忙,经常加班,有时还把工作带回家里做。一天他又在家里忙工作,这时5岁的儿子过来了。

儿子:爸爸,陪我玩玩吧!

父亲:儿子,爸爸正忙着呢,你自己一个人玩吧。

儿子:我一个人不好玩,爸爸你陪我玩吧。

父亲:儿子,要听话,乖。

儿子:爸爸不乖,不陪我玩。呜呜呜……

父亲一看,不陪儿子玩,这个小家伙会捣乱的,刚好,他看到旁边的一张世界地图。

父亲:儿子,你过来,看看这张地图,我已经教过你的,你把中国、美国、德国都指出来给我看看。

儿子很高兴，非常顺利地指出来了。

父亲：好，看来你都记住了。那现在这样，我把这张地图撕成十几块，你要按照各个国家的位置重新拼好。拼错了，你就继续拼；拼好了，我就陪你玩。

儿子高兴地拼地图去了。父亲心想：要把这张世界地图拼好，够这小家伙忙活的，怎么也要半个小时，我就可以把工作做完了。

没想到，不到5分钟，儿子居然拼好了。父亲拿过来一看，好家伙，还真拼对了。

父亲：儿子，你太棒了！这么快就拼好了，告诉爸爸，是怎么拼好的？

儿子：是这样的，先前我自己玩的时候，就在这个地图的背面画了个头像，就是你的头像。我拼的时候，就是按照你的头像拼的。所以，这个头像拼好了，世界地图也就拼好了。

相信这个故事很多人都知道，当时我也在猜，也许有人知道，不如我来个创新，把故事中的父亲改成我自己。那时我还没有孩子，直接引用就太假了，于是我自作聪明地把那个孩子改为我的侄儿，这样一来就天衣无缝了。现场讲完，果然获得了掌声。休息的时候，我还在为自己的创新而窃喜，这时一个学员走过来说："段老师，你刚才讲的拼地图的故事，是你改编的吧？我曾经在某本书上看到过的。"

尽管我在接下来的课程上坦白了这是个编造的故事，强调不要看故事本身，而要看故事的启示，从而获得大家的理解，但是这件事情给我留下了深刻的印象，后来每次讲TTT，我都不惜"自报家丑"地讲这个案例，以引起大家的重视。

总之，案例最好是真实的案例，如果要编也要编得合理。并不是所有的故事都可以作为案例，培训毕竟不是邻里之间拉家常，不要把家里发生的任何事情都拿到课堂上讲，案例故事必须典型、紧扣主题。

我给北方某邮政公司上TTT的时候，要求大家讲"自己印象深刻的故事"，其中一位学员讲了在5·12地震中的故事，让大家很震撼。

4. 案例加工

就如同艺术创作一样，案例来源于生活，但是高于生活。培训中的案例，都需要进行加工，以满足主题的需要，为培训服务。

在 TTT 培训过程中，相对于其他的授课方法和技巧，案例的加工是最难的，大家要么感觉没有案例，要么没有把案例进行加工或者加工存在问题。

（1）案例加工的原则

如同本章前面讲的，案例的加工也需要符合这样的原则：紧扣主题、有合理性、有具体的含义、有新意。

（2）案例加工的思路

案例加工的思路主要有以下两个：

①**从个性化到普遍化**。有一次给通信企业做情境高尔夫，当时的主题是"情境高尔夫——向下管理"。在前期收集案例的时候，参训学员提供了这样一个案例：他的一个能力很强脾气很大的下属在单位组织的一次篮球比赛中，和其他员工发生了严重的冲突，后来引起了一些麻烦。他希望在培训中能够谈谈如何应对这种脾气暴躁的下属。

在收集到这个案例后，我结合前期收集的其他案例，将这个案例进行了加工，把"篮球场上的冲突"变成了"工作中的某次冲突"，同时将这个员工的名字换成了整个培训中的一个角色"邓超"，这样既可以针对下属冲突这样的案例进行分析，又可以避免对号入座可能引起的麻烦。

②**由假到真**。案例的真实性包括两个含义：第一，案例本身是真实的，而且具有典型性，能论证观点，但是现实中这样的案例不多；第二，经过加工的案例，由假到真，这就有点类似艺术创作。但是加工并不意味着瞎编，或者胡编乱造，需要符合一些原则。很多案例都是假的，学员未必相信，如何以假乱真呢？主要有两点：第一，注意细节，防止有漏洞；第二、情节经得起推敲。

像龟兔赛跑这样的童话故事，一听就是假的，如何以假乱真呢，那就是把"我"放在里面，也就是将培训师自己放在故事里面，这样案例和故事就是真的。

如何训练这样的能力呢？我们在鹰隼计划的训练中，采用自编故事的方式来训练大家。第一种，命题作文"工作中的事情"。小组成员结合主题，将工作中发生的事情描述出来，大家共同研讨、完善，同时也把其他同事表述的故事记下来备用。第二种，根据指定词语编故事。如用"房子、桥、钥匙、锁、兔子、狗、我"这7个词编一个完整故事。要求：7个词语必须用上，不用管先后顺序；时间3分钟以上；故事流畅，具有吸引力。

这样的训练，能够在短时间内锻炼大家的编纂能力、表达能力、创新能力。

5. 案例的呈现方式

在课程开发中，编纂好了案例，还需要合理地呈现，案例如何在培训中呈现呢？主要有以下几种方式：

（1）PPT呈现

这是最常用的一种方式。需要注意的是，如果全部用文字来展示案例，最好所有内容在一张PPT中呈现。

有一次一位老师讲课，用PPT来呈现案例，由于内容太多，需要用几张PPT，当老师翻页的时候，有学员说"我还没有看完"，而另外的学员则要求翻页。可见，用PPT演示纯文字的案例，这样的方式不够好。

用PPT演示案例需要进行专门的设计，详细内容见本书第九章"锦上添花——PPT制作的方法和技巧"。

（2）以讲授的方式来呈现

这是有演讲功底的老师最常用的方式，同时结合PPT，是目前讲授型培训中最常用的方式。

（3）发放资料

发放资料，指的是将案例打印成资料，现场发放，以便大家讨论。

我在读 EMBA 的时候，具有海外商学院背景的老师通常就用这种方式，这就是所谓的案例教学。在我们所学习的"创新与企业家精神"这门课程中，四天的课程，发放的资料中，内容翔实的案例占了三分之一。

在通常的培训中，虽然真正运用案例教学的其实不多，但是依然可以用发放资料的方式，既显得有新意，同时又避免 PPT 展示的不完整性，这其实也是课堂互动的一个技巧。

（4）视频呈现

通过视频的方式来呈现案例有两种类型：一是节选著名影视作品中的片段，在授课的时候展示出来，这是很多老师在采用的方式，相对发放资料和讲授，更有新意和吸引力；二是专门摄制视频资料，这是目前国外培训中运用最多的方式。

情境高尔夫这种培训模式的二级版本就是拍摄视频，根据 DISC 的个性特质，专门设置了邓超（D 型为主）、艾欢（I 型为主）、苏平（S 型为主）、陈思（C 型为主）、周全（DISC 平均组合）五个角色。整个案例更加具有情境性和吸引力。

运用视频呈现不仅是课程设计和开发的一种方式，也是一种新的培训模式，具体内容见《培训师的差异化策略》。

（5）人物扮演

案例在培训现场的呈现除了上述方式外，还有一种方式就是学员现场表演，这就是常说的"角色扮演法"。同样，这既是一种案例呈现的方式，也是一种培训模式。需要注意的是，对于一些复杂的内容，需要提前写好剧本，同时要找对人。

在我们给上海某银行所做的 TTT 课程中，有一组学员的主题是"营业厅的顾客投诉"，就采用了角色扮演的方式。当时他们结合性格分析，让一位 D 型的学员扮演客户，同时让一位 S 型的学员扮演客服经理，现场表演非常棒，取得了很好的效果。

以上五种是最常用的案例呈现方式，也是课程开发中非常重要的环节。

在设置案例的时候，需要规划好用哪种呈现方式，这也是课程设计的一个内容。

四、关于案例设置的答疑及工具

1. 关于案例设置的三个疑问

疑问1：案例包括什么？什么可以当作案例？

广义的案例包括：一个场景、一个故事、一个笑话、一段话、一个数据、一张图片……你能想到的能够证明论点的都可以当成案例。简单来讲，一段文章或者一个讲话，除了论点就是案例。

狭义的案例是指：有背景、有情节、有结果的完整事例。

疑问2：如何收集案例？

每次TTT培训都有学员问我："段老师，我们都是兼职的培训师，不像职业培训师能花很多时间去收集案例，该怎么办呢？"方法只有一个——做有心人。

❶**凡事留心**。看到的、听到的、做过的都可以作为案例。上网、看电视，这些都是收集案例的很好途径。

❷**做好记录**。好记性不如烂笔头，遇到有价值的信息一定要记得下来，不一定记完整，记好关键词就可以。

有一次，跟一个学员交流，我正要说话，他掏出笔说："段老师，先等一下，我要记录。"我立马就认真起来，本来以为只是随便聊聊，看到对方要记笔记，这就是"证据"了，说话就要认真点。

❸**团队合作**。培训师之间要多交流、互动，分享案例。

❹**老师的心态**。培训中我经常问学员：要想成长得快，培训师应该具备什么心态——老师的心态还是学生的心态？大多数学员的回答是学生的心态，这说明学员很谦虚好学。但是仅仅谦虚还不够，培训师还要有老师的心态——看到一些信息，就要想"这个可以当案例吗？如果可以，该怎

么讲呢？"

疑问 3：我自己选择的案例都很平实，缺乏吸引力，怎样让平实的案例变得精彩呢？

①增强新颖性。案例要新，与时俱进。

从时间上说，要收集最近发生的事情，通常 1 年之内发生的事情最好，其次是 3 年以内的，5 年是上限，超过 5 年的就属于陈旧案例。

从内容上说，也要有新颖性，不要用那些大家熟知的、老掉牙的故事。比如要用童话故事，就不要总是"灰姑娘""白马王子"之类的，"神马都是浮云"了，何况"白马"。

②增强情节性。相对来说，有情节的案例更具有吸引力。对于情节的敏感性，也许是人类与生俱来的本能。我家秋秋 3 个月大时，最喜欢看电视，如果是体育节目，她看两眼就不看了，注意力会转移；但如果是电视剧，尤其剧情是在吵闹、哭泣或者搞笑的时候，秋秋看的时间就很长。其实那时她还听不懂话，语言对她没有意义，引起她注意的是情节。婴儿如此，成年人也是如此。

③增强趣味性。有趣的案例总是能引起学员的注意。人类的本性都是追求快乐的，愉悦能给身心带来积极的力量。

④增强哲理性。有哲理性的案例往往更有意义。

培训师要善于在一些看似平常的事情中提炼出哲理。培训、管理并不用讲什么高深的理论，实际上，所有的理论都来自于生活。本书每项修炼的"管理学原理"部分，也都来源于实际的生活，只要用心去发现，用脑去提升，总会有所收获。大浪淘沙始见金，沙粒不是案例，金子才是案例。培训师重点要做的就是淘沙。

2. 关于案例设置的工具

工具：案例设置考核表

工具模板

运用范围：各类培训

目的：评估案例设置是否合理

适用对象：培训师

表 6-1

考核内容	评分（0～10分）	备注
1. 案例的典型性		是否可以举一反三，由此及彼
2. 案例的新颖性		3年以内，最好是新近发生的案例
3. 案例的趣味性		是否有趣、吸引人
4. 案例的多样性		是否有各种形式的案例
5. 案例的可靠性		是否经得起推敲
6. 案例的论证性		是否能论证观点
7. 案例的数量		1～3个案例
8. 案例的来源		是否有多种来源
9. 案例表达的流畅性		是否流畅

说明：培训师在设置案例的时候可以将此表作为参考和依据，同时对自己的案例进行评估。

本章小结

1. 学习要点

①理解案例的作用和原理；

②掌握案例的设计原则；

③运用案例的加工和呈现方式。

2.课后作业

①整理一下令自己印象深刻的三件事；

②编纂"龟兔赛跑故事新编"；

③以"房子、桥、钥匙、锁、兔子、狗、我"为关键词编写故事。

将以上故事整理加工成故事案例集，以备不时之需。

第七章 有张有弛
课程重点设置及课堂时间管理

ADDIE 小贴士

设计了基本的课程结构，组织好了案例，接下来要对整个内容进行重点设计，让课程要点突出、层次分明。在本章中，既包括重点设计，也包括课堂呈现中的时间把控。重点内容设计是课程的基础和关键。

一、课程重点设置中存在的问题

情景描述

有一次我给某高科技生物制药上市公司做课程开发项目,在ADDIE的A(需求调查)环节,该公司一个大区的营销老总说:"段老师,我们内部培训讲产品,通常的时间是三个小时。但是当我们参加医院的药品采购会的时候,通常的时间是一个小时,有时是半个小时,甚至是十分钟。要在这么短的时间内搞定客户,我们感到难度不小,有时感觉就是读PPT,匆匆忙忙的。客户也给我们反映,说我们讲的内容缺乏吸引力。"

其实这家公司在该行业很有影响力,市值行业第一,产品本身很有竞争力,但是这样的产品演示却没有带来正面影响。

之所以出现这样的情况,一方面就是没有专门进行课程的设计,尤其在课程中,没有设计出重点和亮点,另一方面就是在授课和展示的过程中缺乏科学的时间管理。

在课程开发以及授课现场,通常存在什么问题呢?

1. 没有重点

没有重点或者重点不突出,是在培训中最常见的现象,很多培训师总是想在最短的时间内讲更多的内容,以致显得没有重点。

出现这种情况的主要原因是课程开发的时候没有进行专门的设计,一是思想上认识不够,二是缺少相应的方法。

2. 现场把握不好

这也是一种常见的现象，虽然在课程开发的时候设计了重点，但是在实际的培训过程中，没有严格地把控。究其原因，一是培训现场出现了意外，比如学员变化，授课实际情况发生变化，学员或者其他关键人物提出了新的要求，等等；另外就是培训师的个人原因，尤其是 C 型特质较重的老师，总是力求将每个细节都详细讲述。

我自己是一个 DC 型，D 型特质有 18 分，占 45%；C 型特质也比较重，有 16 分左右，占 40%。我在课程开发的时候，发挥了 D 型特质，对课程进行了整体的设计。但是在讲课的时候，我总是感觉"每个内容都重要"，因此希望将每个内容都讲得很详细，这样看起来很深入，其实没有重点。2008 年前后，有一次也是在鹰隼计划班，一个关系很好的学员私下告诉我："段老师，其实有些内容，我们学员已经比较清楚了，你是不是可以不用详细解释了呢？"这个建议当时让我很震惊，我一反思，发现真有这样的问题。再深入分析，我发现根本原因就在于自己的 C 型特质，希望做到完美、圆满，以为每个地方都要详细解释才叫深入。后来，我不断地提醒和调整自己，不要在每个地方都进行详细的解释，应该有重点、有区分，同时总结出一句话——"不要低估学员的智商"。

课程中没有重点的另外一个原因是，培训师在课程开发、讲授时受到了太多的干扰。

有一次在杭州的鹰隼计划班中，有位学员提出疑问："段老师，我在培训中往往遇到这样的问题，就是主管对我提要求，他希望在某个地方加强，学员也提出了建议，但是和主管不一样，那我到底该听谁的呢？这让我很困惑，不仅开发课程受到影响，培训的过程中也受到影响，我都不知道该怎样进行下去了。"

这样的困惑不仅企业内训师会遇到，很多有经验的职业培训师也会遇到。此外，授课的过程中还存在时间管理的问题。

3. 课堂时间管理的七个问题

（1）前紧后松

授课的前半部分讲的内容很多，讲话的速度也很快，好像在赶时间，但是在课程的后半段发现内容已经讲得差不多了，于是开始慢慢地讲，耗时间。

记得我第一次讲性格分析的课程，原来计划是讲两个小时，因为害怕时间不够，前面讲得就比较快，没有列举多少案例，只是讲些"干条条"。但是讲到一个半小时的时候，就没有内容可讲了，后面半个小时怎么办呢？当时就把初出茅庐的我给难住了，站在台上直流汗，还好，同事们很配合，向我提些问题，总算把后面的时间给"混"过去了。现在回想起来，出现这种情况主要有两个原因：一是肚子里没货，那时我刚刚开始学习性格分析，对内容不熟悉，尽管有PPT，但是依然讲不出东西来；二是时间安排上欠妥。

（2）前松后紧

前面讲得慢，耗时间，在课程的后半段发现内容很多，才开始赶时间。

某培训师讲项目管理，一共3天的时间，前面内容讲得很详细，到了第3天，发现还有很多PPT没有讲，于是后面讲得很快，但是到了最后依然有40多张PPT没讲完。尽管培训师一直强调，后面的内容不是很重要，他把重点已经讲完了，但培训结束后依然有学员专门去询问，为什么没有讲完。当时很多学员都感觉没有讲完。

（3）平均分配

如果说前面两种情况是新手才容易犯的错误，平均分配则是某些有经验的培训师常犯的错误。这样表面上看来遵守了时间规则，但是在内容上却没有重点。出现这种情况的原因其实是课程设计有问题，没有把授课内容进行合理安排，没有遵循"20/80法则"。

（4）严重超时

尽管超过预计的时间可以理解，有时延迟下课也难以避免，但是这有一个度，不要超过学员的心理限度。比如，按照惯例都是中午 12 点吃饭，所以快到 12 点的时候，其实很多学员的注意力已经不集中了，如果超过 12 点，学员的心思基本上都不在课堂上了。

此外，很多老师在授课的过程中不太善于把控时间，容易出现一些问题，像下面这样的案例还不少。

有一次，我去参加合作机构举办的一个管理类课程。老师讲得挺好，但就是在时间管理上出现了一些问题。

快到中午 12：00 的时候，按照惯例，学员以为就要下课了，有些学员就准备离开。但是到了 12：00，老师并没有下课的意思。到了 12：10，已经有学员离开了，可这位老师还在继续讲。我以为老师忘了时间，就让培训助理给老师送水，并轻声问他："老师，12 点多了，是否可以下课？"老师听明白了，继续讲。到了 12：30，课程还在继续。很多学员都起身离开，我让几位助理去堵住门口，尽量不让学员离开，但是哪里堵得住？学员继续离开，老师继续讲，直到快 13：00 了，课程才结束。这时候学员差不多全离开了，只剩下几个很体谅老师的学员坚持到结束。

中午吃饭的时候，我跟这位老师聊天，"顺便"问："老师，下午的课程也是你讲吧？还是同一个主题吗？"老师说："是的，主题是一样的，都是讲企业战略，我是安排好的，上午的部分上午必须讲完，下午要讲另外一个部分。"我说："那上午最后一个小时的内容可以放在下午讲吗？"老师说："当然可以呀，内容都是一致的，只是我本来计划的是上午讲完，由于早上学员迟到了，晚了差不多一个小时才开讲，因此，今天上午必须讲完，否则影响下午的安排。"

这位老师按计划授课，是很有道理的，培训课程的安排就是要有计划、有步骤。只是他在时间的控制上存在一些问题。

(5) 提前结束

除非是特殊情况,否则不要提前结束。如果太早结束,学员会感觉老师授课不负责,这会带来很多麻烦。

培训中不是不可以提前结束,但是要看情况:第一,发生重大的意外情况,比如停电、讲课设备突然故障,课程不能进行;第二,主办方有特殊情况,比如要临时留一段时间开会;第三,如果课程内容已经全部讲完了,和主办方、学员协商后,可以提前结束,但是不能没有任何理由地提前结束。

(6) 不管不顾

有些培训师讲课的时候根本不管时间,讲到哪里算哪里,时间到了就下课,时间没到就继续讲。尤其是很多企业内部培训师,对时间没概念,不重视。

在TTT培训的演练环节,为了强化学员的时间观念,我们首先规定授课时间,然后在教室的后方设置一个倒计时时钟,让学员看着时间讲。训练完毕,学员普遍反映:太紧张了,本来计划好的内容,但是看到那个倒计时的时钟,就不知道怎么讲了;我们平时讲课,根本就没有管时间,反正时间到了就下课,没有想过怎么安排时间。

(7) 太露骨

很多老师为了准确地控制时间,在讲课的过程中会采用一些控制时间的"高招",但是由于掌握不好,很容易被学员发现。这样的行为一旦被学员发现,就会转移他们的注意力,影响教学质量,同时也会损害老师的专业形象。总之,掌握时间是有技巧的,必须做到不露痕迹。

二、关于课程重点设置的管理学原理和作用

1. 课程重点设置的管理学原理

20/80法则:无论是课程设计还是现场讲授,都必须遵循20/80法则,

有效地管理时间，抓住重点，不能平均分配。

目标导向原理：这是设置课程重点的重要依据，培训师要根据本次培训的目标，设计相应的内容，也就是内容要为目标服务。目标不一样，内容也不一样。

因材施教原理：因材施教的原理既贯穿本书始终，也贯穿培训的整个过程。但是这个"材"指的是学员，而不是教材。前面案例中那个严重超时的老师，他就是把这个"材"当作教材了，根据教材来实施，而不是根据学员来实施，所以学员有意见。

2. 课程重点设置的作用

设置重点最重要的作用就是实现目标。本章开头提到的生物制药公司的案例中，主要的问题是目标不明，没有根据课程目标来讲课。

给自己内部员工做产品方面的培训，目的是让员工掌握产品知识，成为产品的专业人士；给医院做产品介绍，目的是让客户认可公司产品的价值，进而采购。目的不一样，课程的设计自然不一样。

此外，设置重点还有以下几个作用：
- 保证内容重点突出，确保培训效果。
- 做好课程规划，确保培训顺利进行。
- 符合学员认知习惯，帮助大家掌握培训内容。

三、重点设置以及课堂时间管理的方法

1. 课堂时间管理的三个原则

（1）重点突出

时间管理是为主题服务的，合理分配时间，是为了确保内容顺利讲授。

可以这么讲，用时多少是衡量内容重要与否的一个标准和依据。在时间的规划上，必须做到重点突出，要确保每个时间段都有一个重点。从时间分配上讲，一天的时间有重点，半天的时间也有重点；一个小时有重点，半个小时也有重点。

（2）松紧一致

就是要让整个课程在时间和内容安排上是松紧一致的，既要避免前紧后松耗时间、提前下课，也要避免前松后紧赶时间，甚至推迟下课。就某个课程来说，既要保证几天的课程符合标准，又要保证每一节课都符合要求。

（3）符合浮动要求

有时，不可避免地要提前结束课程或者延迟结束课程，但是必须符合通常的标准，这个标准就是大多数学员能够接受的范围。

第一，前后10%。也就是说，10分钟的课程，可以提前或者延后1分钟结束，总体控制在9~11分钟。第二，前后5分钟。以半天为一个时间段，这个浮动范围就是5分钟，也就是可以提前5分钟结束，也可以延迟5分钟结束。这个范围内是合理的，不需要做解释，大家都可以接受。

需要说明的是，在提前和延迟的情况下，提前优于延迟，也就是说在可能的情况下应该选择提前5分钟结束。

如果浮动范围超过5分钟，要提前告知学员，以获得他们的理解和支持。记住，培训师要提前告诉学员，而不是等到点了或者已经超时了才被动告诉大家。提前到什么时候？至少是在最后一节课的前面。这样，第一，你可以合理地安排最后一节课的内容；第二，让学员做好准备，知道你要提前或者延迟结束。同时，要明确告诉学员，时间改变的具体数字，比如"提前20分钟结束"或者"延迟30分钟下课"。

有一次我去上海培训，中午休息时，几位学员跟我沟通，他们要赶晚上的飞机，希望我能提前结束下午的培训，看能不能安排。我看了一下课程计划，这样的调整是可以的，不会影响授课，于是我做了相应的调整。下午上课，我就告诉大家："各位伙伴，接下来将进行我们最后一个下午的内容。有个事情需要和大家商量一下,中午休息的时候,有几位学员向我提出要求,因为他们要赶今晚的飞机,所以希望提前半个小时结束,我在课程上也做了相应的调整。现在看看大家的意见,是否同意这样的安排?"这种方式当然能够被接受。

2. 如何设置重点

在重点设置中,依据是目标导向,最能够实现目标的就是重点。

在我们讲师的课程开发中,通常会制作金字塔结构图,用来确定重点内容。

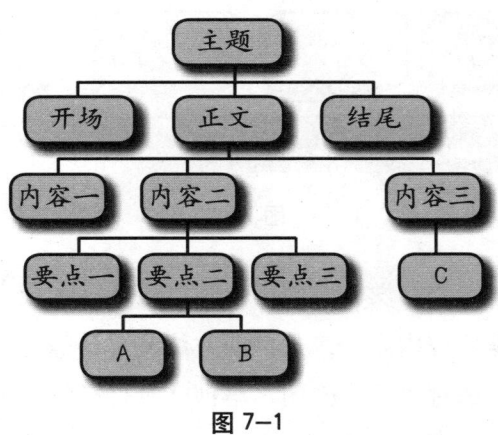

图 7-1

从图 7-1 一眼就能看出什么是重点(内容二)、次重点(内容三),以及非重点(内容一)。毫无疑问,重点的地方需要更多内容。在进行课程内容开发的时候,可以用这种金字塔结构图作为指导工具。

这个工具有三种运用方式:

第一,首先制作一个课程的整体图形,然后根据这个图形进行内容的设计,这是最常用的做法。

在我们给企业做 TTT 中的课程开发时,通常就是要求学员按照 ADDIE 模式制作这样的金字塔图形(图 7-2),然后在各个空格之内填充内容。

第二,在制作好 PPT 之后,设计这样的金字塔图形,将各个空格想象成框子,将 PPT 分别放进各个框子,如果有些 PPT 放不进去,就说明它们是多余的。

在授课中，通过这样的环节，可以帮助很多学员整理思路，删除大量无用的PPT。

第三，这个金字塔结构图除了包括内容，还包括授课方法（用括号标注），这也是课程设计的一个部分。

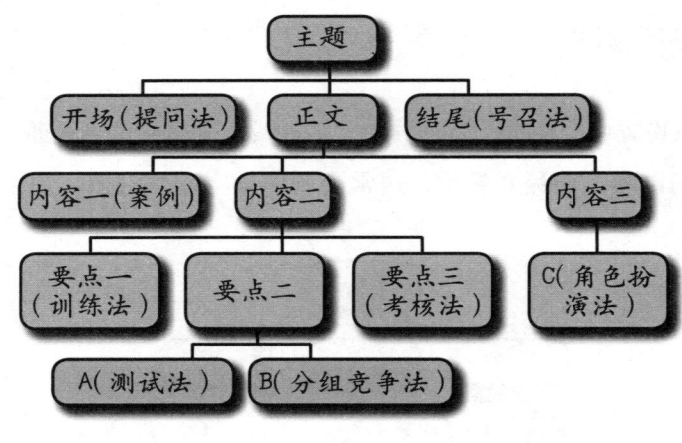

图 7-2

我们给企业做课程开发的时候，会制作这样一张金字塔结构图，它包括两个要素：一是课程内容，二是授课方法及互动等内容，分别用不用颜色的字体来标明。通过这样一张图，培训师对自己的内容就有一目了然的整体印象，同时，将这张图放在讲台的电脑旁边，可以随时提醒培训师采用相应的授课方法或者互动技巧。这样一来，这张金字塔结构图其实就成了教学指导图。

在给某移动通信公司做 ADDIE 课程设计与开发时，我采用了这样的模式，通过六天的系统训练，学员都按照要求用"教学指导图"设计出了课程，其中一个学员的题目是"移动营业厅服务接待礼仪"。如图 7-3：

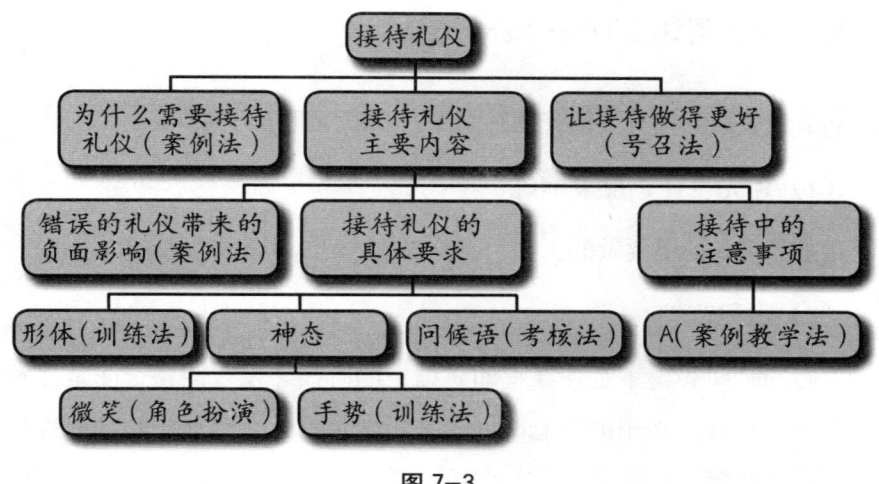

图 7-3

在制作好教学指导图后,我们要求学员上台对整个课程做介绍,同时引导台下学员提建议和意见,台上学员也在其中找到差距和不足。

同时,用 10 分钟单元展示的方法,让学员就课程的某一个要点进行完整展示。我们给学员的时间是 10 分钟,并对这 10 分钟进行整体考核。10 分钟是一个时间段,无论多长的培训时间都是由 10 分钟组成,10 分钟做好了,更长的时间也能做好。

标准化是提升训练效果的最好手段,标准化的一个关键词是量化。量化虽然显得有点死板,但是死板的东西更容易被复制和掌握,等以后经验多了,就可以灵活变化。那么,10 分钟时间怎么安排呢?

按照金字塔原理的三段式要求:

- 开场白 1 分钟;
- 正文 8 分钟:3 个观点,3 个案例,1 个故事;
- 结尾 1 分钟。

我们提前给学员作了安排,大家按照这个方式备课,在演练的时候取得了很好的效果。

在课程设计和开发中做好了重点内容的设计,在培训课堂上,还需要有效地呈现,同时要把控授课时间。

3. 有效管理课堂时间的七个方法

那么到底该怎样有效地管理时间呢？有以下几个方法。

（1）预先设计，反复演练

这是在培训前需要做的工作。

（2）过程监控

正确的时间管理不是在课程即将结束的时候才发现问题，而是在整个过程中做好把控。所谓的休息时间，是指学员的休息时间，培训师应该利用这个时间检查一下流程，看是否和预先的规划一致，不一致要及时调整。

（3）科学设置结束部分的内容

在不影响整个课程内容的情况下，可以在课程即将结束的部分设置一些内容。这些内容是培训师最熟悉的，可长可短，如果时间不够，简单讲解就可以结束；如果时间足够多，可以讲很长的时间。

（4）控制好回答问题的时间

提问和回答环节是最容易产生时间误差的地方，培训师一定要在整个过程中把握主动权。

（5）用紧急结尾法应对时间不足

通常是在结束的时候才发现时间出了问题，大多数情况是时间不足，这时候就可以运用紧急结尾法。关于结尾设计，详见本书第八章。

（6）用总结法填满时间

如果在课程的后半段发现离课程结束还早，可以采用总结的方法，引导大家对整个内容进行回忆，并且在重点的地方做进一步的补充和阐述。这样既在内容上突出了重点，也避免让学员感觉到课程时间安排不合理。

除了总结法，还可以用提问法、讲故事法、学员互动法等方法填满时间。

（7）巧妙地判断时间

培训师如何巧妙地判断时间？如何既判断了时间，又不让学员知道？

第一种方式是借力，即借助外力判断时间。通常的做法是：在教室的后墙上挂一个时钟，你可以随时看到时间；或者让助理给你提示，比如送纸条、做手势、倒水的时候悄悄告诉你等。

另外一种方式就是自己判断：把手表或者手机放在笔记本电脑的旁边，看电脑的时候顺便看一下时间，掌握进度。

四、关于重点设置及课堂时间管理的答疑及工具

1. 课堂时间管理的三个疑问

疑问1：培训师需要看时间吗？培训师会看表吗？

表面上看，一些经验不足的培训师总会看表，而那些资深的培训师好像不用看表就能把时间掌握得非常好。其实不然，每个培训师都要看表，只不过有的很有技巧，学员没有发现而已。

疑问2：可以借助外力判断时间吗？

当然可以，事实上很多培训师都是依靠培训助理来判断时间，或者在教室的墙上挂一个时钟，这些都是借助外力的方法。

疑问3：如果时间到了，但是内容没有讲完，怎么办？

衡量课程质量的标准，不是你讲了多少，而是学员学到了多少，这才是关键。

2. 时间管理的工具

工具：课堂时间管理的设计模板

工具模板

运用范围：所有培训

目的：提升培训师掌控时间的能力

适用对象：培训师、培训主管

第一部分：开场（时间10%）

第二部分：正文（时间80%）

第一方面是……（非重点，时间20%）

   1.

   2.

第二方面是……（次重点，时间30%）

   1.

   2.

   3.

第三方面……（重点，时间50%）

   1.

   2.

   3.

第三部分：结尾（时间10%）

本章小结

1. 学习要点

①掌握课程重点设计的原理;

②掌握重点内容的设计流程和方法;

③熟练运用现场控制时间的方法。

2. 课后作业

用金字塔原理给某门课程制作教学指导图。

培训师 21 项技能修炼
精湛课程开发

第八章　意 犹 未 尽
结尾设计的原则和方法

ADDIE 小贴士

一个完整的课程框架包括开场、正文和结尾，在课程设计中，容易忽略的问题就是结尾，有始有终才是一个完整的课程，因此，开发课程需要专门设计结尾。

一、课程结束时的常见失误

1. 课程结束失误的典型案例

情景描述

　　一位企业的内部培训师参加培训回来后,实施转训(外出受训,回来后又将相同的培训内容向他人讲授),主题是"管理者五项技能训练"。

　　这位培训师既有授课技巧和互动,也把原课程的基本理论包括案例都再现出来了,应该说整个过程还是比较好的。但是到了结尾的时候,这位培训师是这样说的:

　　今天花了大家宝贵的半天时间来学习管理者五项技能训练,这是我上周去参加培训所学的,我能力有限,只是学到了一些皮毛。当时是学习了两天,而今天只有半天的课程,因为时间关系,我只是讲到了一部分,同时因为我的个人能力问题,有些地方没有把老师的宝贵东西复制好,请大家原谅。在某些地方可能存在一些疏漏,同时也不可避免存在一些错误。各位同事要在实际运用中合理地选用,"取其精华,去其糟粕"嘛。

　　这是常见的结尾方式,看起来是不是很熟悉?如果不深究,也许没什么,但深究一下,这样的结尾是有问题的。

　　在培训的结尾方面,主要存在两种问题:第一是没有结尾,第二是结尾不佳。

2. 课堂结尾不当的七种表现

（1）借口式结尾

很多培训师在结束的时候会讲，"因为时间关系，今天的培训就到此结束"。如果是因为时间关系才结束的话，要么说明组织者的时间安排有问题，给培训师的时间太短，要么说明培训师的时间管理有问题，既然是组织者预先告知时间，培训师就应该计划好。

（2）过分谦虚式

这种结尾方式也被称为"自杀式结尾"。在培训中，经常听到这样的说法，"由于我能力和阅历有限，所讲的内容难免存在一些偏见和错误，讲得不好的地方请大家原谅"。培训师辛辛苦苦地授课，也让学员学到了有用的东西，到了最后，你这么谦虚一下，无异于告诉学员，"我讲的全是废话"。就算有学员很认同你，当他在实际工作中正要用你所讲的内容时，突然想起你的话，他可能会想，"是不是刚好这里是讲得不对的地方"，于是不敢用了。学员无法运用所学的内容，整个培训就是没有用的。

（3）自我否定式

自我否定式和自杀式有些相似，只不过程度不同。自我否定式的常见表达是这样的——这两天给大家讲的主题很重要，希望对大家的实际工作有所帮助。当然了，有没有帮助不是我说了算，所谓"师傅领进门，修行靠个人"，关键还是要靠你们自己。

（4）啰唆式

说话啰里啰唆，没有什么实质内容。

有一次我给某通信企业做TTT，课程结束的时候，该企业的党委书记做总结讲话：这三天邀请段老师给大家做这个TTT，我看了大家的最后考核环节，发现大家成长很快嘛，看台上的表现，你们还真有老师的样子。站姿呀，讲的内容呀，还有做的几个活动，把现场氛围搞得很好。就像我平时开会讲的，人的潜力是无穷的，只要大家努力，只要我们管理者多一点耐心，平时多多关心我们的员工，我们的员工还是可以表现得更好的嘛。另外，我上次开会，还在给大家建议，应该多组织一些活动嘛……

原来计划三分钟的内容讲了十多分钟，从企业文化到员工关爱，到党的政策、和谐社会、国际形势，纵横捭阖，洋洋洒洒。实际上他讲得非常棒，有观点，有案例，与时俱进，只可惜时间不够，大家等得着急。

（5）威胁式

今天给各位新员工讲了公司的一些规章制度，这是关系到大家切身利益的事情，希望大家回去好好总结，认真遵守，不然到时候违规了，被罚款、被开除了，还不知道是怎么回事！

这是一个学员在职业培训师训练班上的演示内容，主题是"新员工入职培训"，很有力度，很劲爆，就是太吓人了。规章制度固然很重要，但是没有必要这么吓人吧！

（6）歇斯底里式

今天的课程有没有用？
想不想更有用？
只有做了才有用，对不对？
那要不要做？
要不要拼命做？

一连串的问句，搞得学员热血沸腾、狂呼乱叫、声嘶力竭。某些培训师为了营造良好的课堂氛围，为了提升培训评估满意度，竭尽全力要制造掌声、引起轰动。气氛是有了，力量也有了，但是不是太过了呢？

（7）有头无尾式

就是没有结尾。眼看授课时间到了，赶紧来一句"因为时间关系，今天的培训到此结束"；有时甚至连"我的培训到此结束"都没有来得及讲就匆忙结束；或者内容没有讲完，就以"谢谢大家"匆匆结束。

"谢谢大家""再见"之类的客套话属于结束语，但不是结尾。

二、关于课堂结尾的管理学原理和作用

1. 关于课堂结尾的管理学原理

近因效应是指当人们识记一系列事物时，对末尾部分的记忆效果优于中间部分的现象。前后信息间隔时间越长，近因效应越明显。近因效应告诉我们，无论前面的内容有多棒，培训师一定要充分设计好最后的内容，以促使学员将培训所学实际运用，确保培训真正有效。

2. 课堂结尾的作用

那么，一个好的结尾有什么作用呢？

❶**强化主题**。在培训临近结束的时候，由于培训中有太多的内容，很有可能导致部分学员模糊和遗忘了主题。这时候做一个总结，可以再次强调主题，给学员留下深刻的印象。

❷**突出重点**。如果内容太多，有可能导致学员无法把握重点，无论学员多么认真听讲，都不可能掌握所有内容。在即将结束的时候，用简短的话突出重点，可以帮助学员更全面、牢固地掌握培训内容。

❸**提炼思想**。课程的精华在哪里？这么多的案例、故事论证到底有什么用？如何由点到面，举一反三？这就需要提炼观点和思想，用最简短的话把它们提炼出来，带给学员积极的力量。

❹**促进行动**。"课上激动，课后不动"是对培训现象的一种描述。为什么有这种情况？一个重要的原因就是结尾出现了问题。运用一个有力的结尾，可以有效地促进学员行动。很多老师因为结尾不合适，把自己所讲的内容"一笔勾销"，无法给人积极的力量。

三、科学结尾的原则和方法

1. 科学结尾的四个原则

（1）必须要有结尾

有始有终是对培训的基本要求，一个完整的培训必须要有结尾。有头有尾、有始有终才算完整。

（2）结尾要完整

结束语不等于结尾。结尾是整个培训非常重要的一部分，是一个完整的内容。"我的培训到此结束，谢谢大家"这样的话不是完整的结尾，只是结尾的结束语，完整的结尾必须是"结尾+结束语"。

（3）结尾要积极

结尾要给人积极的力量。培训的一个重要目的是说服，说服的结果就是要促进行动。培训师要好好设计结尾，有力的结尾会给学员带来力量，促使他们积极行动。

（4）结尾不是结束

结尾不是结束，而是真正的开始。很多培训师以为培训课程结束就万事大吉了，其实，好的结尾会让人意犹未尽，充满期待。一次培训的结束，仅仅是某个主题的结束。一次培训并不能解决所有问题。所以，当某个课程结束后，培训师要引导学员继续去学习其他方面的主题，让学员对其他的内容充满期待。无论其他的内容是哪个老师讲，都应该推崇。

2. 科学结尾常用的九种方法

结尾的常见结构：结尾正文+结束语。

(1) 总结提炼法

培训即将结束的时候，总结一下前面所讲的内容，强化一下重点，或者补充一下前面没有涉及的重要内容，将所讲内容前后连接成一个整体，然后有力地结束。

"管理者的五项技能"的培训是这样结尾的：

在这次培训即将结束的时候，让我们大家一起来回忆所学的内容。我们一共讲了五项内容：第一，目标和计划管理；第二，高效沟通和激励；第三，科学授权；第四，团队协作；第五，全面执行。这五项技能是一个管理者必须掌握的技能，其中，第一项目标和计划管理是基础，管理首先要制订目标和达到目标的计划；第二项高效沟通和激励是贯穿整个管理工作始终的内容；第三项科学授权是提高管理者效率的重要手段和方法，也是衡量管理者是否高效的重要标准；第四项团队协作是保障，管理团队、促进团队协作是完成管理工作的重要保障；第五项全面执行是结果，是衡量管理绩效的重要依据，管理的目的就是要达到目标，要达到目标就要执行，这是一个硬指标。

以上是这两天培训的主要内容，当然了，优秀的管理者除了要掌握以上五项技能以外，还必须掌握其他方面的技能，这是以后要讲授的课题。

今天的培训到此结束，谢谢大家。

注意：总结提炼法的重要特征是总结＋提炼，重在提炼。一般的老师通常会用总结法，但是缺乏提炼，无法达到一定的高度，比较平淡。

(2) 发出号召法

针对主题，向学员发出号召，激励大家去努力实施。

这两天，我们一起学习了"管理者的五项技能"。这五项技能是一个管理者的必备技能，也是通向卓越管理者的必由之路，让我们大家携起手来，为成为卓越的管理者而共同努力！

发出号召法很容易掌握，而且见效快，每次TTT学员演练用这种方法时，都很容易获得掌声。

（3）展望未来法

对未来的美好蓝图进行展望，激励学员，促使学员努力奋斗。

这两天我们共同学习了"管理者的五项技能"。这是我们作为管理者必备的五项能力。在全球一体化的竞争环境中，未来充满了挑战，同时也有更多的机遇，一定会有更多卓越的管理者脱颖而出，相信那就是在座的你们。让我们共同努力，再创辉煌！

通常，发出号召和展望未来是联系在一起的，两者可以同时运用。尤其是在演讲的时候，这样的方式能够带来高潮。

在第二届中国人才培养与发展高峰论坛上，我做了"关注关键人才培养，推动企业持续发展"的主题演讲，在演讲的最后，我讲道：

去年的今天，我们举办了第一届论坛，今年的今天，我们举办了第二届论坛，明年的今天，我们还会举办第三届论坛。这已经形成了一个好的传统，相信这样一个好的传统一定会推动我们个人成长和企业发展！最后，让我们共同努力，一起成长！优良的传统正在被传承，辉煌的历史将由在座的你、我，我们共同去创造！谢谢大家！

（4）推崇法

推崇法指的是在本次课程即将结束的时候，推崇后续的内容，引起学员的期待，吸引学员积极参加后面的培训。

①**培训师推崇自己的课程**。这是一种较常用的方式。

a. **涉及同一个主题的不同部分**

我们这两天培训的主题是"管理者的五项技能"。这是一个管理者必须掌握的最基本的技能，今天呢，我们一起学习了前面三项，还有后面两项——第四项团队协作和第五项全面执行——没有学。可以这么讲，前面三项是基础，后面两项是目的，作为一名管理者就应该强调团队合作，从而最终做到全面执行。那么到底该如何加强团队合作，从而全面执行呢？咱们明天继续。今天的培训到此结束，明天再见！

b. 本主题已经结束，还有其他的主题

我们这两天学习了"管理者的五项技能"。这是一个管理者必须掌握的最基本的技能，那么是不是掌握了这五项技能就能成为一个卓越的管理者呢？不，这还不够，作为一名管理者，除了掌握以上五项技能以外，还要具备一项重要的能力，就是管理人的能力。如何识人、用人、留人——这是管理者必须掌握的重要内容，也是我们下次培训要讲的主题，欢迎大家参加。本次培训到此结束，谢谢大家。

②**培训师推崇其他老师的课程**。几个老师同台演讲的时候，前面的培训师在课程结束时要推崇后面老师的课程，培训师相互推崇，才能形成良好的风气。

我们这两天学习了"管理者的五项技能"。这是一个管理者必须要掌握的最基本的技能，那么是不是掌握了这五项技能就能成为一个卓越的管理者呢？不，这还不够，作为一名管理者，除了掌握以上五项技能以外，还要具备一项重要的能力，就是管理人的能力。如何识人、用人、留人呢——这是管理者必须掌握的重要内容。这部分内容将由非常优秀的张老师为大家讲授，张老师在企业用人、留人方面深有研究并且见解独到，相信会为大家带来非常重要的启示。我今天仅仅是抛砖，为的就是引玉。大家要不要学？（学员回答"要"）那好，我们掌声有请张老师（或者，那好，明天上午，请大家准时到场。今天的培训到此结束，明天精彩继续）。

培训师何苦为难培训师！作为同行，大家要相互推崇，共同抬高。所谓"低层次的人是人贬人，中层次的人是人不服人，高层次的人是人捧人"，层次和境界越高，越把自己放得低，就越懂得推崇别人。

在我们组织的ACI职业培训师训练班中，来自北京知名地产公司的高管徐总就用了这种方法：

我讲的内容即将结束，接下来将有一位非常优秀的老师为大家做精彩的演讲，这位老师讲的内容将为大家带来 100 万元的价值，大家想不想听？（学员说"想"）好，现在掌声有请周老师……

由于他的良好示范，接下来每位演示的学员都这么推崇后来者，价值也由 100 万元增加到 1000 万元。虽然有些夸张和幽默，但是的确给大家带来了愉悦和力量。

注意：推崇要适度，推崇过度就是推销。推崇和推销可不一样。推崇是发自内心的赞美，推销是口是心非的表扬。推崇后面的内容，是因为它很重要，如果推崇的东西和实际情况不一致，就是欺骗。

一位先生很希望妻子把早餐做得丰盛点，于是想出一个办法。有一天他出差回来，买了一个礼物，套上非常漂亮的包装，回到家里。

先生：老婆，我给你买了贵重的礼物，猜猜是什么？

太太：鞋子？

先生：不对，大胆猜猜。

太太：苹果手机？

先生：不对，再继续。

太太：衣服？

先生：太棒了，你太聪明了。看看我给你买的漂亮衣服，你穿上一定很好看。（边说边从箱子里取出礼物———一件厨房用的围裙！）

大胆想象一下他妻子的反应，很多家庭战争就是这么爆发的。

所以，过度的推崇就是推销，甚至是欺骗。

培训行业中不乏这种过度推崇的例子。一些机构邀请企业老板去培训，整个内容就是推销课程，结果很多老板学完的唯一收获是一张下次学习的门票。这种做法曾经盛极一时，现在慢慢衰落下去了。欺骗世人最终必被世人抛弃。

（5）引而不露法

也叫"欲擒故纵法"，就是推崇后面的内容，但是不说明到底是什么内容，从而引发学员的好奇和参与。

我们这两天学习了"管理者的五项技能"。这是一个管理者必须要掌握的最基本的技能，那么是不是掌握了这五项技能就能成为一个卓越的管理者呢？不，这还不够，作为一名管理者，除了掌握以上五项技能以外，还要具备一项重要的能力，可以说，这种能力是确保今天所讲的五项能力真正施展的重要因素，也是优秀管理者不可或缺的一种能力。那么，它到底是什么能力呢？答案将在明天揭晓！

今天的培训到此结束，谢谢大家，明天再见！

注意：这种方法和推崇法有些相似之处，不同的是，推崇法会道出下次培训的主题，并进行推崇，而引而不露法不会表明下次培训的主题，只做些渲染。某种情况下，这样的"勾引"对大家的吸引力更大。运用这种方法有几个注意事项：

①**不要过度渲染**。过度渲染要么让大家对于未来期望过高，要么让人感觉有些虚假。

②**不要用否定过去的方法来渲染未来**。渲染未来很重要，但是不能因此而否定刚刚结束的内容，这样的自我否定得不偿失。

③**前后时间不要相隔太久**。一个不说明主题的渲染，可能让人印象深刻，但是，学员对谜底的期待不会太久，因此，被渲染的最好就是即将要讲的内容，或者是第二天要讲的内容。如果两个主题的时间相隔太久，就要用推崇法。

（6）引经据典法

引用某些权威的语言和著作来强化内容，加深学员的印象。

这两天的培训即将结束，在两天时间里我们共同学习了"管理者的五项技能"，已故管理学大师——彼得·德鲁克在其经典著作《卓有成效的管理者》中提到，"管理者是可以培养的，管理者的成效也是可以训练出来的"。相信通过这两天的学习，大家的管理技能都得到了提升；相信两天的所学，一定能为大家今后的工作带来帮助。

(7) 故事法

讲一个与主题相关的故事，既回应主题，同时又给人以积极的力量。

十多年前，有一位小伙子上的是一个专科学校，学的专业是政治教育。他不甘心大学毕业后被分配到乡镇去当中学老师，那时财会比较热门，于是他在学校开始自学财会，并顺利通过自考。当其他同学正常毕业的时候，他已经获得了财会专业的本科学历，然后去参加会计师资格考试，也顺利拿到了证书。接下来他开了一家会计师事务所，并担任董事长。现在，这家会计师事务所已经成为当地规模最大的三家事务所之一。这个小伙子是谁呢？这个小伙子就是我（台下传来雷鸣般的掌声和阵阵尖叫声）。

这是我前面提到的那位史总在高校演讲时的结束语。

讲故事，讲真实的故事，讲自己成功的故事，最有吸引力。

(8) 综合法

就是将几种结尾方式综合运用。综合运用法主要包括以下几种模式：

总结 + 号召 + 结束语
总结 + 展望 + 结束语
总结 + 渲染 + 结束语
号召 + 展望 + 结束语
总结 + 故事 + 结束语

可见，总结法运用最多、最广，也最易于掌握，是培训师必须掌握的方法。

(9) 紧急结尾法

紧急结尾法通常是在时间不够，或者有突发事件必须结束课程的情况下采用的方法。

紧急结尾法的模式：

总结 + 推崇法

这要求培训师在最短的时间内总结曾经讲过的内容,并对临时取消的内容进行推崇,然后结束。

今天我们讲授的主题是"管理者的五项技能",让我们共同来回忆一下。第一项,目标和计划管理;第二项,高效沟通和激励;第三项,科学授权;第四项,团队协作,现在我们已经讲了前面四项,第五项是全面执行。执行能力是管理者最基本的能力之一,是衡量管理者管理水平的重要指标之一,同时也是确保前面四项能力得以真正实现的重要保证,因此,我们将专门安排时间,给大家做深入的讲解。今天的培训到此结束,谢谢大家。

紧急结尾法本来是在紧急状况下采用的方法,但是在实际培训中经常会遇到,因此是培训师必须掌握的一种方法,但同时也是很多培训师比较欠缺的方法。

在鹰隼计划训练班中,通常都会用到紧急结尾,怎么训练呢?主要是用在最后的考核环节。最开始告诉大家,需要准备15分钟的课程;在即将考核的时候,再告诉大家讲授时间是12分钟;在正式上台的时候,告诉学员,考核时间是10分钟。开始有学员不太理解这种"善变",后来通过训练他们明白了,这样可以提高应急反应能力。

四、关于课堂结尾的答疑及工具

1. 关于课堂结尾的四个疑问

疑问1:必须要有结尾吗?
是的,必须要有结尾。

疑问2:结尾必须有力吗?是不是太正式了?
是的,必须有力。除非你想让听众萎靡不振地离开。如果太正式算一个错误,那就将错就错吧!

疑问3:虎头蛇尾怎么样?

应该是虎头豹尾。如果你想做成虎头蛇尾也是可以的,那就设计一个响尾蛇的尾巴。

疑问4:什么是双结尾方式?

双结尾方式,是指培训师在培训的最后阶段出现两次结尾。这主要是培训师在"提问+回答问题"环节要采用的方式。

第一次结尾:当培训内容结束的时候,采用第一次结尾,然后进入提问和回答问题环节。

第二次结尾:当回答完问题后(或者答问环节结束时),培训师一定要重新站上讲台,集中精力,再一次响亮地结尾,让你的声音响彻教室。

这样做的好处是:

①**保持培训师的权威**。在答疑环节可能会发生一些让培训师尴尬的状况,影响培训师的权威,如果培训师不再次站上讲台展示专业性,会让学员感觉"这个培训师被问题难住了,灰溜溜下台了"。

②**保持培训的完整性,真正做到有始有终**。答疑这个环节很有可能对整个培训产生某些负面影响,比如冲淡主题、引起新的话题等。培训师再次上台结尾,可以有效地避免出现类似情况。

2.关于课堂结尾的工具

工具:培训师的结尾模式

工具模板

运用范围:各类培训

目的:强化培训主题

适用对象:培训师、主讲人

具体步骤

第一步:总结全部内容。"我们今天主要的内容是……"

第二步:强调重点。"其中的重点是……"

第三步：结尾。

第四步：结束语。"我的分享到此结束，谢谢大家！"

第五步：邀请主持人上台。"现在，掌声有请我们的主持人……"

第六步：交接麦克风，下场。

本章小结

1. 学习要点

掌握有力结尾的各种方法。

2. 课后作业

①为自己的课程设计三种结尾，在正式培训中采用其中一种；

②为课程设计紧急结尾法，以备应急。

培训师 21 项技能修炼
精湛课程开发

第九章 锦上添花
PPT 制作的方法和技巧

ADDIE 小贴士

　　在完成了框架设计及内容开发之后，接下来就要更落地地将我们的想法变成课件，以辅助教学。微软出品的PPT是这时候最强大的工具，但并不是每位培训师都能把这个辅助工作熟练运用，情况往往是——我们被这个天天接触的工具奴役了！我们花费大量的时间，结果费力不讨好……如何将这个"魔鬼"变成听话的"天使"呢？这是本章要解决的问题，只需您按步骤操作。

　　注：本章由罗长江老师编写。

一、培训师课件制作常见的十个误区

1. 误区一：过于依赖 PPT

PPT 是非常好的视觉化教学呈现工具，可惜很多培训师把它当成唯一的工具，过于依赖。是不是如果您讲半小时的课程，没有 PPT 配合，就讲不下去呢？是不是 PPT 出了问题，您就手忙脚乱，中止课程呢？您是不是已经很少用到白板或者大白纸了呢？课堂上有没有打印资料发给学员呢？过多依赖 PPT，可能是因为我们对自己的内容不熟悉，也可能是因为我们已经习惯了有 PPT 配合。作为培训师，我们要做 PPT，要重视 PPT 的配合，同时也要考虑如果没有 PPT 怎么能继续把课讲下去，也要考虑除 PPT 以外其他的视觉化教学工具，更要考虑我们在 PPT 上投入过多的时间是否值得。

2. 误区二：工具落后世界十多年

在 PPT 的课堂上，我在开始分享之前，都会问大家这样两个问题，第一个是：现在您电脑上的操作系统是 Windows XP 的请举手……是 Windows 7 的请举手……是 Windows 8 或 8.1 的请举手。第二个是：现在您做 PPT 时主要用微软 Office 2003 的请举手……用 Office 2007 的请举手……用 Office 2010 的请举手……用 Office 2013 的请举手……用金山 WPS 的请举手。通常的情况是，近半的人还在用 Windows XP 的操作系统，1/3 的人还在用 Office 2003。更有意思的是，竟然有很多人分不清他们电脑里的操作系统是什么版本、PPT 的工具是什么版本。

Windows XP 是微软 2001 年推出的操作系统，目前微软已经不再对其提供支持，很容易感染病毒。Office 2003 是微软 2003 年推出的办公软件。这两个产品都非常有生命力，有很多优点，目前依然有很多人在使用。现在新版本推出后，回头与这两个十几年前的版本对比，目前的版本在功能和易用性上都有了不小的提升，更智能、更高效。比如制作各种结构图，Office 2003 版本需要的时间与后期修改的难度，就远远超过在高版本上用 SmartArt 功能做出来的。

我建议所有经常要做 PPT 的培训师们，有条件的话都把工具升级到最新版本，目前最新版本是 Office 2013，此版本无论在界面设计上还是功能上都有不小的优化与提升，据说触摸版的 Office 也即将上市。因为 Office 2013 版本不再支持 Windows XP，所以如果要装 Office 2013，必须是 Windows 7 或以上（Windows Vista 在此忽略）。Windows 8 推出后，反响不太好，很多人对这样的操作不习惯。目前 Windows 8.1 已经进行了更新，让新系统更好用，尤其是如果配合触摸屏使用，将会让教学变得更专业、便捷。Windows 8.1 与 Office 2013 的结合是目前最先进的配置，对培训师的教学非常有利。以下讲解涉及的工具操作，如无特别说明，都在 Office 2013 上进行。

3. 误区三：把做 PPT 当成课程开发

在鹰隼计划的注册国际职业培训师认证训练班上，要训练课程的开发与讲授，关于课程开发的部分，一些人图省事，简化成了 PPT 的制作过程。很多企业内训师，在课程开发方面的时间投入非常少，也没有接受过系统的课程开发方法的训练，常常是要讲课了才提前几天突击准备课程，而准备课程就直接等同于 PPT 的制作，认为把 PPT 制作好了，课程就准备好了。事实上，这是一种偷懒的做法。PPT 是思维方式的线性呈现，不像思维导图那样能让我们看到全局。完整的课程设计与开发需要结合 ADDIE 的模式进行，需要更多的是思维整理，做 PPT 只是把这些整理过的思维呈现出来，配合培训师讲课。

4. 误区四：把PPT及其交叉学科相互混淆

现在市面上关于PPT学习的书籍有两类较典型：一类是只讲硬技术，如工具的操作方法与具体步骤，没有与具体行业应用相结合；一类是过于夸大PPT的作用，把PPT制作需要的学科知识扩大了，学习PPT变成了学习思维与思考的过程，如各种汇报的流程、金字塔原理等思考理念与工具都被整合到PPT的学习中，大大加重了人们学习PPT的负担。

作为培训师，我们要知道这类混淆概念的情况，PPT只是一个工具，一个可以把我们的思想视觉化呈现的工具而已，所谓的思维整理、思考方式都是另外的学科，不是PPT。在PPT与其他学科的交叉点上，确实需要多学科的综合能力，这种能力是需要我们在制作PPT之外掌握的。有时候我们PPT做得不好，并不是技术问题，而是我们的思维本身不清晰，与PPT没有关系，并不是学习了PPT的制作这些问题就能解决。所以，我们需要学习其他的学科，增强多方面的能力。

5. 误区五：把PPT当成提词稿

在一次人力资源沙龙上，有一位做主题分享的培训师这样使用他的PPT：

或许是对自己的内容不够熟悉，他的PPT上满满地装了很多文字内容，并对要点进行了放大处理，对补充的不太重要的文字说明进行了缩小，并把颜色调整成与背景色相接近。前面几排的学员能看到小字内容，后面的学员看不清，只知道那有很多文字，大家很好奇，便从后面走到前面瞪大眼睛看这些小字。这位老师一直对着电脑屏幕忘我地演讲，突然看到大家怎么都往前面来了，还都瞪大眼睛看PPT，于是很淡定地说："小字部分是给我讲课看的，不是给你们看的。"

类似的情况并不多，真正使用PPT时我们很少会这样，但PPT里装太多的文字却是大家常犯的错误。那些口语化的文字，我们其实不必写到

PPT 里，PPT 呈现出来的应该是关键词、关键字、关键点。PPT 的全称叫 PowerPoint，是由 Power 及 Point 这两个单词组成，工具的命名已经告诉我们，PPT 展示出来的应该是"有力量的点"，而不是一堆一堆的文字，否则，我们直接用 Word 就可以了，何必用 PPT。

6. 误区六：过于追求图片型 PPT

图片型 PPT 是近几年流行的一种 PPT 风格类型，多流传于网络，其中全图型 PPT 更是流行，有很多忠实的实践者。

我们不质疑全图型 PPT 在视觉化方面的贡献，这样的 PPT 风格往往让人印象深刻。但这类 PPT 有它适用的场合，严谨的工作汇报就不宜使用，而培训课程的 PPT 在使用图片的过程中也需要进行取舍，要看培训的对象、课题、培训师本人的风格气质等。而且找图片是非常耗时的工作，找风格统一的高质量图片更是难上加难，所以，如果能用图形代替，最好就不用图片。另外，图片的大量使用也会让整个 PPT 文件变大，运行过慢。

7. 误区七：过于钻研 PPT 动画

网络上，PPT"大神""达人"经常展示自己充满高难度动画的 PPT 作品，很多人为此疯狂赞叹，并有人将之解剖学习。这对提升 PPT 技术尤其是动画技术非常有利，学习动画就应该这么学。只是作为培训师，我们花大量时间研究一个只存在几秒钟的动画，值得吗？讲课的时候，下边的学员赞叹老师的 PPT 做得真专业，动画用得很好，这可能并不是一件好事，学员的关注点已经从培训师转到了 PPT 上。万一学员评价说老师的 PPT 比老师讲的精彩多了，那多少有点尴尬。

PPT 自带了四种动画：进入动画、强调动画、退出动画、路径动画。每种动画都有十几种，大多数动画下又分几种不同的选项，把这些动画按不同的搭配组合起来，可以创造出成千上万的组合动画，可以媲美专业级的动画软件。如果说 PPT 里除了 VBA 编程之外，哪个模块最让我们有学无止境的感觉，那就是动画了！PPT 动画的水很深，只要你有兴趣、有耐心、有钻研精神，并且电脑配置够高，完全可以好好研究，将来在这个领域创造出成绩。

而对培训师来说，使用很炫的动画往往得不偿失：你会花掉很多很多的精力；要是有某个元素需要修改，又得非常细致地重新调整；在不同的电脑、不同的软件版本上动画的效果可能有所不同；复杂的动画能让学员注意力集中，也能让他们分散注意力……

所以，我们只需要学习几种在培训上常用的简单动画即可。

8. 误区八：生搬硬套别人的作品

主要表现在三个方面：乱用模板、瞎拼内容、硬套概念图。

①**乱用模板**。在网上看到一个对自己有冲击的模板，就不加分析地套到自己的课程上，也不管是否合适。或者是一个模板被用于多个不同主题的课程，学员现在都好学，看到自己以前见过的模板，回忆起来的是以前这个模板装的内容，而这次又要用来装不同的内容，无论从学员的记忆上还是从学员因为印刻效应对这次内容的评价上，都是不利的。

②**瞎拼内容**。要么自己的内容或观点不成体系，要么时间紧急没来得及准备课程，从各种渠道搜寻到相关的 PPT 作品，可能是讲师版，也可能是学员版，直接把一大片的 PPT 页面揉在自己的课程中，对不同的风格也没有更改。无论从内容逻辑上还是表现形式上，这样的 PPT 都是经不起考验的。

③**硬套概念图**。前几年流行韩国 3D 质感的概念图，网上能非常方便地大量下载。这些概念图有各种关系，如列表、进程、循环、递进、等级、主次、包含等。我们不希望自己的文字过于干条条，找到这些漂亮豪华的概念图像是找到了救兵，直接就把内容硬生生地往里塞。这样出来的作品往往逻辑不通，让学员们云里雾里。

除了韩国 3D 质感的概念图，国际上出名的咨询公司，如罗兰·贝格、麦肯锡等也有大量风格独特的概念图在流传，一些人得到这些概念图时，各种风格同时使用，硬搬硬套，做的人难受，看的人也难受。

9. 误区九：不分讲师版与学员版

一些培训师不知是偷懒还是不会做，学员讲义与老师展示的 PPT 内容完全一样，如果老师没有过多展开讲解，那学员完全可以不用听老师的课程，拿着讲义私下自学就可以了。这样的话，学员便可以很有理由地开小差不听课，影响课堂的培训效果。

一般来说，学员讲义是讲师版 PPT 的精减版，某些地方会删除内容留空，以便学员在听课过程中填写，这样可以让学员的思路跟着培训师走，写一次又可以加强对所学内容的记忆，同时，对培训师的课程版权也有一定的保护作用。如果有更深度的阅读，可以在适当的时候把内容打印出来给学员，或给他们一个指定的网址。

10. 误区十：不懂排版，毫无美感

提出这个问题并不是要每个做 PPT 的培训师都在美学上深入研究，我们不必特意学习平面设计或版式设计，但如果我们本身对美很没感觉，不懂如何欣赏艺术，那么就需要在制作 PPT 时注意搭配，让版面更漂亮。在讲课水平没有提升的情况下，PPT 从不美到有一点美，进步看得见，加分自然不少。

对于培训师来说，做 PPT 课件、准备课程，会涉及文字、图片、切换、动画、表格、图表、配色、排版等方面，我认为动画方面不用学太多，配色用预设就好，文字、图片等都好提升，唯独排版能力的提升是一个长期的过程，需要多留心观察各种形式的作品。排版能力提升了，美感就有了，无论以后用什么工具，出来的作品一定高档漂亮。

二、基础招——短时间改善你的 PPT

培训师都会有一点 PPT 制作基础，只是没经过系统的培训，甚至也没看过一本专业书籍，很多课程讲得很好的培训师不太重视 PPT 的辅助功能。现实的情况是，培训师自己的 PPT 水平不太好，也没时间和精力系统学习所有或大部分的 PPT 功能，更希望得到的指导是针对某个点或某个问题。以下我们就按课程类 PPT 的使用顺序，用有针对性的十招来快速改善培训师糟糕的 PPT。

1. 第一招：课程类 PPT 设计的标尺及三大原则

所有事情开展的前提是明白实施的标准与原则。关于 PPT 的设计原则，虽然不同的人有不同的答案，但各种观点的核心都一样，只是阐述角度不同。我们从课程类 PPT 的角度出发，总结了一个标尺及三大原则，指导培训师的 PPT 设计。这个标尺就是更有效地沟通。

PPT 是视觉化的沟通工具，"君子善假于物"，工具用好了，可以有更大的生产力，但是也要防止"工具主义"的思想，要永远掌握主动权，不被工具奴役。那到底用不用 PPT？用到什么样的程度？设计得漂不漂亮、实不实用？用了 PPT 后如何衡量使用的效果？……这些问题都要用这把标尺衡量，经常问自己：我的 PPT 是否达到了更有效沟通的效果？

有了衡量的标尺，在具体设计上，以这三大原则来指导。

（1）原则一：一目了然

讲课用的 PPT 内容往往较丰富，但呈现出来应该一目了然，以便让学员把注意力更多地放在老师身上，跟着老师的思路走。

以下这个例子，显现的内容很简洁，但讲稿却不少。讲稿是在说明目前企业取得的成绩及愿景，我把内容进行了提炼，只呈现最抓眼球、最能说明观点的。

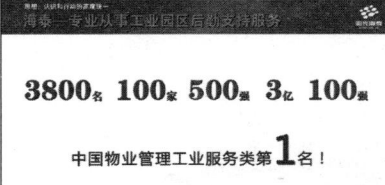
图 9-1

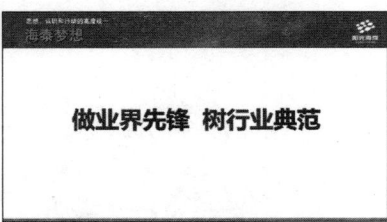
图 9-2

(2) 原则二：视觉记忆

视觉化的目的是为了沟通更有效，在培训中，还希望通过视觉化加深学员的印象，辅助记忆。最常用的视觉化做法是把文字或数据变成图片或图形。

以下这个例子第一页（图 9-3）讲青蛙效应，第二页（图 9-4）讲启发，满满两页，都是文字，这些内容较常规，最好不放到 PPT 上。我把这两页的内容变成了一张图片与几个大字（图 9-5），放到一页幻灯片里，在讲实验来龙去脉及各种细节时，只出现左边的图片；至于启发，需要学员记住的只是"危机意识"四个字。为了显示危机意识的危机感，可以用血红爆炸框作底，出现时伴有爆炸声音，这样更能集中大家的注意力，强化记忆。

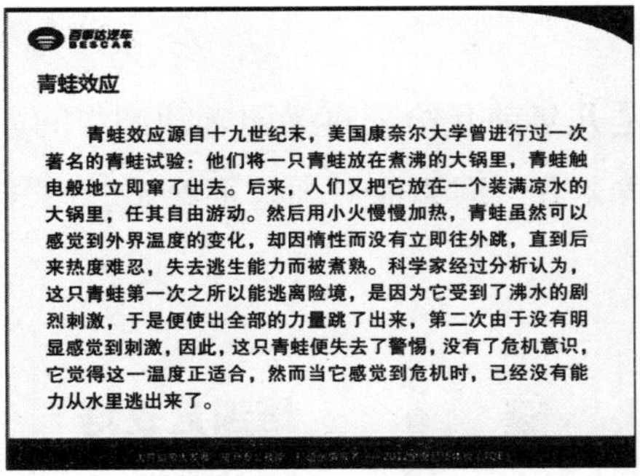

图 9-3 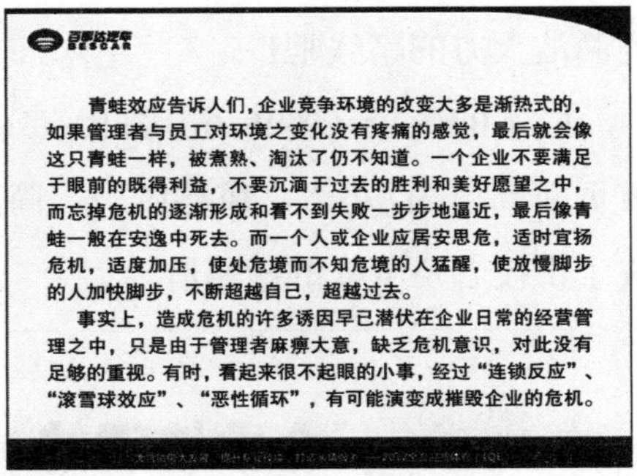　　　　　　　　　图 9-4

图 9-5

视觉记忆关键在于图片的寻找，找到合适的图片就在视觉记忆原则上成功了一大半。至于如何找图，后面的招数中有说明。

(3) 原则三：实用主义

培训课程设计与开发的重点在内容、结构、逻辑、案例等方面，而非 PPT，PPT 只是这些有完整内容与形式的课程的线性化视觉呈现，辅助现场授课。所以在制作 PPT 的过程中，我们没必要也不应该为一点点不痛不痒的改动花太多时间。除非像我一样要做 PPT 培训，那要求会高一些。

设计要权衡利弊，实用为王。如果对设计、审美有自己独特的认识与追求，那多多研究并不是坏事；如果在这方面实在没有天赋，那就别折腾了，走简洁大方的路线吧！

以下的设计（图 9-6、图 9-7）是几年前我给同事梁园老师制作的，所有页面都用 3D 小人，风格统一、简洁大方，因为他对内容很熟悉，PPT 就成了讲授者及听众的指路牌。

图 9-6

图 9-7

2. 第二招：定义 PPT 的风格

风格是做 PPT 时要考虑的事情，在"设计"菜单下设置。

手机扫描二维码后，输入"PXDY05"，你将看到罗长江老师精心设计的PPT模板，方便你借鉴、使用。

选择一个主题，如果这个主题有其他的变体，则在"变体"模块下单击选择。变体下包含"颜色""字体""效果""背景样式"，鼠标放到预设的方案上，不用点击即可预览效果，单击即可应用。如果需要有更多的设置，在预设的方案上点右键即可出现更多的选项菜单。

如果对软件自带的颜色预设方案及字体预设方案不满意，可以自定义，在预设方案的最下边进入。建议颜色就用自带的方案，而字体多用正文为"微软雅黑"的方案。一般来说，大家对颜色的搭配并不那么专业，自带的颜色方案是经过研究的，值得使用，至少比 office 2003 版本的要强大很多。对于演示用的字体，推荐正文用微软雅黑，主要是在演示上看很清晰漂亮，又是通用字体，如果电脑上安装的是 Windows 7、Office 2007 或更高版本，微软雅黑都自动安装好了，不用担心在演示的时候因为换了其他的电脑而导致字体大量被替换。

幻灯片背景建议用浅色底，推荐用最方便也最实用的纯白底。主要基于这两方面考虑：

1. 对上课的环境自己不能把握。PPT 的颜色受环境影响很大：白天还是晚上演示？室内的光线是否强烈？投影仪老化到怎样的程度？流明度如何？投影仪 VGA 线接口的触针是否都正常对接？这些因素都影响 PPT 展示出来的效果。深色背景浅色文字适合光线较暗的场合，如苹果产品发布会场、电影院。深色在光线较强的环境下演示，投影效果并不像电脑屏幕显示的那样深，而是变浅了，灰蒙蒙的。

2. 白色背景更能与有白色底的图片融合。很多图片的背景色是纯白的，如曾经很流行的3D小人系列素材图片，基本以白色底为主。如果图片的背景与PPT的背景是同一种颜色，那图片就能无缝融合到PPT里。

3. 第三招：如何收集与你课程相关的PPT案例

市场上流行的课程主要可以分为两类：通用类及专业类。如管理技能、职业化素养等属于通用类课程，这类课程备课时可以在网上看看别人的PPT，为自己的制作找一点思路与灵感。专业类课程也有相关的可以借鉴，只是不如通用类这么多。如何找呢？下面介绍两种实用的方法。

（1）方法一：搜索引擎

举个例子，我们现在要准备与沟通有关的课程，到网上搜索"有效沟通"，结果似乎与我们想要的差距较大。我们在搜索框里再加上这样的文字——filetype:PPT，放在我们要搜索的文字前面或后面都行，只是需要在它们之间加上一个空格，同时注意冒号是英文的。得到的结果正是我们想要的，点击进入便可找到下载的地方了。若是用百度搜索，出来的很多结果都来自于百度文库，可以直接到百度文库去搜索。

这个方法同样适合于其他搜索引擎，如谷歌（www.google.com.hk）、必应（www.bing.com）。

其实filetype是一个搜索命令，用来限制搜索结果的文件格式，冒号后面是文件格式，如我们要搜索PDF文档、Word文档或Excel电子表格，则冒号后为pdf、doc或xls。类似这样的搜索命令还有很多，有兴趣的可以在搜索引擎里搜一下这个："搜索引擎命令大全 filetype:doc"。

（2）方法二：网盘搜索

现在很多人会把文件存在云端网盘，并公开共享，我们可以找到这些有用的资源。国内外各大公司纷纷推出了自己的网盘,目前国内使用较多的是:百度网盘、360网盘、华为网盘、新浪微盘、腾讯微云等,如何找到上边的公开资源呢?用网盘搜索引擎。

网盘搜索引擎的类型非常多,国内目前活跃的网盘搜索引擎有找文件(www.zhaofile.com)、盘搜(www.pansou.com)、麦库搜索(www.baidu10.net)、飞速网盘搜索(www.feisuso.com)、网盘搜搜(http://wpsoso.com/new.html)等。

网盘里还有各种资源,如视频、音乐,都可以在我们开发课程、制作PPT时使用。

4. 第四招:改变行距让文字更容易"瞟"

PPT默认的文字行距是1.0倍,如果文字多,一个段落里有多行,以默认的1.0倍行距显示的话,那会显得非常拥挤。在PPT设计里,最好是任何时候都不要保持默认的1.0倍行距,尤其在一个段落里需要多行显示时。所以行距与段距一开始就需要设置,设置也非常简单,在"开始"选项卡下的"段落"模块,一般设置成1.5倍行距。段落间距根据情况设置。

除了改变行距及段落间距让文字在视觉上更容易"瞟"以外,有时候这么多的文字,我们还需要标注出哪些是重点,让重点部分更容易瞟,这就可以通过改变文字的大小、粗细、颜色、字体等来快速达到目的。

5. 第五招:把干巴巴的列表变成可视化图形

当有很多个条目,每个条目的文字被精简之后,可以一条一条依次在幻灯片上呈现,我们可以加序号,也可以加项目符号,或者自行画图形,以增强视觉效果。画图是非常费时费力的事情,在Office 2007上开始出现了非常有用的新功能SmartArt,可以方便快速地把这些干条条的短文字变成可视化的图形,并且可以很灵活地再次编辑。

设置的方式是先选择需要改变的列表文本,在"开始"菜单下"段落"

模块中的"转换为 SmartArt"里，单击下拉菜单后，出现很多版式，鼠标放上即可看到预览效果，选择符合的逻辑关系，单击直接应用。在出现的动态菜单上对颜色与样式进行选择，即可得到非常精美的图形。

关于样式的选择，建议少选择三维的，有时候简约是好事。目前在数字化的设计上，扁平化风格的趋势非常明显，苹果公司的 iPhone 及 iPad 在 ios7 上开始去掉以前的拟物化设计风格，而在此之前，微软公司 Windows 8 操作系统的 Modern UI 风格最扁平化。包括我们正在学习的 Office，在 2013 版本时已经非常扁平化了。去掉不必要的三维、高光、阴影、立体等效果，更突显内容为王的理念，在设计上也减少了与内容无关的细节打磨，可以将设计的更多精力放在版式上。

SmartArt 可非常轻松地添加或删除词，傻瓜化的操作也让效率提升不少。同时傻瓜操作不代表不可以自定义编辑，在选中 SmartArt 对象后出现的动态菜单"SmartArt 工具"下的"格式"菜单里，可以对 SmartArt 中的元素进行个性化修改，如更改某个形状或文字的颜色、大小，甚至可以改变形状。

也可以将 SmartArt 转换为形状，取消群组后可以更灵活地编辑。

6. 第六招：找图片素材的实用方法

图片是提升 PPT 视觉化效果的最直接元素，但图片并非随便使用，用什么样的图片有讲究。要找这类图片：

- 与内容有投射关系，让人产生的联想限定在某个范围；
- 有视觉冲击性，让内容表达得更直观；
- 能辅助内容，让人更容易理解。

简单来讲是关联、视觉、帮助理解。

（1）方法一：直接在 PPT 里插入网上的图片

这是对制作要求不高的时候最推荐的方法，速度快。点击"插入"菜单下"图像"模块中的"联机图片"，出来对话框，有三个选择，推荐最上边的"Office.com 剪贴画",因为这里的图片是微软专门为办公需要而准备的,质量适当、干净、没有水印,最关键的是免费,任何场合使用这些素材都不用花钱(当然不排除微软以后在 Office 商店里添加收费的素材)。我们任意输入关键词,在得到的结果中选择一张或几张,点击"插入",即可非常方便地把图片放在 PPT 中。

不过,这种方法的缺点是图片数量不多,且较老旧。

(2)方法二:用搜索引擎搜索

常用到的是百度与谷歌,通过对比它们在搜索图片时的情况,我们发现,用谷歌搜索英文关键词得到的结果更符合我们的需要。因为这类素材我们中国人创造出来的少,国外发达国家领先很多年,素材库里的素材更丰富。所以建议大家都这么做:找 PPT 图片素材,尽量用谷歌搜索引擎,并且是用英文的关键词。百度搜索出的结果还夹着很多花边新闻图片,只会分散注意力。

但这样带来了新的问题:谷歌搜索经常访问失败,链接打不开。怎么办?推荐两种办法,一是用同样有着国外血统的微软必应搜索引擎(www.bing.com),二是用某些"绕道"了的网站提供的服务来继续使用谷歌搜索,如我经常使用的云书签(www.favyun.com)。

(3)方法三:在专门的图片共享与交易平台寻找或购买

近几年,国内国外的图片分享交易平台大量兴起,大家不妨多到上面逛逛,有一些图片可以启发我们的灵感,有些可以直接下载使用,有些需要购买。国外的网站积累时间长,图片质量好,尤其是 iStock(http://www.istockphoto.com)及 fotolia(http://cn.fotolia.com),大量的设计师在其中得到灵感与资源。不过国外的网站常常上不了,或者是速度很慢,如果不想"翻墙"的话,推荐到国内的图片资源平台,非常流行的是昵图网(http://www.nipic.com)与我图网(http://www.ooopic.com),大家自行访问试试。

7. 第七招：怎样又快又好地使用图片

使用好图片的方法非常多，太多就变得复杂，这里只介绍最实用的。

（1）方法一：用形状剪裁让图片使用更艺术

这是快速剪裁图片的好办法。选中一张图片（图9-8）后，在动态的"格式"菜单下"大小"模块中选择"裁剪"的下拉小三角，出现下拉菜单，在"裁剪为形状"中选择一种需要的形状（图9-9）。

图9-8　　　　　　　　　图9-9

再次单击"裁剪"按钮（非下拉小三角），即可对在形状里的图片进行编辑，调整大小与位置后，得到的图片就更有设计感了（图9-10）。

图9-10

（2）方法二：如何去掉图片上的logo等水印元素

有时候网上下载的图片，带有logo或版权等水印信息，去掉这样的小信息却成了很多培训师的大难题，有的老师会使用 Photoshop 这类大而全的工具，这也是可以的，只是为了这事兴师动众，有点"杀鸡用牛刀"了，况且大多数老师是不会用这类大型图片处理工具的。介绍一种实用的方法：专门去除水印的轻量级专业小工具 Inpaint。

用此软件打开一张需要处理的图片后，找到需要去除的元素，涂抹，运行，结束后就干净了。

这个实用的小工具，网络上能轻易下载到，免费使用。

（3）方法三：图片的压缩

用了这么多图片，我们的 PPT 文件越来越大，为了保证运行的速度，以及网络传输的速度，需要对图片进行压缩。选中任意一张图片，在出来的动态菜单"格式"下的"调整"模块中找到"压缩图片"命令，单击后出现具体设置的对话框，这里的设置一看就能明白。一般来说，目标输出选择 150ppi 的质量。

压缩图片的方法非常简单，但是很多培训师却常常会忘记这件事。

8. 第八招：用多媒体点缀你的课程

培训课堂上常用的多媒体为音频、视频、flash 这三种。以前的版本在使用 flash 文件时，无论是插入还是设置都非常麻烦，需要开发工具提供的专门控件，而在 office 2013 上，flash 被当成普通视频一样插入与设置，大大降低了使用的难度。音频与视频的插入非常简单，在"插入"菜单下的"媒体"模块里。插入之后，在动态菜单里设置也很直观。特别注意的是，在视频的播放设置里最好把"全屏播放"打上钩，这样视频开始播放时便是全屏，播放结束之后回到原来的画面大小。

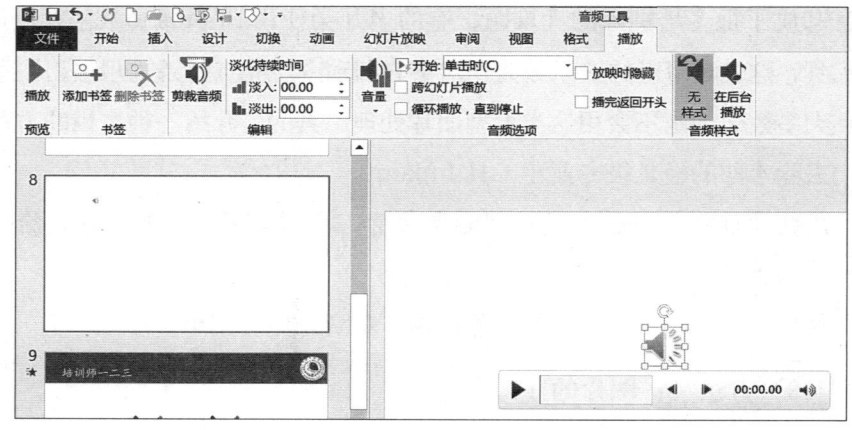

图 9-11

图 9-12

这些外部的多媒体，一般文件较大，是没有嵌入 PPT 的，所以，在插入之前，要先把它们与这个 PPT 文件放在同一个目录下，即用同一个文件夹装着这些文件，要复制时需要将整个文件夹一同复制，确保引用的文件完整。

一般在学员做测试、讨论时播放轻音乐，课间则是节奏欢快的音乐。多媒体也可以在 PPT 里通过链接打开电脑上的外部文件，或退出正在演示的 PPT 到外面找到并播放。但这些办法都没有在 PPT 里直接播放来得快速、专业。尤其在使用双屏演示模式时，外部链接播放视频经常出问题，这个后面会讲到。

9. 第九招：任何时候都需要考虑对齐

平面设计的众多原则里，对齐是非常重要的原则。大多数的 PPT 之所以显得不严谨、不好看、不耐看，很大原因是没有按某个看不见的规定来排版，各种元素散乱无序。解决的办法之一是对齐。除对齐外，也要考虑版面的"留白"与"聚拢"。最常用的对齐方式是左对齐、右对齐、居中对齐。

有几种方法让元素更好地对齐。

（1）方法一：对齐命令

这是非常常用的命令，常用的命令往往放到了"开始"菜单下。开始—绘图—排列—对齐，比如下边这组很乱的元素，我们选择"底端对齐"，在这基础上，再"横向分布"，便得到非常规范又美观的排版了。

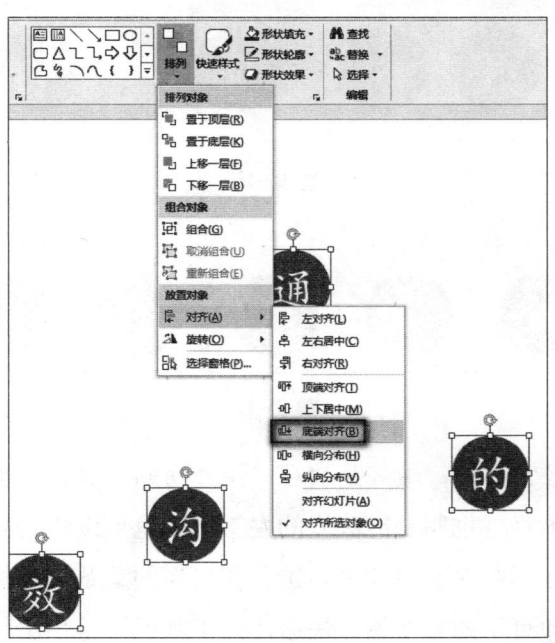

图 9-13

图 9-14

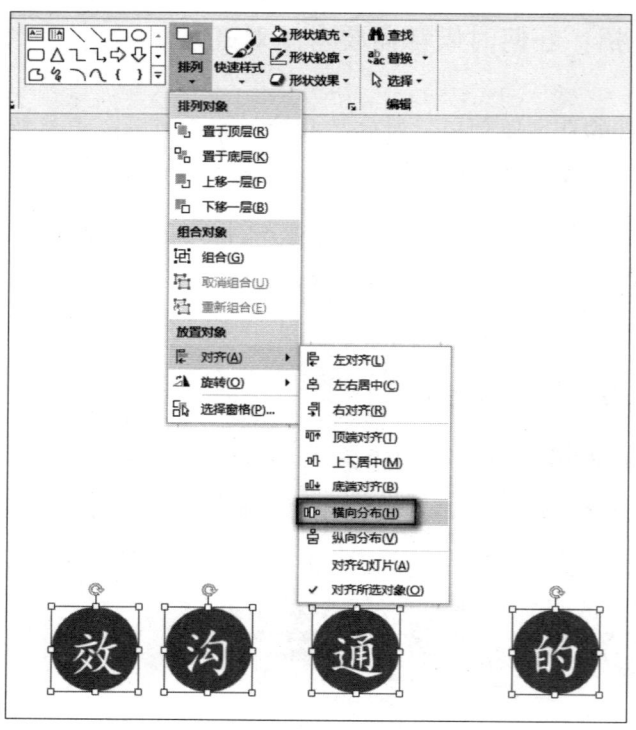

图 9-15

图 9-16

对齐命令经常要用,最好是放在"快速访问工具栏"里,这一栏默认情况下在主菜单栏(也叫功能区)的左上方,也可以移动到左下方。找到经常使用的命令,在它上面单击右键,在出现的菜单中选择"添加到快速访问工具栏"即可,如果要从"快速访问工具栏"里移出,也是在点右键出来的菜单中选择。建议把这几个命令放在"快速访问工具栏"上：保存、撤消、恢复、新建、打开、打印预览和打印、形状、图片、字体颜色、对齐对象、从头开始。

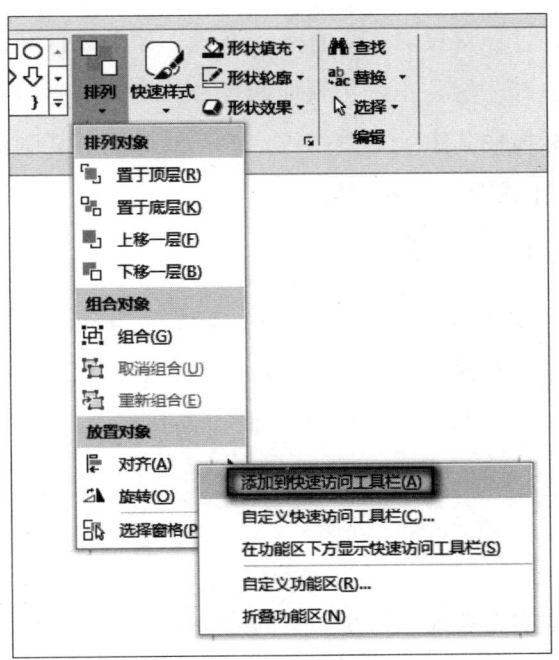

图 9-17

图 9-18

（2）方法二：辅助线

在"视图"菜单下的"显示"模块中，将"标尺""网格线""参考线"都打上钩，即可看到辅助的虚线，这些线在打印与演示的时候不会出现，只用于辅助设计，让对象对齐更直观、准确。如果只打开参考线，则是页面最中间的一横与一竖，正好把页面四等分。增加参考线的做法是按 Ctrl 键不放，用鼠标拖住其中一条参考线，放开鼠标便可复制出另一条。拖到页面以外放开鼠标则可删除参考线。

（3）方法三：表格

表格对于严谨的排版有重大的作用，我们可以在经济、商业类的杂志上看到很多这样的案例。用于 PPT 上的对齐，要设置表格的边框与底纹，尽量突显内容。在表格上多用左对齐，而非居中。

10. 第十招：善用擦除动画

PPT 的动画实在是太丰富了，不同的动画放到一起组合使用，可以变幻出成千上万个。我们不需要学习这么多，在课程类 PPT 上用最常用的几个就够了，而进入动画中的"擦除"动画是常用中的常用，用好了同样使人叹为观止。尤其是在以下这三个方面用得最多。

（1）用途一：在线条中

线条总会有方向，擦除动画也是可以设置方向的，在动画选项里。

线条与线条之间的动画要按前后顺序出现，有些情况也可以在同一个时间出现前一个动画结束的一部分与后一个动画开始的一部分。方法是设置开始为"与上一动画同时"，然后调整延迟的时间，或者在动画面板里拖动可视化的进度条。进度条与上一动画重合的部分就是在那个时间段里两个动画重合，前一个还没结束，后一个已经出来了。这种效果让动画更连贯、自然。

（2）用途二：在 SmrtArt 中

SmartArt 中的动画添加方法与普通的一样，只是在效果选项中比普通的动画多了"序列"选择，如果需要让 SmrtArt 中的元素一个一个出来，那就选择"逐个"。

在 SmartArt 中，除了"擦除"动画，"出现"及"淡出"也是常用的。其他的动画在培训上意义不大，不必过于深究。

（3）用途三：在数据图表中

在数据图表中，最合适用擦除动画的是柱形图、折线图、条形图、面积图、股价图，其他的图表用别的动画更合适。

动画在数据图表中需要的设置与 SmartArt 一样，重点在"序列"上，这里的"序列"下的选项按系列和类别来分。

用擦除动画时，要注意动画的方向，一般是往上或往右。

三、提升招——让你的演示更专业

如果你是从前面的招数一直看过来的，那已经具备一定基础，接下来的招数将用更简洁的语言表述，直击要点。

1. 第十一招：高效之源——母版

在教学过程中，我经常发现有学员为了显示公司的 logo，在每一页幻灯片上都复制、粘贴 logo 图片，其实这是非常不必要的，只需要在母版里简单设置，便可一劳永逸。

幻灯片母版的进入方式为：视图—母版视图—幻灯片母版，这是最常规的进入方式。更快的方式是：按住 Shift 键不放，在右下角的"普通视图"按钮上单击，即可进入当前幻灯片所使用的母版版式。

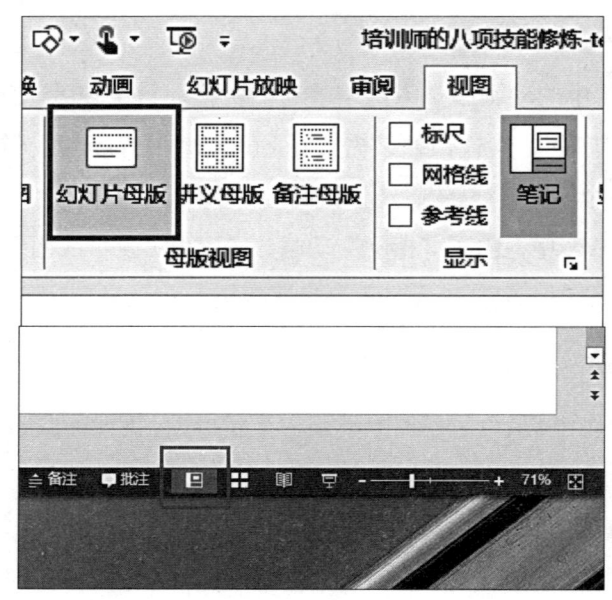

图 9-19

进到幻灯片母版编辑模式后，会看到很多的母版版式，最上面的是一张大一些的，其他的都较小。为了便于理解，我们这么比喻：最大的那张叫"外婆"，其他的母版版式叫"姨妈"，有很多姨妈，从上往下依次叫大姨妈、二姨妈、三姨妈……这些姨妈所生的孩子就是普通的幻灯片，有些姨妈生很多的孩子（一个版式运用到很多张普通的幻灯片），大部分的姨妈没有孩子（版式没有被运用到普通的幻灯片中）。

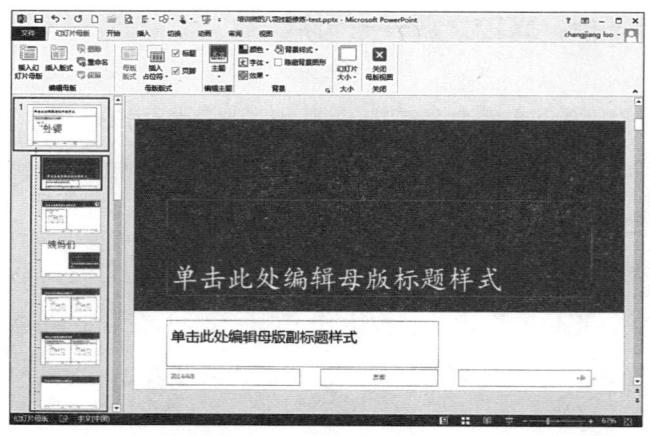

图 9-20

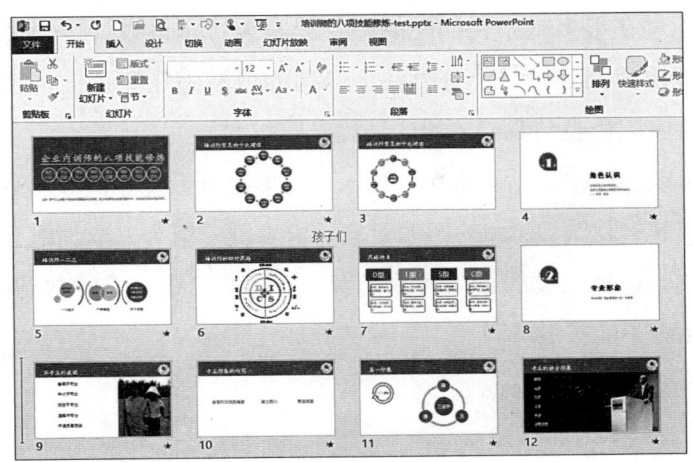

图 9-21

在幻灯片母版的不同版式里进行格式设置（包括字体、大小、颜色、行距、背景、效果、形状等），会有不同的影响。对某一位姨妈进行改动会影响到这位姨妈所生的孩子，其他不是这位姨妈生的孩子不受影响，对外婆的改动会遗传给姨妈们，自然也会遗传给所有的小孩。比如，要给所有的幻灯片加上公司 logo 图片，直接添加在外婆的版式里，所有的幻灯片都会在对应的地方被添加上，今后如果在外婆那删除这张 logo 图片，所有幻灯片对应的 logo 也会被删除。

如果这个孩子出生后需要变换妈妈，也可以方便地做到，开始菜单—幻灯片—版式，列出很多的版式（姨妈们），单击选择即可使用这位妈妈的属性。如果对小孩的个性设置过多，需要强制使用姨妈的属性，则点击开始菜单—幻灯片—重置即可。

推荐开始的时候在母版里把用得上的版式（姨妈）设置好属性，正文用微软雅黑，文字行距 1.5 倍，文字颜色默认黑色，也可以用深灰色。让孩子都带上这样的遗传，具有更优良的血统，工作起来更高效。

2. 第十二招：让旧的剪贴画重获青春

剪贴画在视觉度（简单地说就是图片对人视觉的冲击程度）上比不过

实物图，不过在很多时候我们配的图片只是为了辅助设计，为文字内容服务的，所以用剪贴画也是个好办法。以前的剪贴画在配色上往往过时，高对比度及冲突配色也与我们使用的环境难以搭配。

我们可以让这些剪贴画重生。插入一张剪贴画后，在图片上点右键—编辑图片，将其转化为Office的图形对象，再右键—组合—取消组合，删除不必要的元素，保留需要的，为其重新着色，即得到很好看的剪贴画。（位图格式的剪贴画不能被编辑。）

图 9-22

图 9-23　　　　　　图 9-24

把这些剪贴画放到内容上进行设计，就会得到非常漂亮的版面。

图 9-25

3. 第十三招：让数据图表化

2012年我给重庆规划局讲课，这是一位学员PPT中的一页（图9-26），我在改动时，把表格改成了图表的形式，看起来更直观（图9-27）。

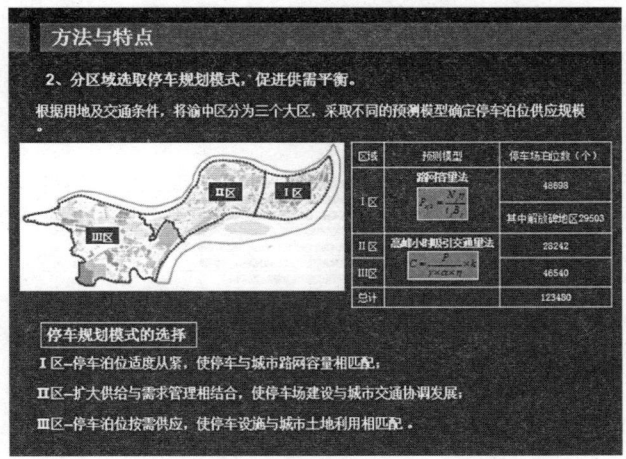

图 9-26

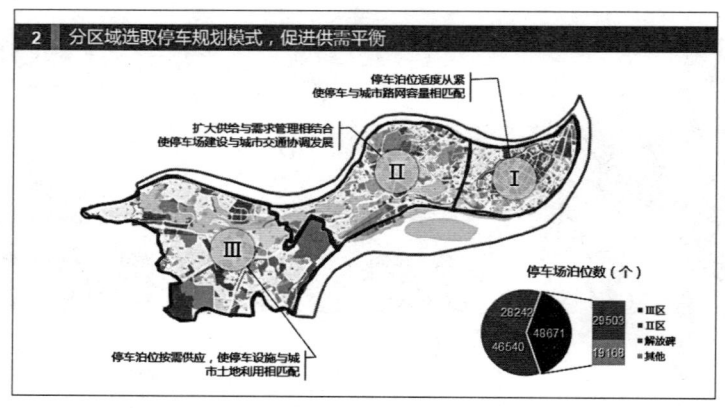

图 9-27

看一堆数据总是让人头疼，把这些密密麻麻的数据视觉化，最好的办法是变成图形或图表，用软件自带的图表功能是最快捷的。插入菜单—插图—图表，根据不同的数据情况选择不同类型的图表。图表的设置与 Excel 基本一致，到底哪个按钮是干什么的非常直观，并且可以实时预览。Office 2013 在数据的再编辑或筛选方面比起老版本有不小的进步，并且这些数据是嵌入 PPT 文件的，不用再担心经常找不到链接。

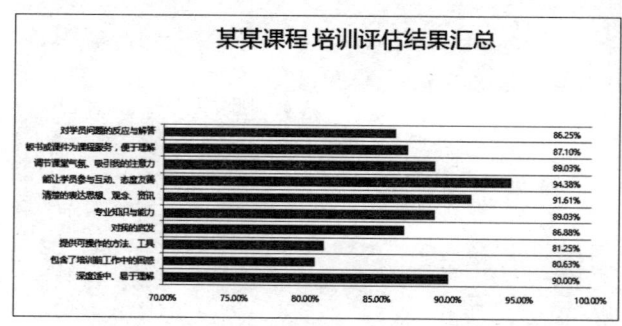

图 9-28

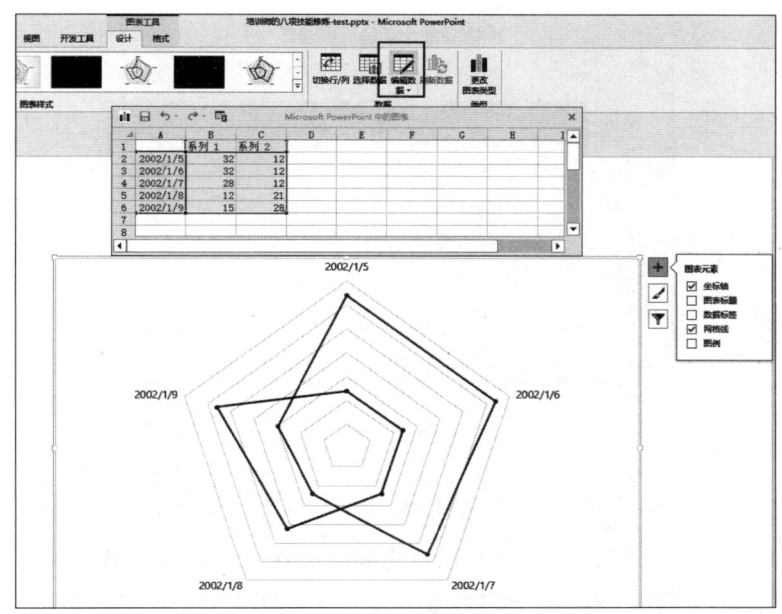

图 9-29

除了通过数据让软件生成图表，在一些不用太精确的场合也可以发挥创造性，自行绘制图表。

数据不会骗人，但图表却有引导的作用，可以更好地证明我们的观点。下面两张图由同样的数据生成，如果你来汇报，为了说明业绩，可不要用图 9-30。

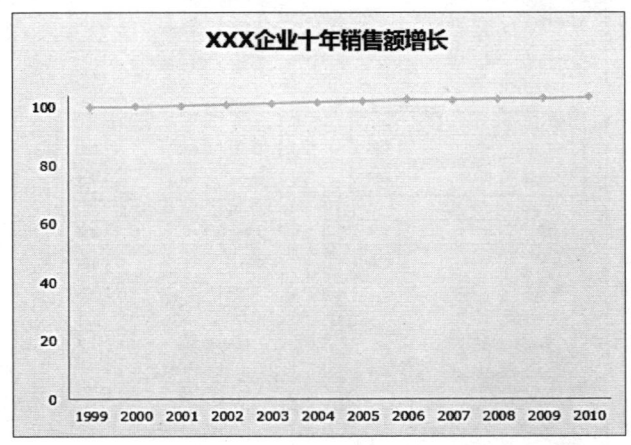

图 9-30

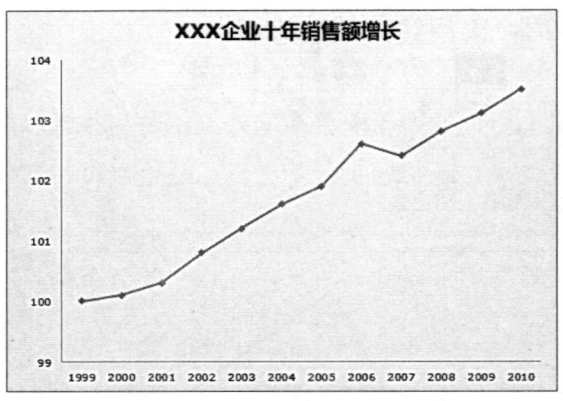

图 9-31

设置的办法：图表工具动态菜单—格式—当前所选内容模块—选中垂直轴—设置所选内容格式—在坐标轴选项里设置边界的最小值与最大值。

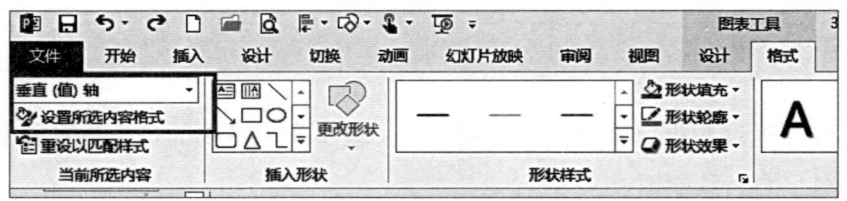

图 9-32

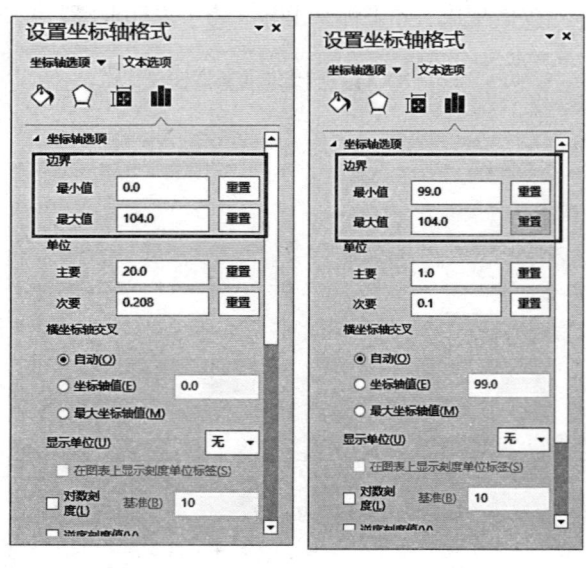

图 9-33　　　　　　图 9-34

4. 第十四招：善用线条辅助排版

让臃肿零乱的版面变得干净整洁的好办法是用线条辅助，常用的有直线、曲线、线框。无论是标题页、正文页还是结尾页，都可以使用这样的排版方式。

用线条辅助排版的例子随处可见，广告、经济类杂志、电影海报等常用这样的排版方式。

图 9-35

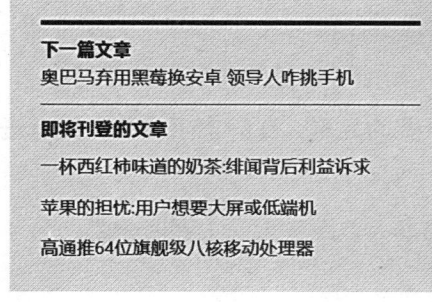

图 9-36

图 9-37

只要留心观察，处处可以学习排版，遇上自己喜欢，觉得可以借鉴的好版面，随手拍下，用到 PPT 中，这是一种非常好的学习排版的方法。

5. 第十五招：发什么讲义给印务公司——讲义制作

格诺威咨询机构与很多培训师合作，会务组的同事在制作讲义时经常遇到问题，要多次与老师进行沟通，一来二去费时费力，后来我们就给经常合作的老师清楚写明讲义制作要求，老师按要求发来的讲义可以直接打印，减少了很多中间沟通的成本。

常见的问题有：

- 把讲师版的PPT直接发来，学员讲义与讲师PPT内容一样；
- 讲义上图片太多，打印出来黑乎乎一片，既耗墨又不利于学员记笔记；
- 存在不应该出现的商业合作信息，如每页都有讲师所在公司的logo及联系方式；
- 出现错误的信息，如客户名称没改过来，显示的还是上一家客户的名称；
- 用了自动日期，打印得到的日期是打印机连接的电脑当时的日期与时间；
- 使用过于特殊的字体，打印的电脑没那种字体，导致文字显示不完整，一大一小，或缺失；
- 一页A4纸上放多少张幻灯片，设置不合理；
- 课堂现场要发放的资料没说清楚，如打印的份数、装订的顺序等；
- 演示时因为设置了动画而看不出重叠的元素，在静态下重叠，没有进行处理；
- 把讲师介绍写得过于夸张，美照与本人差距过大，上课时学员一看不像讲师本人。

明白了这些问题，应该尽量去避免。

发给合作的培训机构的课件是学员版，用于打印讲义，可以发PPT格式，让培训机构自行调整，这需要对培训机构有足够的信心。出于保护知识产权及减少沟通麻烦的考虑，转化为PDF格式发给合作方，合作方只需要在前后加上必要的信息，即可交由印务公司印刷。

要输出PDF格式的讲义，需要先对讲义的结构及内容进行设置，选择视图菜单—母版视图—讲义母版。

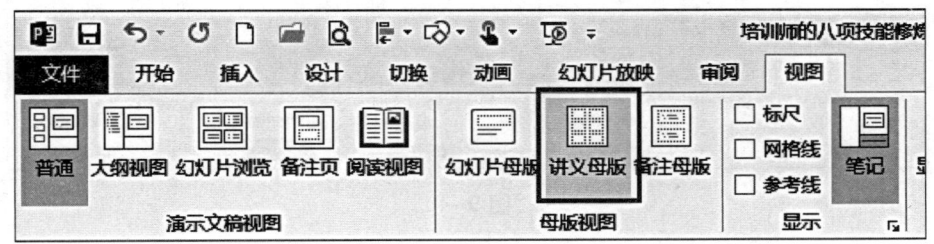

图 9-38

进入讲义母版后，主要设置每页幻灯片数量、页眉、页脚、日期、页码。

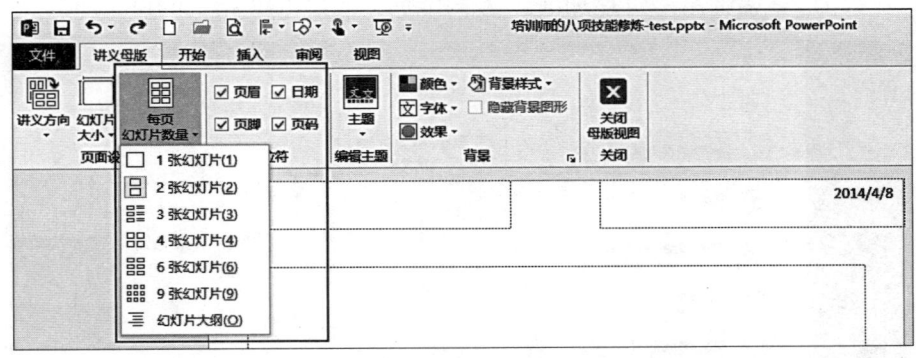

图 9-39

一般来说，选择"2 张幻灯片"或"3 张幻灯片"，3 张是常见的做法，幻灯片在左边，右边有空白，可以写笔记，似乎这是最好的了。但实际使用中存在这样的问题，学员的手写文字比较大，写到左边幻灯片中留空的位置装不下，写到右边又比较割裂，或者需要画条线连接，很麻烦。所以，如果有较多文字，需要学员写在幻灯片空白处，建议每页 A4 页面装两张幻灯片，这种情况下 16:9 的幻灯片比例最好，可以充分利用 A4 页面，版式也更漂亮。

最好不要添加任何的页眉、页脚、日期、页码，把打钩都取消，合作机构可以根据情况在 PDF 工具里自行添加。

接下来，退出讲义母版视图，在"颜色/灰度"模块中用"黑白模式"检查自己的 PPT 内容，是否有些内容没显示，有些在正常模式下看不见的线、框在这种模式下显现了，打印的模式往往与这种是一样的。

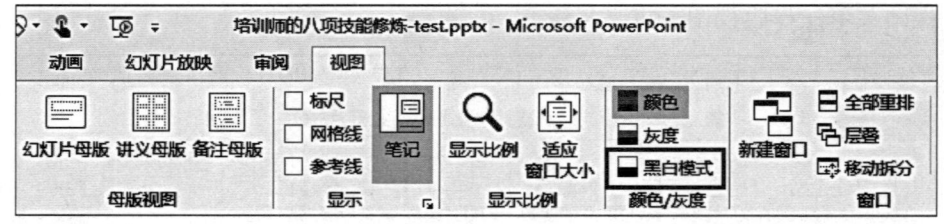

图 9-40

最后,输出为 pdf 格式的讲义。文件菜单—导出—创建 PDF/XPS,在出现的话框中点击"选项",进入关键的设置,发布内容为讲义,每页幻灯片数为 2,需要给幻灯片加框。这样就可以导出 PDF 格式的讲义了。

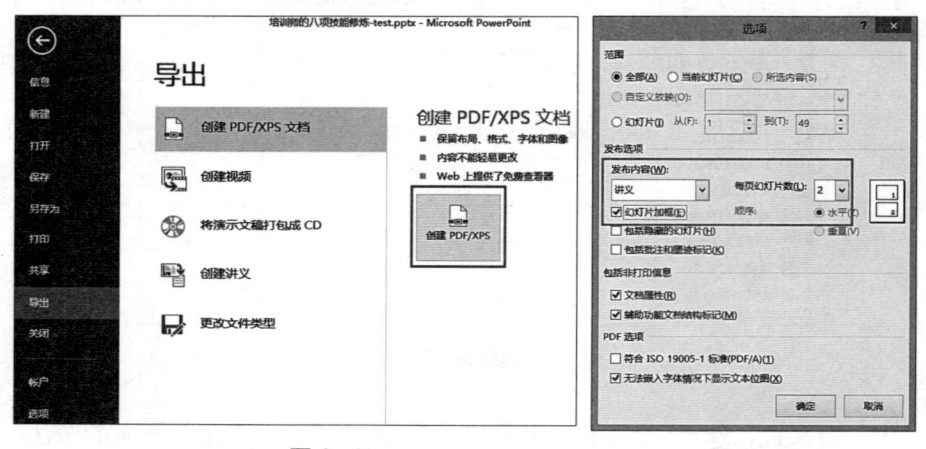

图 9-41   图 9-42

但是,按上面的方法导出 PDF 讲义,打开后发现是彩色的,不是打印用的黑白模式!那怎么办呢?这个问题困扰过无数的人。其实只需安装一个可以把文稿输出成可以用于打印的 PDF 格式的小工具,推荐用"PDFCreator"。安装此软件后,在打印设置中选择"PDFCreator"作为打印机,点击"打印"后会生成已设置(如每页 2 张幻灯片、纯黑白)的 PDF 文件。把这个 PDF 发给合作机构或印务公司即可。

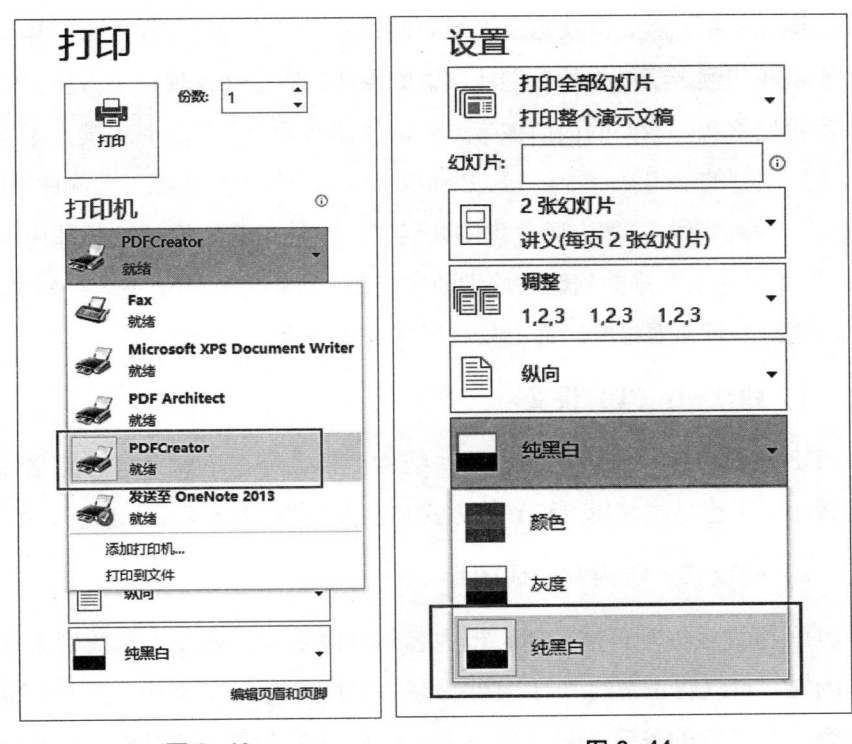

图 9-43　　　　　　　　　图 9-44

补充：前面在导出时有"创建讲义"这个功能，请不要选择，对于培训师来说此功能是鸡肋，远不如 PDF 格式的讲义实在。其他地方如果推荐用这个功能的，都是不了解培训师的使用习惯。

6. 第十六招：被问要课件怎么办——如何保护文档

在 2014 年第二届中国人才培养与发展高峰论坛上，顾立民老师（培训界权威工具书《ASTD 培训经理指南》主译）针对绩效改进技术发表了主题演讲，作为负责与讲师对接的工作人员，课间时我被很多与会者问到能否复制一下顾老师讲的课件——这个问题难住了我。如果是机密性很强的课件，我会直接回答这个课件是不分享的，但那时我得考虑较多的因素：希望绩效改进技术能被更多人在会后温习消化，同时传播给因各种原因没能到场的朋友；考虑日后与客户联系、进行合作的可能；考虑高峰论坛主题分享的时间较短，课件并不完整，以及每个老师对课件分享的"大度"程度不一样；等等。于是我问顾老师能否给我们他演讲的课件，顾老师说现在不方便，论坛结束后再发给我。我们的谈话被旁边一位要在当天分享"企业关键人才识别与甄选"主题的嘉宾 Vanessa Li (Profiles 中国合伙人及资深人才测评顾问) 听到了，她对我说："罗老师，您刚才问了一个让所有咨询培训师都为难的问题。"面对这么为难的问题，培训师应该怎么办呢？给还是不给？如果给，怎么给更好？针对要给的回答，我从PPT技术角度给几个建议。

（1）建议一：PDF讲义

PDF 格式可以保证内容、字体、结构、版式等在不同平台的完整性，文件较小，不容易被编辑。设置的方式与前面创建 PDF 讲义一致。

（2）建议二：将内容转成图片

PDF 格式虽很难再被编辑，但内容却可以复制，如果不希望别人直接复制内容，可以将正常的 PPT 文件另存为图片型的 PPT 文件，所有内容显示完整，与正常的一致，只是每一页幻灯片都变成了一张图片，有多少页幻灯片，这个 PPT 就由多少张图片组成。另存一个文件，保存时，在"保存类型"中选择"PowerPoint 图片演示文稿"。

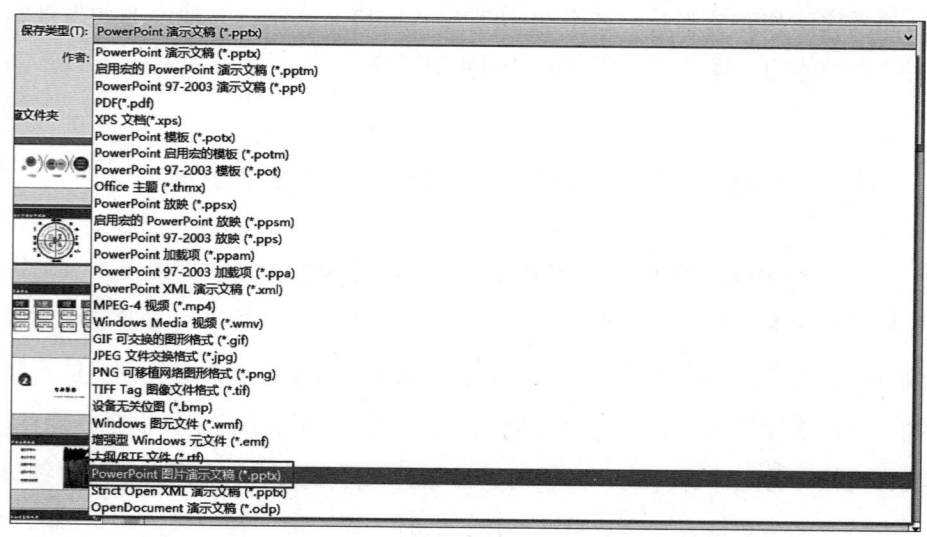

图 9—45

因为所有内容都转化成了图片，这种办法会让 PPT 文件变大，内容清晰度降低。

(3) 建议三：加密

Office 2013 版本，能较快找到加密的办法，文件—信息—保护演示文稿—用密码进行加密，输入密码便可加密，需要密码才能打开。但这种加密对于培训师的课件分享来说不常用，别人能看才叫分享，如果打不开，就不叫分享。如果用这种办法加密，再给别人密码，别人进入后也能完全编辑 PPT 文件。我们需要一种能在分享与保护中取得平衡的加密方案——可以打开，但需要密码才能编辑。

这个功能隐藏得较深。文件—另存为—浏览—工具（在保存按钮的左边）下拉菜单—常规选项—设置修改权限密码。这样加密以后别人打开此文件，会提示输入进入后可以编辑的密码，如果没有，选择"只读"查看该 PPT。

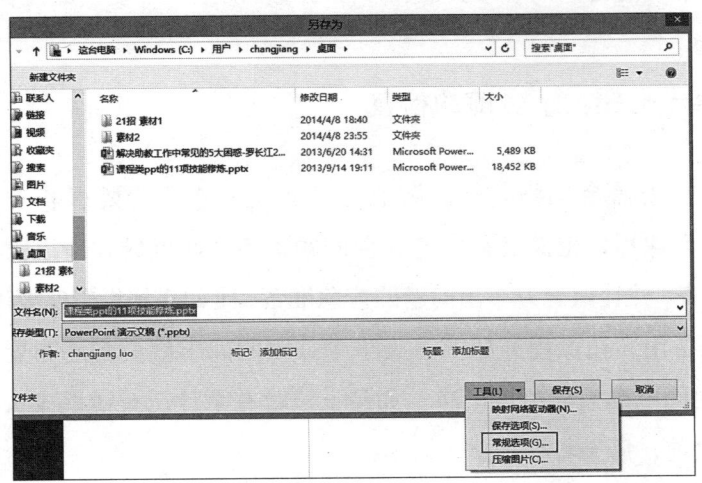

图 9—46

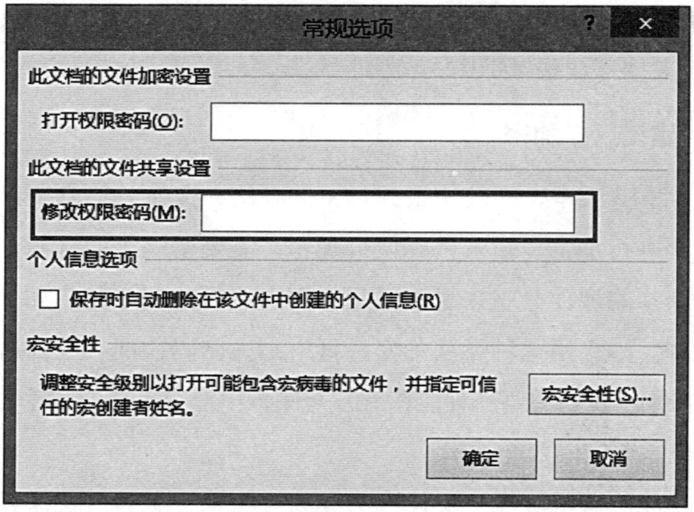

图 9-47

补充：以上建议，在内容上最好加上课程版权信息，放于幻灯片页面四个角落中的某处，如果每页都加，在母版视图里"外婆"那设置。

7. 第十七招：上台前的检查

以前我跟随余世维老师，做他的助教。余老师的要求非常高，面对一千人的大课程，上课过程中的任何问题都不是小问题，所以需要在事前一次次检查，并且做好万一出问题的应急准备，比如高档投影仪要准备两台，其中一台备用。在课程开始前一天下午公司的同事就会到场布置，负责演示 PPT 用的电脑需要清理干净，如果上课时有个什么对话框或页面突然跳到 PPT 之前，后果将很严重。

那上台前要做好哪些与演示相关的检查呢？
- 是否所有外部的链接在复制到演示用的电脑上时依然有效？有无缺失？
- 是否把使用到的特殊字体都嵌入了 PPT？或者转化成了图片？
- 演示用的 Office 版本与自己做的 PPT 兼容性怎样？
- 演示前是否都退出了所有可能会出现弹窗的软件？如实时杀毒、日程提醒、下载任务等。
- 是否关闭了屏幕保护模式？
- 音乐及视频播放软件是否删除了不该出现的历史记录？
- 连接投影仪的 VGA 接口所有触针是否都完好，没有弯折？
- 声音通过音频线连接后放得出来吗？尤其是用 HDMI 连接投影仪时。
- 翻页笔是否正常？激光指示是否清晰？电池够用吗？……

台上无小事，上台前这些问题务必检查好，不要等到演示时出了问题弄得满头大汗，那时候可能是"叫天天不应，叫地地不灵"，并且会影响所有学员。

引用的外部链接建议都先复制到 PPT 所在的文件夹下，如果怕链接丢失，可以在将 PPT 带走时进行"打包"。文件菜单—导出—将演示文稿打包成 CD—打包成 CD，在出现的对话框中，给这个包命名，在"选项"里将"链接的文件"及"嵌入的 TrueType 字体"都打钩，打开与修改的密码视情况也可以在此设置。回到上一个对话框，选择"复制到文件夹"，找一个地方存着，"确定"之后，把所有相关的文件统一复制到一个文件夹下，复制到其他电脑演示的话，要将整个文件夹一起复制。

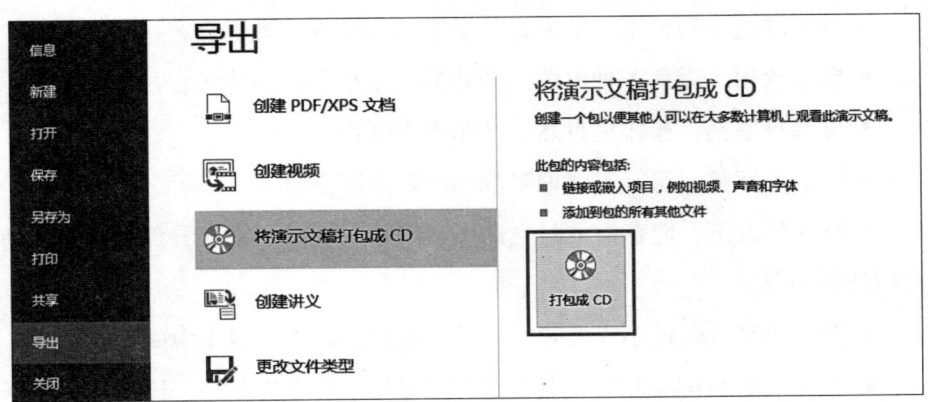

图 9-48

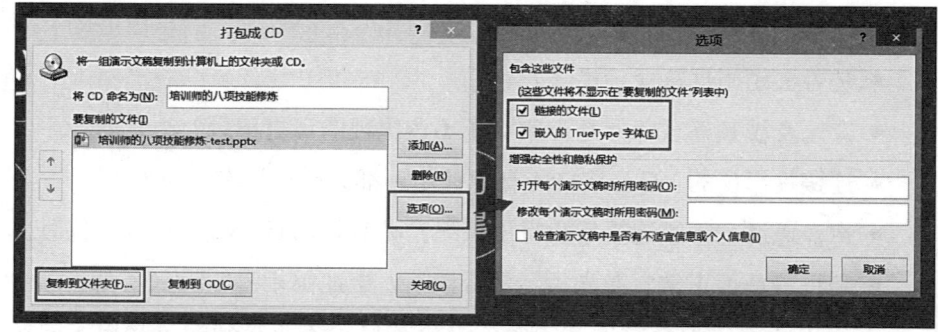

图 9-49　　　　　　　　　　图 9-50

如果仅仅是嵌入字体，更快的办法是，文件菜单—选项—保存，在"将字体嵌入文件"前打上钩。嵌入字体的 PPT 会让文件变大，保存速度变慢。

8. 第十八招：在平板电脑上演示 PPT

拿着一台平板电脑到讲台上作演示，是一件很洋气的事情。
平板电脑用于演示有诸多优点：
- 看起来很时髦、专业，培训师在工具的运用上得到加分；
- 外观漂亮小巧，不占地方，放于竖长的演讲桌最适合；
- 电池耐用，避免各种电源线到处插，不小心就会被绊着；
- 屏幕可触摸，操作更自然，演示更方便；
- 配上手写笔，可以方便地对演示内容圈圈点点；
- 默认情况下，能在播放时自动变成演示者视图，观众看到的与培训师看到的不一样；
- 在必要时可以录小段视频，立马回放到投影上，减少中间操作时间；
- 在必要时可配合相关工具通过 WIFI 与学员手机互动，比如得到数据汇总并呈现；
- 可用手机配合演示，手机控制演示上下翻页，手机上看到备注内容及下页预览；
- 在某些情境训练模拟课程中便于学员模拟本组目前位置，并自动记录推进路径……

众多的优点下，选择什么样的平板电脑呢？目前市场上的平板电脑有三种系统：以 iPad 为代表的苹果 IOS 系统、以 Nexus 为代表的谷歌 Android 系统、以 Surface 为代表的微软 Windows 系统。我们用的是 PowerPoint，首选 Windows 系统。无论用什么样的平板电脑，在接投影仪时都得需要转接头。我以微软的 Surface 平板电脑为例，讲解如何使用。

你一定在等我长篇大论地讲解用平板电脑做演示的方法吧，对不起，没有了，把数据接头插入 Surface 中，一切就都搞定了，与普通笔记本电脑的接入方式完全一样。简单吧！

9. 第十九招：演示时非常有用的技巧

（1）技巧一：自定义放映

一个课件做好后，常常需要针对不同的场合使用，而有时候因为时间要求或客户不一样，需要对内容做些微调，并且不需要把这些 PPT 留给观众，有一个比复制整个 PPT 文件再微调更方便的办法——自定义幻灯片放映。

在"幻灯片放映"菜单下的"开始放映幻灯片"模块里，可以新建一个自定义放映，把需要放映的幻灯片从左边添加到右边。之后可以在"自定义幻灯片放映"下找到新建的内容，点击快速放映。

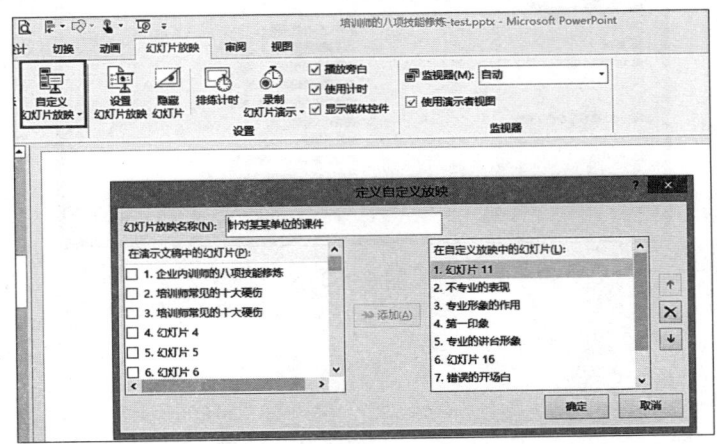

图 9—51

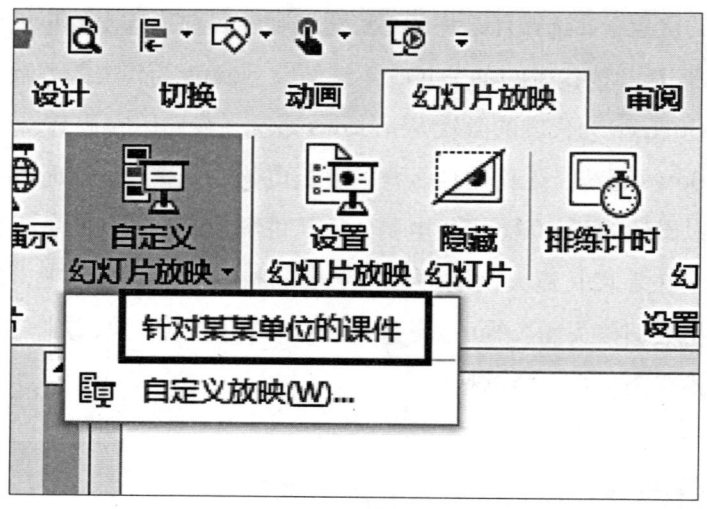

图 9-52

（2）技巧二：演示时的快捷键

演示时有很多的快捷键，但我们不需要记太多，最好的学习办法是在全屏演示时按住 F1 键查看快捷方式。

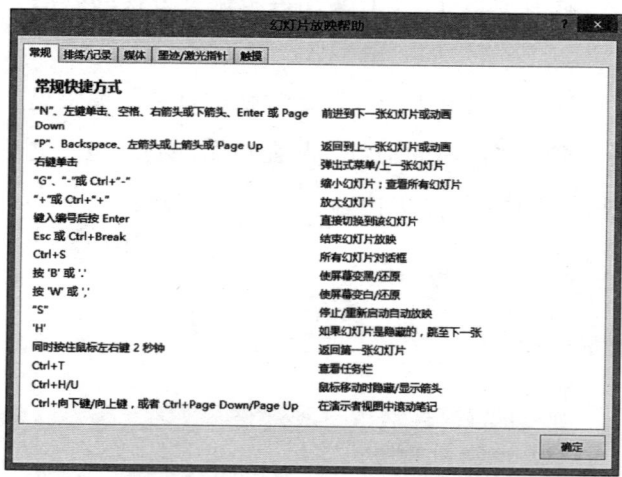

图 9-53

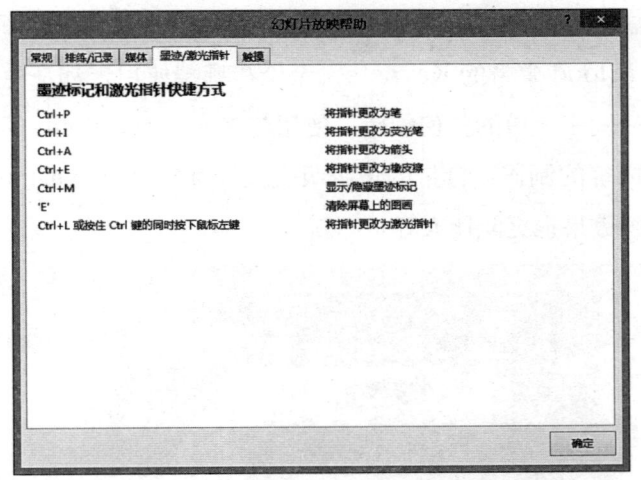

图 9-54

培训师用得最多的是"B"键(黑屏),其次是"Ctrl+P"(移动鼠标可以在演示时涂画,E 键可以清除涂画痕迹)。

10. 第二十招:除了 PPT 还有什么可用的演示工具

微软的 PowerPoint 自出现以后,迅速成为全球通用的演示工具,被大量用在培训教学、工作汇报、展品介绍、对外宣传等领域。在互联网盛行的今天,各种演示工具层出不穷,但依然没有任何工具能挑战 PowerPoint 的统治地位,所有新出现的演示工具都要考虑如何与 PowerPoint 兼容与协作。

虽然 PPT 很强大,却也有不足的地方,需要其他有差异化特征的演示工具作为补充。在培训上,除了 PPT 可以用于演示,以下的三个工具可供大家参考。

(1) 工具一:Keynote

Keynote 是苹果公司办公套件 iWork 里的强大演示工具,我们经常看到科技公司举办的大型产品发布会,配合的背景多出自这个工具。在剧院式的演讲中,这个工具带来的视觉震撼与冲击往往超出了微软 PowerPoint

做出的效果。这个软件需要苹果的 MAC 电脑或 iPad、iPhone，或者苹果的云端服务 iCloud 中带的 Keynote，无论在哪端使用，都是免费的，并且可以实时在线同步所做的任何编辑。使用起来比 PowerPoint 简单，让演讲者更专注于内容的制作。自带的母版版式设计远超过 PowerPoint，更美、更讨喜，动画效果也更能让人耳目一新。

图 9—55

虽然在剧院式的演讲中，Keynote 非常绚丽抢眼球，但对于培训师来说，使用 Keynote 时的弊端也较大。在选择 Keynote 做课件前，要先考虑这几点：

● 你需要一台苹果电脑，运行苹果 MAC 操作系统；

● 虽然你可以打开 PowerPoint 格式的文件，但其他人打不开你的 Keynote 文件，你导出时转化成 PowerPoint 格式的文件后，再打开发现字体、结构、版式都变了，变难看了；

● 功能不如 PowerPoint 多，比如在绘制图形或做图表的时候；

● 不如 PowerPoint 灵活，让人过于专注内容，傻瓜化操作，灵活性降低；

● 做学员版讲义不方便，没有像 PowerPoint 那么实用的打印选项……

(2) 工具二：思维导图

思维导图近几年非常流行。它是表达发射性思维的图形思维工具，更是一种将放射性思考具体化的方法。可以用手绘，也可以用软件制作，软件推荐这两个：MindManager、iMindmap。前者使用人数最多，与 Office 的结合很好，但放射性分支过于"硬朗"，个性不足。后者是思维导图的发明人Tony Buzan 一起参与研发的，用此工具绘制出的导图更接近手绘效果。

导图的工具虽然也有全屏演示模式，但这些工具多用于培训师在进行课程开发与设计时对逻辑结构的梳理及内容的准备。

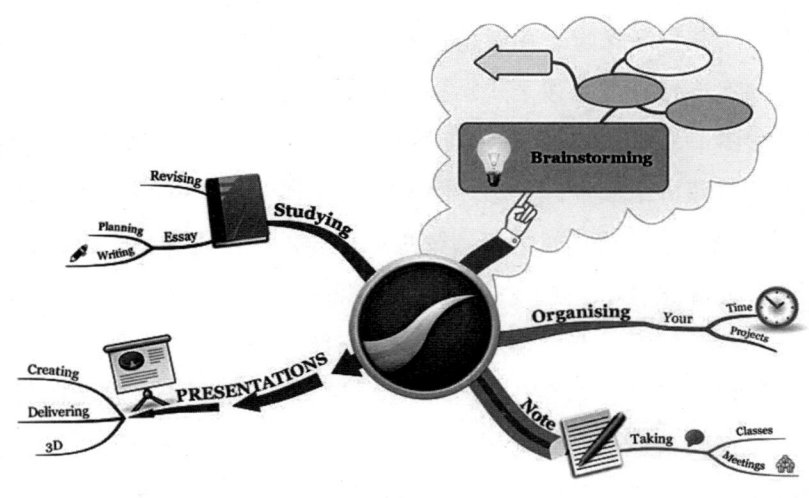

图 9—56

（3）工具三：Prezi

这是一个据称能把 PPT 线性思维与思维导图放射性思维无缝结合的演示工具，于 2007 年被创造出来。基于互联网，Prezi 数据能方便地与网络同步。国外使用的人较多，国内只有少数演示者在使用，目前没有中文版，也不能输入中文，但用桌面版软件通过替换字体的方法可以显示中文。演示效果很赞，适合较短的主题演讲使用，有探索精神、喜欢尝鲜的人可以研究一下。

四、骨灰级招——让你有模有范儿

1. 第二十一招：双屏演示让你功力倍增

我在重庆某财产保险公司做培训的时候见到一个PPT，每一页里密密麻麻都是文字，仔细看更像是讲话稿，询问后还知道因为这个PPT，制作它的人被骂惨了。这个PPT用于国资委组织的一次重要会议，那次会议规定，汇报人不能打印讲话稿到台上念，但可以通过PPT辅助呈现。代表这家保险公司作汇报的是一位年长的德高望重的领导，这位领导记忆力没有年轻人那么好，眼睛也不太好使。这就难住了准备这个PPT的下属：只放要点，怕领导记不住，展开不全；都放上内容，好像又不太好看。他不知如何是好，最后选择了减轻领导负担，把内容都写到PPT上。于是当天在汇报时领导以非常慢的语速刚读完第一句，下边阅读速度快的听众已经看完了页面上的所有内容，越到后面听众注意力越不在汇报人身上，越容易开小差。最后的汇报效果可想而知。

如果你是为领导制作这个PPT的人，你该怎么办呢？（关于PPT美学上的问题先不谈。）

可以加动画，让内容一段一段出现；或者将几段内容分到几页中，不往下翻页观众就看不到后面的内容；再者就是我们要讲的——双屏演示。

双屏是指有两个屏幕显示内容。事实上PPT不只可以同时在两个屏幕上显示，还可以添加更多的屏幕，只是日常培训中是连接到投影仪上，实现第二屏幕，所以也把这种演示模式称为双屏演示。它可以实现：

- 让学员看到的投影上的内容与你看到的电脑屏幕上的内容不一样；
- 可以显示你在备注里写的内容，用于提示要讲的案例或精确的数据等；
- 知道接下来的一页或者接下来单击后会出现什么内容，做到自然过渡；
- 时时刻刻知晓目前的北京时间，讲了多少时间，共有几页，现在到第几页了；
- 可以随意跳转不同的页面，如果时间来不及了，跳着讲，中间省掉的页面谁也不会发现；

● 如果要放一段视频给学员看，你可以趁这个时间在电脑上做其他事情，相互不影响；

● 当退出 PPT 演示后，学员看不到你凌乱的桌面以及你的文件，只看到漂亮的桌面背景；

● 如果发现了错漏，不必拔掉与投影仪的连接，可以及时更改补充，并能快速再显示；

● 你可以选择哪些显示给学员看，哪些显示给自己看……

无论你是新手还是老手，这么多的好处，为什么讲课时不用这招呢？据我了解，不用双屏演示的原因有二：一是不知道有这个功能，更不会用；二是用不好，吃过亏，不敢再用。

如果你的工具先进，升级到了 Office 2013 或以上版本，那么，就没有不会用之说了，因为这个版本默认在不演示的时候，学员看到的屏幕内容与老师电脑显示的内容一模一样（复制模式），而当开始全屏放映时，便自动使用了双屏演示（自动切换到扩展模式），演示结束退出全屏后，投影仪与电脑显示的内容又一样了（自动返回复制模式）。全程做到无缝切换，神不知鬼不觉，显得很专业。是不是很简单？你要做的就是把 PPT 升级到最新版。

如果你只学到了这步，可以满足轻量级的使用，但没有了解其中原理，在演示时往往会吃苦头：你本想要学员看到链接的视频，结果却只是你看到而学员看不到；某个时候，无论你怎么使劲，都无法在自己的电脑屏幕上找到鼠标；你的屏幕与学员的刚好相反，他们看到很多信息，而你看到全屏的一页幻灯片……是不是当时快要崩溃了？这就是一些人不敢再用这招的原因。我把它放在 21 招的最后一招，因为这招是骨灰级的，使得好，神力无穷，使不好，自伤自残。

先从两个屏幕之间的显示方式开始。用快捷键"Windows+P"（按住微软键不放，再按住 P 键）调出电脑屏幕与投影显示的方式，如果用 Windows 7，出来的菜单是横着的；如果用 Windows 8，出来的菜单是竖着的。不用快捷键的话，从右侧的超级菜单中选择设备—投影。从按钮可视化的图示可以看得出不同的显示方式会出现的情况：在"仅电脑屏幕"下投影仪那边没有任何内容；"复制"是接连投影仪后默认的方式，学员看到的与老师看到的一样；"扩展"是指把投影仪的屏幕变成放在你电脑屏幕右侧的一个扩展的屏幕，双屏演示便是用这种方式实现的；"仅第二屏幕"很少会使用到，除非是你的电脑快没电了，为了省电，不让屏幕亮起。

要实现双屏演示，选择了"扩展"的方式后，你的屏幕没有任何变化，但投影仪的屏幕变了，只看到你电脑的桌面背景（在举办大型高峰论坛时，我们会把这台电脑的背景设置成论坛的主题图片，这种时候就干净地显示在投影上），看不到你任何的文件，也看不到你在操作什么。根据不同的操作系统，有时候可能在下方有状态栏，但这并无大碍。

当我们开始全屏播放 PPT 后，刚才只显示桌面背景图片的投影仪屏幕变成了正在演示的 PPT 页面，而电脑屏幕并没有全屏，出现演示者视图，可以很直观地看到演示的时间、目前时间、现在讲到第几页、共几页、当页可调节文字大小的备注信息、接下来要出现的内容等，还有控制画笔、预览与跳转不同幻灯片、页面局部放大或缩小、黑屏、右键菜单调出等，功能丰富。并且可以在这视图上还原窗口大小或最小化，不会影响学员看到的屏幕。

图 9—57

有视频要播放,如果是插入 PPT 里播放的,这种双屏模式下可以安全、快速播放。如果视频是链接到外部文件用外部的播放器进行播放,点击链接跳出的播放窗口默认在讲师的电脑屏幕上,学员这时看不到。怎么办呢?

我在前面提过,"扩展"的方式相当于把投影仪放到你电脑屏幕的右侧,当你的鼠标移到电脑屏幕的最右边时,再继续移动,会在电脑屏幕上消失,从投影仪屏幕的最左边出现,你往左边移动,它又出现在电脑屏幕的右边了。无论你的鼠标在哪个屏幕上,鼠标具有的操作依然有效。知道了这个原理,所有你希望给学员呈现的非 PPT 上的内容,都可以直接拖动到投影仪的屏幕上,包括 Word、Excel、网页、视频等。

问题又来了:有时候,我们不小心在演示者视图里的"显示设置"中选择了"交换演示者视图和幻灯片放映",或不知道设置了哪里,导致播放后自己看到的电脑是一页幻灯片全屏显示,而学员看到了演示者视图(那可是泄漏了我们的秘密啊),不知道怎么回去了。设置的办法并不难,难的是不知道在哪里。幻灯片放映菜单—监视器模块—把监视器设置为"监视器 2",一切就都恢复了。补充一点,在这个地方如果不把"使用演示者视图"打钩,那是不会看到演示者视图的,播放的时候学员看到的已经全屏,但电脑上几乎没有动静,有时候更不知所措,建议任何时候都将钩打上。

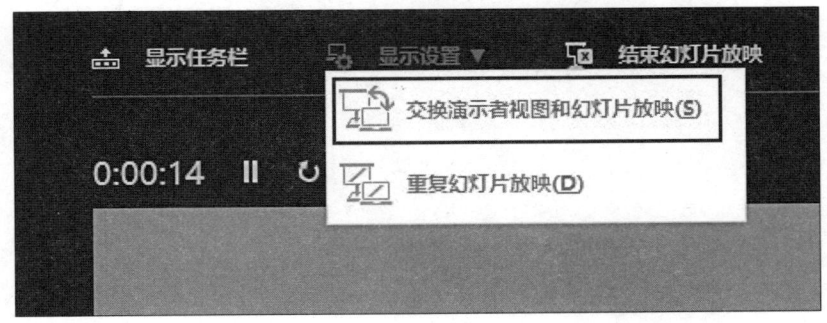

图 9—58

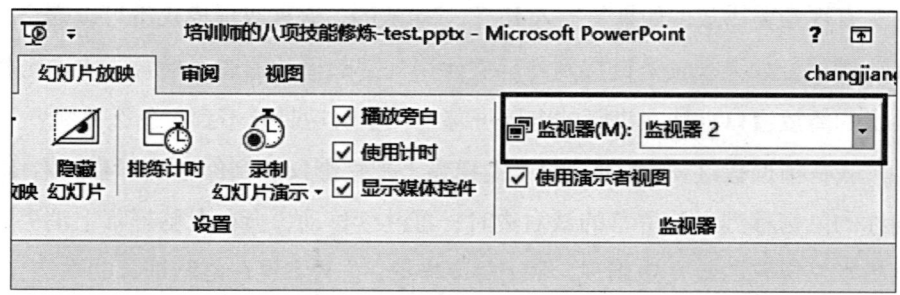

图 9-59

我听到这样一个故事,一位老师对课程内容不够熟悉,担心讲漏,做了两份 PPT,讲课时用两台电脑,一台给学员看,内容很少,一台给自己看,内容很多。要翻页时需来回不断操作两台电脑,有时候同步,有时候不同步,弄得一脸尴尬,学员也是为其抓狂捏汗……要是这位老师用双屏演示,事情就好办多了。

所以说,技术就是生产力,一点没错!

第十章 精彩纷呈
让课程更精彩的四个法宝

ADDIE 小贴士

前面的内容做好了，可以算是一个合格的课程开发，但是还不够精彩，精彩的课程设计和开发，需要在四个地方下工夫——提高说服力，加入情感，不断创新，运用幽默。这四个内容既包含在课程设计中，也包含在课程的现场呈现中。

一、课程缺乏精彩表现

培训平实、乏味，找不到明显的缺点，也看不到明显的优点，是培训中最常见的现象。

1. 课程缺乏精彩表现的典型案例

情景描述

一次我给某汽车集团做TTT，学员是该集团销售事业部的内部培训师，他们的主要工作是介绍产品和相应的销售政策。TTT培训中，一个学员的主题是"主销区域及推荐类型"，参加培训的学员是经销商。培训的目的是通过介绍产品，提高经销商对该公司产品的信心，促使他们加大销售力度，从而提高销量。他是这么阐述的：

各位经销商，大家好。欢迎大家参加今天的培训。今天主要学习我们公司的产品，我将介绍主销区域和推荐的类型。首先我们要学习产品知识，我个人认为，要想做好销售工作，大家就要学习一些产品知识。不然，连公司产品都不知道，怎么介绍呢？当然了，大家的任务很重，都想提高销售额。

首先看看公司的销售目标：公司的销售目标是8.3万辆，力争8.5万辆，其中的一个重点产品是3万辆。

然后看看主销车型和重点攻击的区域……现在我给大家做产品介绍：三个系列的产品，第一个……第二个……第三个……

现在我来介绍每种产品的规格和型号……

我现在介绍每种产品的具体内容：驾驶室……发动机……车架……

这位学员就这么例行公事般进行下去，有没有问题呢？好像没有。培训师对产品很熟悉，也没有出现紧张等现象，着装也专业，但是缺乏亮点，很难给人留下深刻印象。

2. 课程缺乏精彩表现的几种情况

（1）在论证上存在问题

主要有以下3个表现：

①**观点模糊，含糊不清**。本次培训的主题是经销商培训，培训的目的是什么？让他们多卖车？在这个案例中，他的观点是模糊的，并没有直接提出来，虽然大家可以明白培训师的意思，但是培训师自己并没有明确提出来。

②**论据不够充分**。案例中的主要内容是产品介绍，没有体现论点，没有说明这些产品会给经销商带来什么价值。

③**论证的逻辑有问题**。思路不够清楚，没有完整的逻辑，很混乱。

（2）没有融入感情

在整个讲课过程中，培训师没有融入感情，显得比较生硬，很少和经销商互动，给人的感觉是"我是供应商，你们是经销商，咱们是没有关系的"，仅有的关系就是商业利益关系。培训师在上面不厌其烦地说"公司有什么产品""公司产品的目标是……"，台下的经销商却想："我又不是你公司的员工，我对你的目标不关心，我只关心自己的目标。"

（3）整个培训没有新意

无论是产品介绍还是其他内容，都是平铺直叙，没有新意，无法吸引学员。

（4）缺乏幽默

现场气氛沉闷，培训师在台上讲自己的，学员在台下做自己的，各不相干。

总体上讲，这样的培训虽然算不上失败，因为顺利完成了，但是也算不上成功，因为没有给学员留下印象，更没有产生行动。

二、课堂精彩演绎的管理学原理和作用

1. 课程精彩演绎的管理学原理

①证实性偏见：培训中常常会存在证实性偏见。第一，对于人，学员如果对老师认同，就会接受老师的观点。第二，对于培训内容，学员如果接受了某个观点，就会习惯性地相信其他案例。培训师要充分发挥证实性偏见的积极作用，让学员接受自己，同时接受自己的观点。

②紫牛现象：几年以前，国外一位学者写了一本书《紫牛》，讲的是在茫茫的大草原上，满地都是黑白花的奶牛，让人感觉无聊。但是，如果这时候出现一只紫色的牛，你会不会眼前一亮？这个紫牛，就是与众不同，就是要有亮点。培训师在台上展示，如果千篇一律，在学员眼里就是一只只普通的奶牛，但是如果某位老师有亮点，肯定会一下子吸引学员。

精彩的课程还要符合情感原理、创新原理和幽默原理，可以说，其他章节的管理学原理都适合本章。这些原理都体现了人们内心深处的需求，因此培训中就要尊重这些需求，设计精彩的内容，满足这些需求，从而提升培训效果，达到培训目标。

2. 课程精彩演绎的作用

让课程精彩演绎的目的是什么呢？其实就是提升培训效果，达到培训目标。如何做到呢？首先是让学员理解你讲的内容，然后认同你的观点，最后促使学员行动。让学员发生改变才是真正的目的，这也是衡量课程是否有效的真正标准。因此，培训师一定要提升培训的精彩程度。

三、让课程精彩纷呈的四个法宝

1. 以理服人

培训的一个重要作用就是说服。如何说服人呢?你讲的必须有道理,经得起分析和推敲,才能真正让人信服。以理服人是培训的基本要求,为什么很多培训平淡无奇?为什么很多培训不能给人力量?为什么很多培训会让学员认为讲得没有道理?为什么很多学员没有认同培训师?根本原因在于培训师没有做到以理服人。

培训和演讲最重要的目的就是"说服人"。如何让人认同你的观点呢?

①**观点明确,态度鲜明**。赞成什么,反对什么,支持什么,禁止什么,一定要非常鲜明,绝不含糊。这里的观点是"明确"的,而不是"正确"的,因为只有观点被论证了,学员认同了,"明确"才会变成"正确"。前提是培训师自己要有底气,首先要让自己认同,如果自己都没有认同,如何让别人认同?观点明确要求培训师旗帜鲜明地提出自己的观点,毫不含糊。

②**论据充分**。必须有足够的证据来证明观点的合理性。论据充分有两个方面:一方面是指论据本身没有问题,经得起推敲。如果论据出了问题,那不仅不能证明观点,反而对论证观点有负面作用,造成反论证。另一方面是论据的数量要足够,太多了啰唆,太少了力度不够。通常一个主要观点需要三个论据。

③**论证符合逻辑**。论证的过程要符合逻辑,论点和论据之间要符合逻辑,有内在关系。通常有以下几种形式:AGC模式、AG模式、GC模式。其中,A(argument):论点;G(grounds):论据;C(conclusion):结论。

(1)培训师在论证方面存在不足

一次给某汽车集团做TTT,学员是该集团销售事业部的内部培训师。一个学员的主题是"销售人员的产品知识培训",目的是让大家认同"销售人员应该学习产品知识"这个观点。他是这么阐述的:

各位销售精英，大家好。欢迎大家参加今天的培训。今天我们主要学习公司的产品知识。我个人认为，要想做好销售工作，大家就要学习一些产品知识。当然了，对于大家来说，任务很重，都想提高销售额。所以学习销售技巧也是非常重要的。同时，产品知识也是重要的。所以今天给大家讲讲产品知识。

①**观点模糊，含糊不清**。本次培训的主题是"销售人员的产品知识培训"，培训师为了引起大家重视，提出一个观点"销售人员应该学习产品知识"，但是，在这个案例中，他的观点是模糊的，并没有直接提出来，让人感觉培训师对自己的观点底气不足，尤其是加上一句"我个人认为"，把观点的权威性大大降低了。

②**论据不够充分**。案例中并没有提供足够的证据来证明"销售人员应该学习产品知识"，反倒让大家觉得"销售人员更应该学习销售技巧"，学员并没有意识到销售人员应该学习产品知识，因此未必真正接受观点。如果没有接受观点，对后面的内容就很难认同。

③**论证逻辑有问题**。思路不够清楚，逻辑混乱。

（2）如何做到以理服人

通过三种模式作示范：

①**观点——论据——结论模式（AGC）**。比如：

观点：销售人员应该学习产品知识。

论据：第一，掌握产品知识是公司员工的基本职责，这是公司制度规定的。第二，掌握产品知识能够增加对公司产品的认同感，从而增强对产品的信心。第三，掌握产品知识能够帮助大家更加详细地向客户介绍产品，从而提高销售额。

结论：因此，销售人员应该掌握产品知识。

②**观点——论据模式（AG）**。比如：

观点：销售人员应该学习产品知识。

论据：第一，掌握产品知识是公司员工的基本职责，这是公司制度规定的。第二，掌握产品知识能够增加对公司产品的认同感，从而增强对产品的信心。第三，掌握产品知识能够帮助大家更加详细地向客户介绍产品，从而提高销售额。

③**论据——结论模式（GC 模式）**。比如：

论据：第一，掌握产品知识是公司员工的基本职责，这是公司制度规定的。第二，掌握产品知识能够增加对公司产品的认同感，从而增强对产品的信心。第三，掌握产品知识能够帮助大家更加详细地向客户介绍产品，从而提高销售额。

结论：因此，销售人员应该掌握产品知识。

相对来说：

● AGC 模式是一个封闭的环式论证模式，更加有力和完整，也最容易掌握。

● AG 模式也是常用的模式，用在观点认同度较高的情况下。观点本身的认同度已经较高了，论据也已经说服了大家，最后就不需要再强调了。

● GC 模式显得更高明一些，也需要更多技巧。前面的 AGC 和 AG 模式，都是先提出论点，再进行论证，这样可能会出现一种情况：如果学员本身对这个观点比较反感，培训师刚一提出观点，学员心里就难以接受，可能会产生抵触情绪，后面的论据就会失去威力。GC 模式不是先提出观点，而是先列举案例。通过案例，让学员自己接受，得出一个结论。这样说服力更强，不过对于培训师的要求也更高。

从逻辑上讲：

● AG 模式是演绎法：首先提出观点 A，然后进行阐述 G。

● GC 模式是归纳法：首先列举案例和现象 G，然后归纳为一个结论 C。

● AGC 模式是演绎法和归纳法的综合运用，既便于阐述，又便于理解，论证的力度更大。

就上面的案例，我们整理一下：

主题：销售人员的产品知识培训。

观点：销售人员应该掌握产品知识。

各位销售精英，大家好。欢迎大家参加今天的培训。作为一线的销售人员，大家平时任务很重，非常辛苦。大家都在想办法提高销售额。我们今天培训的目的也是为了帮助大家顺利完成任务，提高销售业绩。有同事可能在想，大家这么忙，对于产品，大家都是知道的呀，为什么还要学习产品知识呢？这是因为，首先，掌握产品知识是公司员工的基本职责，这是公司制度规定的，作为公司的一员，我相信这点大家都是能够接受的。掌握产品知识能够增加我们对公司产品的认同感，从而增强我们对产品的信心。如果我们自己都不认同自己的产品，怎么会有信心向经销商介绍产品？当然，最重要的一点是，掌握产品知识能够帮助大家更加详细地向客户介绍产品，从而提高销售额。我想，这才是我们最关心的。总的来讲，掌握产品知识，能够提高我们的销售额，圆满完成公司的任务，增加大家的收入。大家说，好不好？好！那我们就来一起学习公司的产品知识。

（3）论据的类型

论据的类型很多：

①**事实**。新闻报道的事件都可以充当论据。培训师一定要与时俱进，掌握这些最新发生的事情，作为论据。实际上，事实是最重要的论据。

②**故事**。这里的"故事"范围相对窄一些。"故事"要有情节。有情节的事实是故事，童话故事也是一种故事，相对来说，这样的故事更具有吸引力。

③**说明**。权威的说明也可以作为论据。比如产品的说明书，引用这些作为论据也具有说服力。

④**释义**。规范的、公认的释义、名词解释都可以作为论据。当然你也可以创造属于自己的"魔鬼词典"，只要能让听众信服。

⑤**统计数字**。公开发布的统计数据很有说服力。尤其是当数字很精确的时候，会产生很好的效果———一是会让学员深信不疑；二是能让学员佩服你的记忆力，因为对很多人来说，记住数字是很难的事情。

在一次银行的TTT培训中，一位学员主讲的内容是如何验钞。为了让大家接受"银行工作人员要掌握基本验钞方法"这个观点，这位学员想列举案例，说明不懂验钞将会带来损失，举了几个大概的数据，缺乏说服力。

在我的建议下，她去权威机构查询了一下，找到了精确的数据，最后演练时取得了非常好的效果。

⑥**名人名言**。这是增加权威的做法，引用某位权威人物的话，增加可信度。事实上，这是很多培训师、演说家最常用的做法。我在培训中也经常这样做，通常是在每一个部分的开始，用一句名言进行论证。

⑦**经典著作**。这和引用名人名言有点类似，只不过，引用经典著作需要指明出处，而名人名言只需要说出"谁说的"。除了与主题相关的专业著作，一些经典的文学名著也可以引用。

⑧**逸闻趣事**。这样的论据很受欢迎，比生硬的说教更容易让人接受。而且这样的逸闻趣事类似"戏说""野史"，大多数听众不会追究其真实性。

⑨**示例**。具有示范意义的案例的简称。这是很重要的论据，是根据前文阐述所做的最后总结和整理。在本书中，每一章结束就会有这样的示例，大家可以借鉴。

（4）如何提高论证能力

论证能力包括表达能力和逻辑思维能力，这是一个综合能力，也是培训师必须具备的能力。在鹰隼训练班中，我们常常组织大家玩新版的"杀人游戏"，每次都取得了很好的效果。这个杀人游戏是改版的，被誉为"史上最牛的培训游戏"，涉及观察能力、表达能力、论证能力、决策力、记忆力、应变力、控场力、协作能力以及影响力等，都是培训师必须具备的能力。

对传统的杀人游戏进行改版：

第一，整个游戏只有四种角色：法官、平民、警察、杀手。游戏是为培训服务，不能太复杂。学员先参加游戏，然后要学会当法官，提高组织能力、控场力以及组织能力。法官角色跟引导技术中的引导者角色很类似。

第二，"死人"复活，除了不能参与投票外，其他权利跟活人一样，主要是为了让所有学员都参与其中，得到锻炼。

第三，每人每次发言最多一分钟，遵照电梯时间的原则，同时运用AGC论证模式，真正锻炼了论证能力。

2. 以情动人

以理服人是用道理和论证去说服人，论证有力，雄辩滔滔，但是相对比较生硬，学员理智上可能认同，但情感上未必接受。情感认同很重要，可是在培训中，很多内训师不太善于运用情感的力量。

一次TTT，一个学员上台演讲，主题是"公司管理制度"。她讲道：

公司有非常严格的制度，希望每一位新员工要意识到一点，一旦进入公司，就要明白，什么事情是对的，什么事情是错的。关于公司的制度有以下几点，如果违背，就将受到相应的惩罚。第一条，……你将被警告；第二条，……你会被扣发奖金；第三条，……你就会被公司开除。

想象一下，新员工刚刚进入公司，充满希望和憧憬，准备好好地大干一场，结果刚一进来就是警告、罚款、扣奖金、开除等负面的消息。这会让新员工感觉这家公司没有人情味，无法产生认同感和归宿感。

在以情动人时，需要注意以下几点。

①**一定是真情，不要刻意煽情**。在某些培训中，有的老师故意用哭腔来煽情，像表演一样，这样的煽情很容易让学员反感。

TTT学员张经理跟我分享了这样一个案例：

有一次他参加某领导力培训，主讲老师上台，首先是讲述自己的悲惨故事，可以说是声泪俱下，台下也有学员很受感动，跟着抹眼泪。但是张经理等几个学员一直并不觉得很伤感。直到休息的时候，他们才发现，那几个被感动的学员原来是该培训公司的员工假扮的。后来，张经理跟同行的几个人立即离开了。

②**要注意量**。一堂培训课程，除非主题是追悼会或者人生告别会，否则不要整场用真情。真情流露是某一瞬间的事情，不是全部，真情太多就是"滥情"。

有圈内人士评价，行业中用滥的几个词语，其中一个就是"感恩"，很多老师以及企业老板都希望在培训中感恩。而培训的过程中也不断地强调感恩，同时微信里、微博里、QQ群里到处都是感恩。有人帮忙回答一个问题，立马就来感恩。很多"鸡汤"无疑都是感恩，好像处处都在感恩。

③**要注意度**。以情动人，是用真情激发人内心最美好的一面，打动学员，获得共鸣。以情动人是打动人心，而不是让人哭得稀里哗啦。只要轻轻拨动一下心弦，让沉睡的心灵得到触动，引起一些内心的反思和感悟即可。

有一次我参加培训师的一个论坛，其中一个话题是如何让学员动情，大家发表了不同的看法。一种意见认为，让学员动情非常重要，是衡量培训是否有效的依据。另外一种意见认为，动情不动情不是关键，关键在于学员是否能接受培训师的想法。

两种意见都有道理，关键是要看培训的主题和目标。以情动人是手段，而不是目标。

④**选择合适的故事**。故事要有情节，最好是自己的故事，自己的故事更具有真实性，更容易打动人。

⑤**注意用词**。以情动人是用情而不是用词语打动人，有些词语反而会带来负面效果。

⑥**注意语气**。用平淡的语气讲深刻的故事，效果更好。

有一次我给河北邮政上TTT，在"讲自己印象深刻的故事"这个环节，学员李华讲了这样一个故事：

非常高兴能来这里跟大家分享一个既兴奋又高兴的事情，这件事情发生在2008年5月12日，这一天是我们国家遭遇汶川地震的日子，同时，也是我儿子出生的日子。

因为身体状况的原因，我要孩子比较晚，怀孩子是作为母亲的我经历了打针、吃药、输液等种种磨难才等来的，我很珍惜，也很期待……

记得那是2008年5月12日的下午14点，我被推入手术室，也恰恰就在那个时候，我国的四川汶川发生了强烈的地震，如果没有记错,地震的时间是14点28分，当时身在15楼手术室的老公及家人感到了强烈的震感。

老公在外边签字，麻醉师开玩笑说："你爱人生孩子，你紧张什么？别推桌子行不行？""没有呀！不对，应该是地震了！"老公说。当时的我紧张占据了全部，根本没有一丝察觉，只感觉到我身边的护士、医生都消失了。当时我的最大感受就是：天哪！我能吗？为什么对我这么不公平？经历了那么多的磨难，还要在这一刻失去我最珍爱的孩子吗？……我又焦急又期盼，期盼我那可爱的宝贝快些来到这个人间。漫长的等待终于过去了……15点08分，当孩子的第一声啼哭出来的时候，我的眼睛湿润了……，直到现在我依然无法忘却当时的情景，于是，我给儿子起了一个响当当的名字——震震！谢谢大家！

没有夸张的表情，没有煽情的语调，李华老师用很平淡的语气讲完了这个故事，大家一致喝彩。

3. 用新吸人

（1）用新吸人的典型案例

爱因斯坦有一次去给斯坦福大学做演讲，帮助学生走向成功。演讲开始了，他并没有像其他人那样长篇大论，讲述成功的经验，而是向在座的学生们提出一个问题：两个工人同时从同一个烟囱出来，一个是干净的，一个是肮脏的，请问他们谁会去洗澡？

有学生立即回答：当然是肮脏的工人。

爱因斯坦反问道：是吗？干净的工人看到肮脏的工人，会认为自己的衣服也很脏；而肮脏的工人看到干净的工人，也许以为自己的衣服是干净的。我再问问你们，哪个工人会去洗澡？

马上有学生回答：那一定是干净的工人了。

爱因斯坦笑着说：你们又错了。两个工人同时从同一个烟囱出来，怎么可能一个是干净的，一个是肮脏的呢？

学生一听，恍然大悟。

爱因斯坦继续说：其实人与人之间的差别并不很大，但是为什么成就不一样呢？最重要的就是那些有成就的人敢于打破传统的思维定式，敢于创新。

几年前红极一时的"学术超男"易中天，其实就是运用了创新的力量。

三国是大家都熟悉的一段历史，易中天改变了讲正史的传统，转而讲野史。既然是野史，就可以不断创新。现在围绕三国讲团队建设，讲领导力，讲中国式管理的还在不断涌现，这也是一种创新。

他改变了传统教授的授课习惯，采用"戏说"的方式，尤其是大量吸收流行词，提出一些独特的观点，比如"曹操是真小人，刘备是伪君子"，形成了自己独特的风格，甚至可以说开启了一个新模式。

同样，"中国好声音"也是一种创新。中国好声音的模式是创新，参赛的歌手唱老歌，重新演绎也是一种创新。"我是歌手"也是一种创新，让一些成名的歌手唱其他人的歌曲，也是一种重新演绎。"中国好歌曲"更是创新，虽然有"中国好声音"的痕迹，但最大的不同是，歌手必须唱原创歌曲，原创相对于翻唱更是一种创新（尤其是发掘了霍尊的《卷珠帘》），因此受到很多观众的欢迎。

（2）创新的要求

①要与时俱进。创新的一个关键词是"新"，要真正做到与时俱进。

大家去看看现在的小学课本。20年前我们上小学的时候，只要一涉及人物，一般名字都是"小明"，现在的教材中依然还是"小明"。

看看培训行业，也有这种现象。很多老师讲案例，如果是员工，一般都是小王、小李、小张；如果是年龄大的，就是老王、老张、老李；如果是高管，就是张总、王总和李总。

培训的创新就是要及时吸收最新的词汇。每年都有很多网络流行语，培训中可以多运用，不要让学员感觉培训老师都是些食古不化的老学究。

②要不断创造。创造新的主题、新的名称、新的案例、新的形式等。

第一，主题的创新。最近几年有几个"非类"课程很红火，这也是一种创新。比如"非人力资源经理（人员）的人力资源管理"，针对不是人力资源岗位的人员讲授人力资源管理,这些课程在人力资源越来越被重视的今天,很受欢迎。还有"非财务经理(人员)的财务管理",针对不是财务系统的人员讲授财务知识。相信还会产生"非销售经理(员工)的销售管理",强调全员营销;"非服务人员的客服管理",强调全员服务意识;等等。

这类课程是主题创新,同时也是培训对象的改变,将"非类"人员纳入培训。更多的"非类"课程,还有待培训师们去开发。

第二,名称的创新。给课程设计一个很有吸引力的名字,这也是创新。比如上面的"非类"课程,现在都用简称,"非人力资源经理的人力资源管理"简称"非人","非财务经理的财务管理"简称"非财"。有一次我给中信银行做TTT,发生了一个小插曲。在学员上台演练以前,我都会询问每位学员讲什么课程,并作针对性的指导。

段烨:李老师,你准备讲什么课程?

李老师:非会(kuài)。

段烨:飞快?不用很快,按照规定这次演练有5分钟。

李老师:好的,我保证在5分钟以内把"非会"完成。

段烨:我刚才讲了,结合大家的情况,时间可以上下浮动30秒,所以你不用飞快。

李老师:不用"非会"?我要讲的就是"非会",这是专门给我们银行的非会计人员讲授的会计知识,这是领导给我的任务。

这时我才明白,原来,此"非会"非彼"飞快"。

所以,对名字的简称应该注意,针对内行可以用简称,但是如果针对的是外行,简称可能会产生误会。想象一下,如果人力资源部门给企业的其他部门下发通知,这些人看到"非人"培训,会有什么感受?"非人培训,是不是要受到非人的折磨?"经常有人问我讲什么课,我很少直接说"主讲TTT",而是说"我主讲培训师培训,也就是常说的TTT",以避免误会。

第三,案例的创新。案例的创新包含三层意思:一是用新的案例,那些陈芝麻烂谷子的案例就不要用了;二是改造案例,形成新的案例;三是案例新解,就是案例虽然是旧的,但是可以从新的角度进行解释。

第四，培训形式的创新。培训形式将影响培训内容，进而影响培训效果。对于态度类课程，用体验式培训，效果肯定超过一般的讲授式培训。培训形式的创新，是创新发展的重要方向。

培训形式的创新既包括创新培训模式，也包括在培训的某些环节中创新。

在鹰隼计划训练中，我就对语言训练的环节进行了创新。

在训练语言表达时，通常就是采用《培训师21项技能修炼（下）——精彩课堂呈现》中"一只狗帮助一只猫抓一只鼠"这个工具（详细内容见该书137页）。

在以前的训练中，只是要求学员按照规则用最快的速度朗读这段内容。后来采用了新的方式，将学员分组，三人一组PK。整个训练分四轮：

第一轮：单个学员比赛；

第二轮：每个小组比赛；

第三轮：小组接龙朗读，也就是小组成员每人一句进行接力朗读；

第四轮：所有小组成员进行接力朗读。

通过创新带来了以下收获：第一，舌头灵活性增加；第二，注意力提高，抗干扰能力增强；第三，团队意识增强；第四，训练了互动技术。

可见，创新是永无止境的。培训师可以用创新的思维对课程进行专门设计。

第五，语言的创新。一是用新的语言。培训师要与时俱进，不断学习和运用新的语言，尤其是网络语言，这样才能避免被学员当成老学究。保持与时俱进，培训才给力。二是创新语言。赵本山吸引人的重要手段之一，就是通过语言创新取得意想不到的效果。多学习和创造一些流行的语言，可以增加课程的时代感和幽默感。

在鹰隼计划的训练班以及TTT培训班中，都有编案例、讲故事的环节，就是把"房子、桥、锁、钥匙、兔子、狗、我"这七个看似没有关系的事物连接起来，讲述一个故事。有两个要求：第一，"我"必须和其他六个事物发生直接的关系，不能说"我看到一部电影，电影里有一只狗"。第二，时间三分钟左右，不能一句话讲完。每一次在这个环节都会听到很多有意思的独特的故事。让我印象深刻的是鹰隼计划25期一个学员讲的故事。

有心理学基础的学员刘莉萍老师看到前面几位都讲得非常漂亮，她也来个创新，不是讲故事，而是将这几个词有机地串联起来，编成一段话，再用平缓的声音吟诵出来，配合轻音乐，将大家慢慢地带了进去：

请你慢慢地把眼睛闭上，你会觉得你的眼皮很重，很疲倦，很想垂下来。当你的眼睛完全闭上时，会有一种舒适放松的感觉。这种感觉自上而下，从你的头顶，到颈部、肩膀，再到你的背部、腰部、臀部，然后到你的四肢，上臂、小臂和手掌，最后到你的大腿、小腿、脚掌，慢慢地流遍了你的全身和四肢。这时候，你感到自己的身体越来越轻，越来越轻，轻得快浮了起来。仿佛你的身体已经离开了座位，慢慢地走出了教室，走到了户外。

你好像已经呼吸到户外清新的空气，你忍不住抬头，你想看看天空的颜色。你看到的天空现在是什么样子呢？是万里无云的朗朗晴空，还是风雨欲袭的乌云密布？你抬眼远眺，看到前面有一条路通向远方，这条路又是什么样子呢？是一条弯弯曲曲的小路，还是一条笔直宽阔的马路？抑或是绿树浓荫的林荫道？你沿着这条路往前走，一直走，不知不觉来到了一片森林。你看到的这片森林是什么样子呢？是阳光斑驳的树影、五彩缤纷的小花，还是深邃幽暗的树林、厚重枯黄的落叶，抑或是浓雾弥漫，什么也看不清？你又听到了什么呢？是叽叽喳喳的鸟叫声，还是寂静一片，只听到自己沙沙的脚步声？

你继续往森林的深处走去，随着潺潺的溪水声，你看到了一条小溪，溪水上有一座桥，你可以在心里描述一下看到的这座桥的形状和材质。是弯弯的吊桥，平直的木桥，还是石头的拱桥？是牢固坚实的，还是摇摇晃晃的？在桥对岸有一栋房子，你看到的房子是什么外形？又是什么材质构造的？是木屋、石屋还是其他房子？

你过了桥，来到房子前，想推门进去看看，门可能上锁了，也可能没有。如果没有，你可以推门进去；如果门锁上了，你可以四处找找钥匙，找到钥匙，你可以进去参观一下房子的构造。你可以在心里描述一下你所看到的房间布局和装饰风格，如果有二楼，你也可以上去看看。如果你找不到钥匙，那你可以围着房子转一圈，看看房子的后院有些什么。你可能看到几只小白兔、小松鼠在草地上蹦蹦跳跳、自在玩耍，也可能看到屋后的木桩上拴着一条健壮的猎狗，正对着你狂吠，或者你什么也没看到……

你很想继续留在这里，等房子的主人回来；你也很享受这样舒适的感觉，不愿睁开眼睛。但是，因为我们还在上课，还要回到教室来，所以，你现在要慢慢地往回走，离开房子，迈过小桥，走出森林，回到来时的路上，回到明亮的教室里，回到你的座位上。你会感觉自己的身体又变得沉重了，你的四肢和躯干正在慢慢地恢复知觉，你可以先动动脚趾、动动手指，你会感觉充沛的精力又慢慢地回到你的身体里。现在，我要开始唤醒你，你可以在我从一数到十的时候，慢慢地睁开眼睛，1、2、3、4、5、6、7、8、9、10……好吧，大家都醒来吧！

这段创新的话完全可以用到培训中，比如在培训的中午，或者即将上课的上午，就可以用它让大家放松。

在语言创新中需要注意的是，并不是在中文中穿插英文就是创新。在培训时，有些老师会在讲话中用到一些英文。有时是老师讲课情不自禁，有时是老师的一种习惯，但有时却是老师在故弄玄虚。"装"得太明显，会让学员不舒服。我在培训中提到这个"中西合璧"的现象时，得到很多学员的认同，他们经常会遇到这样的情况。有意思的是，通常运用这种方式的多是"假洋鬼子"，真正在国外呆得久的人很少用。我在读 EMBA 的时候，给我们讲企业家与创新精神的老师是一位定居美国 20 多年的华侨，他也是美国一些著名大学的教授。在学习的过程我观察到，这样一位很美国化的老师，居然很少用"中西合璧"的表达方式。

当然，并不是所有的中英结合的表达都是在"装"，都不受欢迎，关键要看怎么用，用好了，会带来更好的效果，那就是幽默。

4. 运用幽默的力量

学会了前面 3 个法宝，可以称为合格的培训师，但是要想更加优秀，就要学会运用第 4 个法宝——幽默的力量，用快乐去愉悦学员。

在鹰隼计划班中，有位来自某上市公司的讲师边强讲了这样一个故事：

有一位已婚的高富帅老板，被一位白富美的美女小芳所喜欢。交往一段时间后，小芳想后来居上，希望和老板结婚，就是希望扩大市场占有率。这超过了老板的预期，于是引起了市场混乱，这样，原来的投资变成了不良资产。后来这位老板终于想到一个办法，推荐这位美女去某商学院读EMBA。这位美女又和另外一位高富帅好上了，也就是找到了新的投资机会，于是和原来的老板顺利分手了。这对于原来那位老板来说，就是顺利地处理了不良资产。

这个故事给我们什么启示呢？我们公司刚刚上市了一款新产品，如何提高占有率呢？这就是接下来我要和大家分享的主题"抓住市场机会，提高占有率"。

这是网上一个著名的段子，边强老师把它进行了改编，同时发挥了自己的S型特质，不动声色、似笑非笑地讲完这个故事，把本来很枯燥的产品知识介绍得生动有趣，受到大家的热烈欢迎。这就是运用了幽默的力量。

（1）幽默的两大步骤

①**论据故事化**。将AGC模式改为ASC模式。

ASC模式：A(argument)，论点；S (story)，故事；C (conclusion)，结论。

论据有很多种，很多素材都可以作为论据，在这些论据中，什么东西更有吸引力呢？就是故事。培训师要学会把论据故事化，这样培训过程就变成了三步：第一步，提出观点（A）；第二步，用故事论证（S）；第三步，得出相应的结论（C）。

实际上，讲故事不仅是培训师必须具备的能力，而且是领导者的重要能力。历史上任何一个成功的政治家、企业家，无疑都是讲故事的高手。美国管理学家丹宁对此做了深入的研究，写了一本书叫《故事的领导力》，阐述了作为一位企业领导，如何通过讲故事来提高领导力。

在鹰隼计划培训中，为了增强大家讲故事的能力，我们专门设置了一个讲故事的演练环节，要求大家讲自己印象最深刻的故事。为什么要选择讲印象最深刻的故事？因为这样的故事容易出彩。

除了讲故事，还有什么方式能让培训更有吸引力呢？还是讲故事，只不过，想要获得更大的吸引力，就要让你的故事更有趣。

②**故事幽默化**。将 ASC 模式变为 AHC 模式。

AHC 模式：A（argument），论点；H（humorous story），故事；C（conclusion），结论。

有趣、幽默的故事更能吸引人。有些人天生具有幽默感，这种人只要在场就会充满吸引力，只要一说话，听众就会发笑。这样的老师授课非常受欢迎，培训就像演小品，大家都很愉悦。相反，有些培训师就过于严肃，让学员感觉很难受。

我曾经一直很缺乏幽默细胞，尤其是刚进入咨询培训界时，把咨询培训当成一个非常神圣和庄严的事业，不苟言笑，整个培训过程给人很大的压力。后来，我为了训练自己的幽默感，专门去书店买些笑话、幽默类图书，遗憾的是很少能找到有意义的笑话。我甚至尝试给自己换了几个网名，以增加一点幽默元素。不过，后来我发现，只要用心去寻找，幽默就在身边。

那么，到底什么是幽默呢？

（2）幽默的注意事项

①**幽默不是滑稽**。滑稽：正在进行的时候会让人发笑。幽默：结束了才让人发笑，时间隔得越久，幽默效果越好。

幽默只需要几个词语或者一两个表情就可以产生，而滑稽往往需要很多夸张的身体语言和怪异的声音。

幽默是智慧，通过出其不意的做法引起积极的反应。滑稽是搞怪，通过夸张的言行吸引眼球。

比如，赵本山是幽默，留下了很多经久不衰的名言；而小沈阳就是滑稽，通过夸张的表情、声音、着装来引起大家的哄笑。

②**幽默要适度**。幽默像味精，会让你的培训味道更好。但并不是每盘菜都需要加味精，同时，也不是味精越多越好。幽默要适合主题，不同的

主题对幽默的要求是不一样的。如果培训的主题很严肃，最好还是少幽默。

就我自己来说，TTT课程中的幽默相对就少，因为课程很多涉及原则、标准等，这时候幽默可能就会降低效果；讲管理技能类课程，会适当运用幽默；讲到性格分析的时候，运用幽默很多，因为要模仿各种类型性格的特点。

幽默可以通俗，但不能庸俗，更不是媚俗，不能将任何东西都放在讲台上。毕竟培训的讲台是大雅之堂。像前面提到的"处理不良资产"的故事，只能点到为止，不能对这样的"小三故事"大书特书。曾经有些老师喜欢在讲台上讲一些荤段子，以引起大家的笑声，这样其实有损课程质量和老师的形象。

《培训师的差异化策略》提到培训师在培训中的"七大禁忌"，值得大家关注。

（3）幽默的两种方式

❶选择幽默的案例。在课程设计的时候，要选择那些幽默的故事和案例。在我们的课程设计与开发训练班中，就要求学员在已有的课程基础之上，加上一些具有幽默效果的案例。

❷表达方式幽默。这要结合声音和身体语言，相对来说有些难度。让培训师取得赵本山、周立波一样的幽默效果，很难，甚至可能会适得其反，毕竟培训不是演戏。因此，培训师大可不必为自己不能让学员笑得满地打滚而自责，也不要因为学员听了故事哄堂大笑而窃喜，说不准那是喝倒彩呢。

在我们举办的CCDD班（课程设计与开发工作坊）中，涉及幽默这个环节，我们将学员组成三人小组，组内合作，为开发的课程设计幽默的元素。针对课程的各个环节，大家共同寻找幽默的案例，并将这些案例和故事整理出来，成为幽默案例集，然后进行讲台呈现。首先是内部演示，然后派代表上台展示，看看谁的幽默效果更好。这样的环节往往引来笑声连连。同时PK结束，大家又共同探讨，做进一步的调整。通过这样的演练，那些原来以为自己没有幽默细胞的人，突然发现自己还是很有趣的。

（4）幽默的两种类型

一种类型是有声的，如笑话和有趣的故事；一种是无声的幽默，主要依靠表情和身体语言。无声的幽默比有声的要求更高，难度更大。培训师的幽默主要以有声的为主。

❶**笑话**。笑话的文字很简单，三五句话就可以带来愉悦的效果。

❷**有趣的故事**。有趣的故事比一般的笑话内容更多，更有情节。可以说，笑话一类的幽默只是一种点缀，是"开胃的小菜"，而幽默的故事才是"大餐"。

现实生活中的幽默故事其实并不太多，原汁原味的幽默故事更是很少，所以，通常幽默的故事需要改编。我们在训练中一直采用的方法就是编童话故事，如龟兔赛跑新编。在幽默的故事这个环节，在原有的故事基础之上，还要加上有趣，要求大家对原有的故事在幽默方面进行再加工，以取得幽默的效果。通过反复的训练，各种幽默的故事就诞生了。

（5）选择幽默的原则

❶**符合主题**。幽默要为主题服务，不是为幽默而幽默。幽默的"身份"属于"论据"，必须符合"论据"的要求。

❷**便于表达**。选择的幽默一定要便于表达，如果表达都成问题，怎么能有好的结果？

❸**便于理解**。要选择绝大多数学员能够轻易理解的幽默。培训不是为精英分子服务，而是要服务于绝大多数普通学员。因此，选择的幽默要让大家都能明白，不然就会导致一部分人哈哈大笑，另一部分人却两眼迷茫。

（6）幽默的三种来源

❶**借鉴的幽默**。影视作品，尤其是小品、相声中这样的幽默例子很多，"这个可以有，这个真没有""此处省略×××字"。另外，"感脚""孩纸""女汉子""屌丝"这样的网络用语，也有一定的幽默效果。

需要注意的是，引用幽默要有新意。如果引用的幽默全是学员熟悉的，包袱还没有甩出来，大家就知道了，就没有办法产生幽默的效果。精心准备、深情酝酿的故事扔出去，期待引来大家"啊哈"的效果，结果没有反应，这就是"哑弹"。幽默就要出其不意，让人意想不到才有意思。

②**改编的幽默**。改编幽默可以防止出现"哑弹"。将幽默的故事或者笑话进行改编，为己所用。

简单提示一下改编故事的方法：改主角，改情节，改结果，改表达方式。

影星文章和马伊琍的"婚变"被狗仔队发现，在娱乐界引起了轰动。有人将文章在微博上的道歉信和马伊琍的回应做了些改变，于是出现了很多"马文"体。

那段时间因为劳累过度，我身体出现了一些状况，家人和朋友都劝我多休息，我看到"马文"体，也改编了一下：

时至今日都是我咎由自取，累就是累，与任何人无关。我的操劳行为不配得到原谅，我造成的紧张也难以放松，但我想放松，必须去放松，这是我今日之后的生活。至于我自己，已咎由自取，愿日后再不疲惫——活着虽易，快乐不易，且活且珍惜。

③**原创的幽默**。开自己的玩笑，或者是开自己身边关系好的人的玩笑，或者是拿成功人士开玩笑。

有一次，我在讲DISC课程时，提到了D型的特质，说："马云就是一个具有典型的D型特质的人，他有一句经典的名言——一个男人的长相与他的智慧是成反比的，这句话对我也适用，因为我也是一个具有典型的D型特质的人。"引来台下笑声一片。

著名编剧宁财神在《非常勿扰》上做点评嘉宾，有一次，孟非问他，"你听到过哪句话是你感觉很假的话"，宁财神略带羞涩地回答，"有人跟我讲，其实你还是很帅的"。

如果你足够成功，完全可以开自己的玩笑。敢于嘲笑自己，是幽默，是智慧，更是胸怀。只不过，要掌握时机。什么时候开自己的玩笑？如果你已经足够成功，而且在学员中已经有了足够的威信，那么你一上台就可以开自己的玩笑。如果你还不够成功，那就先征服听众；如果你已经征服了听众，就可以开自己的玩笑"示弱"，这样更能拉近与大家距离，建立融洽的关系。这其实就是俞敏洪演讲中最常见的一招，有兴趣的读者可以去搜索一下俞敏洪的演讲，学习和借鉴一些招数。

记住，不要一上台就讲述自己的"悲惨"故事，除非你已经足够成功，同时听众已经知道并认可你足够成功。

（7）运用幽默的技巧

①不要过分推销。在讲故事以前，不要过分推销。什么叫过分推销？"我这有一个非常非常有意思的故事""我讲一个我讲过的最有意义的笑话""有一个故事，我有生以来感受最深刻的故事""我有一段刻骨铭心的经历"等类似的话，都属于过分推销，太高的期望可能会带来失望。故事本身才是主菜，大家需要的是主菜，就直接上菜吧。

②不要过分谦虚。适当的谦虚是可以的，但是不能过分。过分谦虚可能会降低听众的期望，也有可能让听众丧失兴趣。每次TTT学员演练讲故事，总会有这样的说法："段老师要我们讲印象深刻的故事，我想了很久，好像没有什么印象深刻的事情，但是必须讲，所以就讲一下吧""我这人从来不会讲故事，讲得不好的地方请大家原谅""我就随便讲一个故事吧""像我这样性格的人一向不擅长讲故事"。

类似谦虚的话还是暂时收起来吧，这叫未战先怯，会让听众对你的期待打折扣。

③直接开始。讲故事时可以开门见山，直接开始："我遇到这样一件事情""我听过这样一个故事""这里有个故事""有个故事"。最好是一句引子都不用，用故事本身去吸引人。

当然这样做存在一定风险，如果学员的注意力没有集中，直接讲故事有可能导致开始的部分学员没听到，对后面有影响。避免产生这种情况的方法有两个：

第一，在讲故事前故意停顿，用眼神照顾全场，不要说话。这种突然的停顿，会让其他人都停下来，等你的下文。当大家充满期待地看着你的时候，就是你讲故事的最好时机。

第二，为了避免最开始的部分没有被人记住，可以把最开始的部分设置为不重要的内容，这样就算学员没有记住，对后面也影响不大。

④**描述重点，淡化枝叶**。讲故事的时候，要淡化细枝末叶，只对重要的情节进行描述，防止学员转移注意力，节外生枝。

在鹰隼计划的训练中，我们对学员讲幽默故事的时间要求是"1分钟"，要在1分钟内把200多字的故事讲完，就不能啰唆。要记住，观众可能没有更多的耐心。

⑤**提炼内涵**。将故事进行升华，让大家从故事本身跳出来，掌握故事的真正内涵。故事，是为主题和观点服务的，只有赋予内涵才有真正的生命。

⑥**注意语速，清楚是第一要素**。清楚是幽默的第一要素，同时要控制语速，有适当的停顿。想象一下，本来设计了一个非常棒的幽默段子，就是因为大家听不懂其中的某些字，或者没有听清楚内容，就变成了哑弹，多么遗憾。

⑦**身体语言的配合**。首先要注意你的眼睛，尽量和全场学员有交流和互动。不要对着天花板或者地板讲，也不要自言自语。要适当地配合一些身体语言，包括走动和手势，只是不要太夸张，太夸张就是滑稽了。只需要用身体语言点缀一下就可以。最重要的是你的声音。可以这么理解，幽默是漂亮的花，声音是花瓣，身体语言是绿叶。你要让学员看到最美丽的花，而不是绿叶。

⑧**合理应对"哑弹"**。如何应对"哑弹"，这是很多培训师都需要面对的问题。

方法1：把引线给学员，让他们引爆。

如果你讲某个幽默时，就猜测会有学员知道这个故事，与其让学员说出来，不如你先说出来，或者由你让学员说出来。

比如说"我这里有个故事，我知道有人听过……"，这样说的目的是暗示"你听过就不要说出来，我是说给其他人听的"。

我这里有个故事，我知道有人听过，叫兔子和狼的故事，大家想不想听？（一定会有人说"想"，你就可以讲。）

再比如说"大家猜猜这样的结果……对，就是这样……"如果有人说出来，也是你让他说出来的，他是在配合你，而不是你被"哑弹"了。

狼进去了，传来阵阵惨叫。好长一段时间后，兔子收拾好笔记本，进了洞，看到一幅景象，大家猜猜，里面发生了什么？

有人回答"有头狮子把狼吃了"，你接话："对，看到一幅景象——一头狮子正满足地剔着牙齿，地上是狼的残骸，狼被狮子吃了。"

方法2：让学员引爆，但是由你公布爆炸的结果。

就是由学员把故事的结果说出来，但是由你来阐述这个故事的意义。

狼进去了，传来阵阵惨叫。好长一段时间后，兔子收拾好笔记本，进了洞，看到一幅景象：一头狮子正满足地剔着牙齿，地上是狼的残骸。

（你接着说）对，里面有头狮子把狼给吃了。那么这个故事告诉我们什么呢？这时候狮子把兔子叫过去，说："兔子，我告诉你一个秘诀——想要在培训这个行业获得成功，除了你自己的努力以外，关键还要找到一个好的老师。"

需要注意的是，这个时候要注意语速，放慢速度，每个字都要说清楚。

关于发音的训练，详见《培训师21项技能修炼（下）——精彩课堂呈现》第七章。

总结：

加强论证、赋予情感、设计新意、运用幽默四个方法，既是课程开发的内容，也是课程设计的内容。在鹰隼计划课程设计与开发训练中，整个课程开发好以后，最后一个环节就是增加精彩的元素，结合课程的金字塔结构图，对课程进行整体设计。

有一次我给某农业银行授课，42位学员按照三人小组开发课程，最后在一张大白纸上画出设计的课程结构图。其中一组学员的主题是"如何正确处理顾客投诉"。他们最后制作的图形如下：

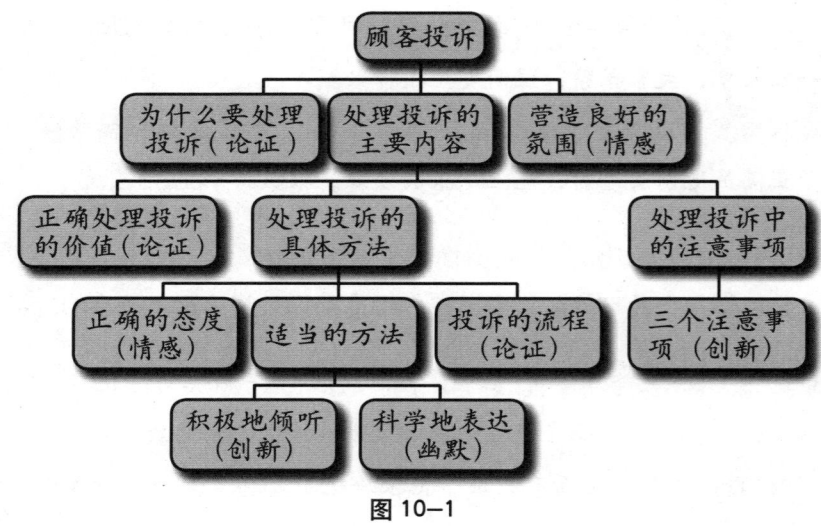

图 10—1

四、关于精彩呈现的答疑及工具

1. 关于精彩呈现的疑问

疑问 1：我平时说话都很精彩，很受欢迎，但是到了讲台就变样了，怎么调整？

很多企业培训师都有这样的困惑，主要原因在于上台锻炼的机会太少了。另外一个就是心态，对上台演讲太过于重视，导致正常水平不能发挥出来。可以试着把生活当讲台，也试着把讲台当生活。

疑问 2：本章的几个法宝，我都想用，该怎样用？

首先从以理服人开始，然后加入一些情感因素，再进一步是增加新意，最后就是要幽默，给人带来愉悦感。已经具备了，就不要放弃，继续升华，继续加强，如果某些方面存在欠缺，就应该加强。

疑问 3：所有课程必须用上这四个法宝吗？

不一定。四个法宝是增加精彩程度的四种工具，作用是锦上添花，并不要求整个培训的所有环节都必须运用这些法宝，具体运用要结合具体的课程内容以及培训师的培训风格。

2. 关于精彩呈现的工具

工具：提高魅力的方法

> **工具模板**

运用范围：所有培训

目的：提高课程魅力

适用对象：培训师

表 10—1

方法	目的	措施	备注
加强论证	提高说服力	AGC模式、AG模式、GC模式	AGC模式更好
		观点明确	旗帜鲜明
		论据充分	3个内容
		符合逻辑	
赋予情感	更加打动人心	讲述有感情的故事	注意数量
		带着感情讲述	注意度
运用新意	用新的东西吸引人	新颖：新语言、新案例、新表述、新主题	
		创新：创新主题、创新案例、创新方式、创新语言	
运用幽默	提高愉悦性和现场气氛	案例故事化	故事作为案例
		故事幽默化	选用幽默的故事作为案例
		幽默地表达	

本章小结

1. 学习要点

掌握提升课程效果的四个法宝。

2. 课后作业

①组织伙伴玩"杀人游戏",除了法官以外,最好能参与其他几个角色;

②注意收集幽默的案例,及时记下来;

③为自己的某门课程设计精彩要素,用金字塔模式呈现出来,将这四个法宝设计在课程内容中。

附录 成长之道
培训师职业生涯规划

ADDIE小贴士

作为课程设计与开发的ADDIE模型，本书的10章加《培训师21项技能修炼（下）——精彩课堂呈现》11章就是一个完整的内容，但是，考虑到本书的读者中有很多是职业培训师，除了需要掌握培训的各项技能之外，也应该了解和认识培训师这样一种职业的职业规划，因此专门设置这一章。更多关于培训师的职业规划及定位等内容，详见《培训师的差异化策略》。

一、培训师职业发展困惑

1. 职业发展困惑的典型案例

[情景描述]

作为鹰隼计划的配套项目,我们在全国各地组织了企业内训师成长俱乐部也叫雏鹰俱乐部,主要成员就是那些企业内部培训师。在我们组织大家交流的过程中,不少老师,包括企业内部培训师和职业培训师,除了培训技术以外,都对自己的职业发展有很多困惑。

学员:段老师,我很想做一名职业培训师,但是我自己不知道怎么发展,不知道怎么规划我的培训师之路。

段烨:你为什么要做职业培训师?

学员:我认识几位职业培训师,感觉他们挺好的。既自由,不受限制,收入又高,一天的收入跟很多上班族一个月的收入差不多了,同时还受人尊敬,到哪里都有人接待服务,不像上班,既辛苦又挨骂。

段烨:除此之外,你了解培训师的另外一面吗?

学员:还有哪一面?

段烨:培训师风光的一面是表面的,其实背后是非常辛苦的。培训师的压力也非常大,一不小心就会遇到有人踢馆,弄不好还会被人哄下台。

学员:培训师会被人哄下台?会有这样的事情?

段烨:告诉你一个真实的案例。我的一位朋友,一家培训机构的负责人,曾经就遇到这样一件事情。有一次,他们请一位老师讲授服装行业的课程,内容是产品陈列技巧,原来计划是两天的课程,但是第一天上午的课程结束时,学员的反映非常不好。中午,该服装企业的老总直接找到这位老师,告诉他,下午的课程由老总亲自讲,这位老师只需要在旁边配合演示陈列产品就可以了。下午的课程结束时,这家企业老总要求培训机构必须换老师,否则就要赔偿损失,这家培训机构只得花了很大的代价,临时找了另外一位老师深夜赶来救场,而那位老师也只好晚上立即离开,再也待不下去了。

手机扫描二维码后,输入"PXDY06",你将看到段烨老师的讲课视频,知道培训师如何消除硬伤。

学员:哦,还有这样的情况呀!

段烨:这样的案例还不止一个。现在学员的眼界越来越宽,要求也越来越高,对于培训师也越来越苛刻,稍有不满意,就会让老师下课。培训师还要有健康的身体,培训师是不能生病的,因为培训这个工作不可替代,不可授权。一旦定好了培训时间,即使临时身体不舒服,也必须坚持,因为学员等着呢。

学员:哦,那我要好好考虑一下,看看自己要不要走这条路。段老师,那我该怎么规划呢?

段烨:培训师做职业发展规划,就是要知己知彼,了解这个行业,了解自己,然后为自己制订成长计划,就是成长之道。

2. 培训师在职业规划中常见的错误

❶**目标不清**。不确定自己做培训师的具体目标,"被迫"做培训师。

❷**定位不准**。没有科学分析具体情况,盲目定位,给今后的发展带来隐患。

❸**计划不明**。虽然有明确的目标,也有准确

的定位，但是不知道到底该怎么发展。

④**邯郸学步**。盲目地学习一些大师的风格，没有根据自己的具体情况进行设计。

⑤**好高骛远**。没有脚踏实地地在培训技术上下工夫，总是想走捷径，幻想"一讲成名"。

二、职业规划的管理学原理和作用

1. 关于培训师职业发展规划的管理学原理

（1）目标管理原理

目标管理是指要为未来的目标制订详细的实施计划，这样才能真正实现目标。这是现代企业的标志，同样也是现代职业人士必须要做的一项基本工作。培训师在选择培训这个职业的时候，应该对自己进行一个职业规划，然后按照计划实施，否则只会"到此一游"，成为众多失败者中的一员。

（2）机会成本原理

做任何事情，既是一个机会，同时也有一定的成本，当选择其中一个机会的时候，同时也意味着失去了其他的机会，如果选择的这个机会没有把握，损失可能就惨重。对于一个培训师来说，选择培训这个机会，可能就失去了其他的机会，因此，一定要预先规划清楚，明确自己到底需要什么样的机会。

（3）特劳特定位理论

特劳特是美国著名的管理学家，被誉为"定位之父"，他的这个理论告诉我们，首先要给自己明确的定位，同时要找到差异化，这样才能形成自己的竞争优势，获得核心的竞争力。

2. 制订培训师发展规划的作用

职业发展规划的作用可以简单归纳为：抓住机遇、规避风险、实现目标。制订职业规划的最终目的就是实现目标，包括短期目标和长期目标。

三、培训师成长之道

培训师的成长之道，就是按照 GROWAY 模型发展。

表 1

流程	含义	内容	备注
目标（goal）	确定目标	准确定位，设计发展目标	多个选项
现实状况（reality）	分析现状	分析外部现状和自身情况	真实客观
提出议案、方案（offer）	设计解决方案	根据分析，制订相应的发展和成长方案	有备选方案
工作、实施（work）	按照制订的方案有计划有步骤地实施	根据制订的计划，逐步实施，这是主要的阶段	
调整，使一致（accord）	监控过程，调整方案	在实施过程中，根据发展状况及时做相应的调整	
获得收益（yield）	获取收益，享受成果	获得成效，不断总结、提升，持续发展	

1. 确定目标

培训师首先要确定自己的目标，目标来自于明确的定位，就是将培训进行一个定位。有两种方式：一种是将培训定位为一种技能，另一种是将培训定位为一种职业。

（1）将培训定位为一种技能

如果是这样看待培训，那说明自己内心并不想成为培训师，而是希望作为管理者拥有培训技能。

首先，培训本身就是一门技能，尤其对从事管理工作的人来说，培训是一项基本的技能。一个管理者不能培养和指导下属，那么这个管理者就是不称职的。因此，拥有培训技能是必须的。同时，在培训技能这个概念还没有被所有管理者都认同的情况下，谁先拥有这样的技能，谁就拥有了竞争优势。这样的定位需要做到两点：

①**系统学习和掌握培训的基本知识和操作流程**。简单地讲，可以参加TTT班，三天或者两天的都行，这样可以比较系统、全面地掌握培训的知识和技能，对培训有个整体的了解和认识。

在我们组织的TTT公开班和企业的内训班中，很多学员其实就是这种情况，他们学习的目的不是成为培训师，而是要掌握相应的培训技能，让自己不再是培训的门外汉。

我们组织的TTT公开班中，有一位来自北京的学员徐总，他是北京某著名地产公司的高管，同时也是长江商学院的EMBA。为什么他要来参加TTT呢？是想做培训师？其实不是的。他在长江商学院学习EMBA的时候，接受了培训技能这个概念，想要掌握这门技能，因此学习了三天的TTT。这样的案例很多，每次TTT，很多企业的高管，包括老总、董事长都要参加，就是想掌握培训这门技能。

本书介绍的一些基本培训技能，尤其是关于形体和表达的几项内容，可以帮助管理者提高演讲和表达的水平，为职业发展提供更广阔的空间。

对于管理者，演讲也可以说是又一项基本的技能。演讲其实就是公众沟通，一对多的沟通。在工作中，很多管理者擅长一对一的沟通，而缺乏一对多的沟通能力。平时在台下口若悬河、雄辩滔滔，一上台就哑火了，这是很多管理者的困惑，也是一些管理者进一步发展的瓶颈。

我有一个很好的朋友，著名央企的高管，MBA企业家联合会的负责人，非常谦虚和低调。我们曾经交流过关于培训技术方面的问题，他跟我讲："段老师，我这辈子应该不会做培训师，但是我想掌握培训的技能，尤其是演讲技能。说实话，我发现通过培训自己还真有长进，讲话的水平有很大提高,这是我的领导和员工告诉我的。我自己也感觉,讲话比以前更受欢迎。而且我还隐约感觉到,我的影响力也在提升,通过讲话,我发现能够更好地影响其他人。"

现在管理规范的企业都有"述职"制度,岗位负责人每年或者每季度都要做工作汇报。善于演讲的人不仅能够做好工作,还能把做的工作非常漂亮地讲出来。更多的人则缺乏演讲技能,虽然做了大量工作,但是由于缺乏很好的展示,导致别人无法知道,给职业发展带来负面影响。对于一位管理者来说,就算不能让演讲给自己加分,但是至少也不能让演讲给自己减分。辛辛苦苦干的工作,却不能展示出来,真是太遗憾了。

我曾经担任一家著名地产公司的评委,给该集团各个分公司人力资源经理的述职报告做点评。每位讲话者讲8分钟,然后由我们逐一点评。有个员工问我:"段老师,你并不熟悉他们的业务,怎么当评委呢?"我告诉他:"作为评委,我并不是评论他们的工作,他们做了什么工作,上司是知道的。我是评价他们的现场表达能力和展示能力。就是要看看,他们怎样将自己做的工作展示给大家看,尤其是展示给我这样的局外人看。他们述职的模板都是一样的,我只要求他们展示亮点,也就是与众不同的地方,让别人看看他们到底做了什么样的突出工作。"

②花些精力在教练技术上。在掌握培训的基本理论知识和实战技能的情况下,要在教练技术方面多下工夫。所谓教练技术,其实就是一种培训方法和手段。这些方法和手段并不神秘,只是总结和归纳了管理中的一些技巧和方法,把它们都装在教练技术这个筐子里。管理者需要多学习和掌握培训下属的技术。除了掌握通用的管理技能(如目标设定、组织计划、沟通激励)以外,最重要的是要掌握管理心理学这门重要的学问。事实上,教练技术就是以心理学为基础的一门学问。管理心理学中最重要的一项就是性格分析,懂得分析和掌握下属的心理,然后有针对性地运用沟通、激励、辅导等手段,真正地因材施教。

（2）将培训定位为一种职业

这就是定位自己为培训师，将培训师作为自己的一种身份。这种培训师身份可以是唯一的，也可以是多元的；可以是全职的，也可以是兼职的。

①企业内部培训师。即成为所在公司的内部培训师。这分为两种情况：一种是兼职培训师，另一种是专职培训师。

兼职培训师：这是指本身是有其他工作，同时兼任培训师，公司如果有需要，就会去讲课。我们通常所说的企业内部培训师，其实主要指的就是这群人。在培训管理体系比较规范的企业，兼职培训师是一个很大的群体。他们有自己的岗位，从技术骨干到部门主管、经理、总监、副总、总经理甚至董事长，都可以是兼职培训师。

最近几年我们的TTT内训，绝大部分都属于这种情况，帮助企业培养兼职培训师。这些企业最开始的培训主要是由人力资源部或者培训部的几个人负责，但是随着企业的发展，培训需求也相应增加，单靠这些人已经不够用，这时企业就需要一些兼职培训师，建立内部的培训师队伍。

从理论上讲，每家企业都需要内部培训师。很多企业还处在求生存的阶段，没有足够重视培训，但是当企业度过了求生存阶段需要进一步发展时，培训就成了制约发展的瓶颈，这时就急需建立内部的培训师队伍。这样的需求很大，而且是刚性需求。兼职培训师的要求不会太高，能够流畅地表述，具备一些基本的培训技巧，能够吸引学员就行。兼职培训师接受3天或者4天的TTT培训差不多就可以了，当然如果有持续的训练会更好。

专职培训师：这是指企业内部的专职培训师，其岗位就是培训师，所做的工作就是培训。这样的情况出现在大型企业和培训管理体系比较成熟和规范的企业中，现在很多有前瞻性的优秀企业都已经开始做这样的工作。他们除了培养一些兼职培训师，还要培养一些专职培训师。专职培训师和兼职培训师的要求是不一样的，前者在授课水平和课程量上都比后者高。兼职培训师可能只需要讲3门左右的课程，而专职培训师可能会需要讲8门甚至更多的课程。

②职业培训师。就是以培训师为自己的唯一身份，以培训为自己的主

要工作的人，其工作就是给不同的企业做培训。这种培训师才是大家常说的"培训师"。职业培训师分为几类：

第一类：自由培训师。

有时候称为自由讲师，是自由职业者，自己给自己当老板，他们有的有培训助理，有的就是自己一个人。自由培训师主要通过两种形式开展业务：一是直接跟企业联系，推介自己的课程；二是跟培训机构合作，让培训机构去联系业务，自己只负责讲课。

自由培训师是很多喜欢培训的朋友希望走的一条路，但是这条路未必好走。借用《羊皮卷》的话说，"这条路充满机遇，也有心酸与绝望，失败的同伴数不胜数，叠在一起，比金字塔还高"。所谓"外行看热闹，内行看门道"，没有入行的朋友看自由培训师非常风光，到处有鲜花和掌声，却没有看到他们背后的艰辛。

第二类：机构合伙人。

一种是培训师在积累了一定的行业影响力后，创办自己的培训机构，用组织的方式推广自己，不再是自由职业者，从依靠个人到依靠组织。创办自己的机构是培训师发展的必由之路，但是需要一些特殊条件，包括培训师自己的授课水平、市场知名度、积累的客户资源，以及管理公司的相应能力。

从专家到管理者的转变，是创办机构的培训师最大的障碍。由于多年从事的是自由职业，培训师对于新创办的公司缺乏管理经验。同时，创办公司需要花费更多的精力和时间，从而影响培训师自己在课程方面的继续深入开发，很多培训师创业初期都会影响课程的质量。有些创业的培训师最后又回到自由培训师的路上。

另一种是介于自由培训师和机构合伙人之间的形式，就是由几个志同道合的培训师一起合作形成一个团队，但是又不以某个正式公司的名义进行活动的一种组织。大家都有自己的核心课程，然后相互推广，这不失为一种好方法。国外成功的培训机构都是合伙人制度，就是几个有特长的培训师一起合作创办培训机构，这是培训行业发展的必然趋势，也是职业培训师发展的必由之路。

第三类：兼职的职业培训师。

一些在企业上班的管理者，掌握了培训的技术，开发了自己擅长的课程，在上班之余，利用业余时间出去授课。和一般的职业培训师相比，他们有自己的本职工作，讲课的收入只是额外收入。因此，他们比一般的职业培训师更有收入保障。跟一般的内训师相比，他们可以对外讲课获得收入。而一般的内训师，只是给企业内部讲课，讲课的收入通常叫补助、奖励，这样的收入是没有办法跟对外授课的收入比的。

在我们的职业培训师培训班中，以上各类学员都有，我通常给他们的建议是走"兼职的职业培训师"这条路，这条路风险最小，压力也最小。

一般兼职的职业培训师多是企业的高管，也有一些高校的教授。兼职做培训师的教授是一个非常庞大的群体，占据了职业培训很大的市场。因为有教授的头衔，他们比一般的培训师更受欢迎，因而很多职业培训师通过各种努力和渠道，后来也带上了"教授"的帽子。

总之，定位是第一步，首先为自己确定目标，要做什么样的培训师。定好位之后，就需要给自己的职业发展做个规划。规划绝不是凭空想象，而是要做一些脚踏实地的工作，那就是分析现状。

2. 分析现状

分析现实状况，是培训师确定职业目标和制订发展规划非常重要的一步，也是不能省略的一步。有很多培训师就是缺了这一步，结果走了很多弯路，有些甚至因此消失在这个行业。

分析现状主要是从两个角度：一是外部状况，即行业发展趋势；二是自己的状况。

（1）外部状况

企业加强培训是必然趋势，管理不仅是培训，但是缺了培训一定不是完整的管理。所以无论是把培训当成一门技能，还是当成一个职业，都是大势所趋，是顺势而上。在这个大趋势中，培训师们将被赋予更多的责任和使命，必将有光明的前途。

目前国内的培训行业还处于不规范和不成熟的阶段，一个最直接的表现就是还没有行业协会。一个成熟的行业必须有行业协会，但是目前中国的培训行业协会还没有。从民间组织来讲，没有统一的行业协会；从政府管理上看，还没有一个对口的管理部门，所以培训行业现在是"野蛮生长"，也是一种无序发展。

那么，培训行业将朝什么方向发展呢？结合目前现状，我认为培训行业将向三个方向发展。

①生活化、娱乐化。很多同行感叹，培训行业越来越像娱乐业。有一次，一个机构的经理问我："段老师，你的出场费是多少？"我当时一听，愣住了："出场费？我又不是艺人。"其实是我自己落伍了。像"出场费""档期"这样的娱乐业术语已经成为培训行业的用语了。此外，一些培训往往是以培训的名义去搞观光、旅游、徒步、攀岩、驴行、探险、真人CS之类的活动，同时，一些培训师也慢慢地从培训行业淡出，转向娱乐业，做娱乐节目的嘉宾主持之类的。

②潜能培训。以激发潜能为宣传口号的培训方式，是国内最早的培训方式。现在某些培训，依然以激发潜能为口号和发展方向。潜能培训的对象以保险、直销、化妆品等行业的从业人员为主。

③技能培训。目前是竞争最为激烈的领域，也是处于混乱的初级阶段的领域。国内的培训师上万，比较活跃的有上百人，但是很少有老师有自己的核心课程和品牌课程。虽然有些老师自封为课程、流派、体系的创始人，但是真正谈得上有创造性的别具一格的课程还很少。

我个人以为，技能培训是必然趋势，大有可为。

技能培训需要系统的专业知识和丰富的实战经验，以及深厚的培训技术。培训本身就是一门科学，一门技术。以深厚的理论知识为指导，以实效性的训练为手段，是培训发展的方向和趋势。掌握了核心技术，就掌握了在行业生存和发展的法宝。

（2）个人的现实状况

要想成为合格的培训师，需要具备三个方面的条件：专业知识、实战经验和培训技术。

①专业知识。即所讲课程涉及的专业领域的知识。比如要讲销售类的课程，就要对营销领域的各项专业知识有系统的学习和了解，同时还要掌握新的专业知识。所谓"教人一碗，必有一桶"，只有在某个方面比学员掌握更多的知识，才有资格当老师。

②实战经验。就是实际工作的经验。培训师对讲授的课程，必须有实际操作经验，空洞的理论不能落地，意义不大。

从来没有成功销售过一件产品的培训师，教人做销售；从来没有招聘过一个人的培训师，教人面试；从来没有做过管理的培训师，教人做管理，这些都是很难想象的。

当然，实战经验是必备的条件，但不是决定条件。也就是在培训领域中的成就并不完全取决于你的实际工作经验，就像马云不懂电脑却能把企业做成功一样。

那么，培训就是谈职场经验吗？

虽然培训本身要谈些个人的成功经验，但是绝不仅仅是个人经验。培训必须符合易复制的特点，只有容易被复制，才能被学员所用。但是个人经验往往是无法复制的，因为个性化的东西是独一无二的。人无法两次踏入同一条河流，同样，也无法踏入其他人经过的河流。所以，从这个角度讲，一个人的成功是无法复制的。

目前有一种观点，认为实战派比学院派更强，讲的东西更实用。所谓的实战派培训就是有成功经验的人出来做培训，大谈特谈职场中的成功经验和个人感受。实际上，这些经验已经成为过去，现代社会发展多快，知识的更新又是多快，比如很多人还没搞懂博客，微博又红火起来了，还没搞懂微博，微信又红火起来了。将个人经验和专业知识结合起来，形成一种规律性的东西，才可能被复制，而将知识和经验有机结合起来的重要途径和工具就是培训技术，这才是关键。

③**培训技术**。与培训相关的理论、原则、方法、技巧和工具。就是将知识和经验等抽象或者个性的东西,整理成一套规律性的、便于传播和复制的技术。这才是根本性的东西,是培训行业核心竞争力的关键。

想做培训师的人,应该了解一下培训师的真实世界,看看他们风光背后的真实生活,问问自己,是否真的喜欢这样的生活;是否愿意忍受寂寞,在夜深人静时学习备课;是否愿意持续地做重复性的工作;是否愿意每次培训后都要做自我评估;是否能够客观评价自己、找到不足;是否真的喜欢讲台;是否真的愿意"人来疯";是否能在身体不舒服、心情不好的时候依然保持最佳状态面对学员。

3. 制订方案

确立目标、分析状况后就要做最重要的工作:制订成长方案,要抛弃"车到山前必有路""走一步算一步"的想法。

根据目标管理的 SMART 原则,制订方案时要注意以下几点:

① S (specific):**具体**。目标一定要具体。是职业培训师,还是内训师?一定要定位清楚。

② M (measurable):**量化**。要把计划量化,比如开发课程,开发多少要量化,讲多少课程也要量化,每年参加多少培训、看多少书等也都要量化。

③ A (acceptable):**有意义的**。对自己有价值,自己内心深处认同这个目标,实现这个目标符合自己内心需求。这样才会激励自己持续地做下去。

④ R (realistic):**有可能性的**。经过努力是能够实现的,这样的目标才会真正激励自己。目标过高,经过努力也实现不了,会打击自己的信心;目标过低,又激发不了自己的热情。

这一点非常重要,很多培训新手好高骛远,只看到职业培训师的风光,没看到风光背后的辛苦和长期积累,刚出道就想收取高额的培训费,往往很难获得客户的认同。同时,许多新手就是有课程讲,也未必能讲好。如果第一次就讲砸了,对自己的职业发展有非常大的负面影响。很多培训师,包括培训界的一些老人都会因为讲砸了培训,哪怕仅仅是一次,就在这个行业消失了。

在 TTT 培训中,有位学员介绍了自己一位朋友的真实案例。这位老师有着非常丰富的职业经验,还是名牌大学营销专业的高材生,同时受过系统的培训技术训练。从这些情况看来,这位老师应该是一位非常优秀的培训师。而且这位老师讲课生动活泼,互动性强,课程氛围很好。但是这位老师有些太自负了,每次讲课前都自我感觉良好,认为自己讲课已经很厉害了,所以没有认真备课,客户请了他几次,慢慢地就不再请他了。现在,这位老师已经在培训行业消失了。当然,也许这位老师在其他领域发展得更好,但是就培训这个行业来说,他是不成功的。

为了避免新手上路犯错误,建议你首先讲 100 堂免费的课程,然后再去讲收费的课程。讲 100 堂免费课程作为锻炼,一步步提升,不断成长,最后才成为职业培训师。

⑤ T (timetable):**时间限制**。就是要为每一个步骤设计完成的时间,以便检查自己的进展。每个时间段做什么事情,应该计划清楚。

需要注意的是,成长方案不能只是一个,至少要有两个备用方案,这样才能防止一条道走到黑。

备选方案要包括目标的备用。目标要确定,但不一定就是一个目标,在实施过程中很有可能会发生变化。在现实生活中,有些人最开始并没有决定要做一名培训师,后来机缘巧合成了培训师。

4. 实施方案

这一步就是依照上面的计划逐步实施的过程,也是培训师成长最重要的过程,可以说,这就是培训师成长的道路。这是一个很需要耐心和毅力的旅程,也是一条充满了喧嚣与寂寞的道路。尽管很多培训师最终并没有在这条路上走下去,只是"到此一游",但这个过程是令他们终生难忘的。

5. 调整，使一致

任何计划的实施都不是一帆风顺的，在实施过程中，都需要进行相应的调整。就像第三步制订的备选方案一样，在实施计划的过程中，很有可能发生变化，这时候就要进行相应的调整，回到最终的轨道上来。

6. 获得收益

希望获得奖励、认可是人的天性，作为一名培训师，要懂得自我奖励，这种奖励也是一种激励。完成某个阶段性的目标，或者讲了有质量的课程，或者自己感觉在某些方面有提升和突破，就要学会奖励自己，以此来激励自己继续努力。

四、关于培训师成长的答疑及工具

1. 关于培训职业规划的疑问

疑问1：我想做一名培训师，怎么在课程开发上下工夫？

这实际上指的是培训师如何在课程上做好规划。培训师的课程规划，可以按照四步走：从"I"字型到"一"字型，再到"T"字型，再到"十"字型。

① "I"字型。首先讲某个自己很熟悉的课程，这要根据自己的专业知识和实战经验决定。选择一门自己很熟悉，同时又有很多实战经验的课程作为自己的主打课程，尽量多讲，打造特色，比如人力资源课程中的招聘技巧。

② "一"字型。某一类课程。这是由某个课程发展而来，开始只讲某个课程，现在能够讲相关的某一类课程，同时在这些都能讲的课程中，还有自己的一些专长课程。

目前很多内训师都能达到这个水平，他们能讲很多课程，学员满意度也比较高。

有些刚出道的职业培训师也处在这个阶段。他们是"万金油",客户需要什么课程,他们就能讲什么课程,但是没有形成自己的特色。

③ "T"字型。就是在广度的基础之上,能讲有一定深度的课程。目前在国内活跃的培训师很多处于这样一种水平,他们有自己最擅长的课程,而且有所创新,有自己的风格。要达到这个阶段,培训师一定要懂得放弃,学会取舍。不要幻想什么课程都讲,什么都擅长,这是不可能的。

小静:段老师,有家企业有培训需求——信息收集和分析技巧、销售行为高尔夫、服务销售情景互动语法等。我看刚好是您的专长,跟您联系一下。

段烨:谢谢小静。高尔夫课程我讲,但是销售类课程我不讲。

小静:销售类的您不讲吗?

段烨:是的,我最开始也讲销售,但是最近几年都不讲了。我这几年都是讲以管理技能为核心的管理类课程。

小静:那这个课程,我就联系其他老师了?

段烨:好的,你联系其他老师吧。

小静:现在培训圈就缺少您这样的老师,希望以后能多多合作,呵呵。

④ "十"字型。这是有一定高度的课程。与同行相比,无论是在内容上,还是培训形式上都有所突破,有自己独特的风格,形成某一种流派。

这种培训师才是真正意义上"大师级"的老师,可惜数量很少。借用一句话说,"培养一个贵族,需要三代人的努力;造就一个暴发户,只需要三十年",目前国内很多自称"大师"的老师,其实是"暴发户",出道才几年,就把自己当大师。

疑问2:如何衡量培训师的风格和水平?有不同的层次吗?

目前国内公认的衡量培训师的标准还没有,依据国外的专业知识、实战经验、培训技术三个维度来划分,可以分为八个层次(详细内容见表2"培训师的分类")。

疑问3:我如何才能提高授课水平?

讲课！讲课！讲课！

2.关于培训职业规划的工具

工具：培训师的分类

> **工具模板**

运用范围：培训师发展规划
目的：找到目标和成长差距
适用对象：培训师

表 2

类型	理论知识	实战经验	培训技能
卓越型	高	高	高
专家型	高	中	高
演讲型	中	中	高
实战型	中	高	中
专业型	高	中	中
讲师型	中	中	中
肤浅型	低	低	中
无能型	低	低	低

后 记
献给有着鹰隼特质的培训师

编撰本书，缘于10年前我有幸加入的一个培训师的系统训练计划——鹰隼计划；

编撰本书，缘于我当初的一个梦想：将这个计划引入中国，扎根本土，培养更多的卓越培训师；

编撰本书，也缘于越来越激烈的市场环境，竞争倒逼成长。

市场上各种大师、大牌、第一人、创始人不断涌现，各种概念、活动、事件层出不穷，各种学院派、实战派、海归派，甚至很多娱乐界的"大腕"都进入培训行业。面对这种形势，身处这个浪潮中的培训师们，未来该何去何从？如何在"雾霾"中闻出希望的味道？如何在激烈的竞争中获得一席之地？如何在残酷的现实中笑傲苍穹？

这就需要鹰隼的特质！

鹰，百禽之王；隼，鹰中之王。鹰隼，就是王中王。

仔细看看，你会发现，同为"空中飞人"的培训师和鹰隼颇为相似：高瞻远瞩、独立作战、明察秋毫、行动迅速。早在20世纪60年代，北美就诞生了系统培养培训师的计划——鹰隼计划，率先提出培训系统的概念，并设计出一套完整的培训系统，为整个培训行业开发出规范的体系，包括理论体系、操作流程、实施方法和工具，培养了大批卓越的培训师，活跃在全球的各个培训流派。在他们身上，或多或少都能看到这个系统的影子。培训行业中言必称"系统"，称系统必称"鹰隼"。

这套训练计划在20世纪90年代进入中国，培养了第一批培训师，至今很多培训师仍活跃在行业的一线。

只是，当时这个系统组织严密，门槛很高，外界的人很难深入进去，颇有神秘色彩，也存在一些争议和误解，以致最后撤出了中国。

鉴于此，我们在引进这个系统时，结合国内具体的行业特点，做了一些调整和改良，以期更适合中国国情。

鹰隼计划并不是一个简单的培训项目，也不同于其他各种类型的培训师训练班，这是一个完整的训练计划：

从横向上看，依据不同的职业定位，分为三种类型——企业内训师成长计划、职业培训师成长计划、培训（导师）管理者成长计划。

从纵向上看，依据培训技能和培训模式，为讲授—训练—教练三个环节设计九个阶段的内容，每一阶有三段，简称"三阶九段"。包括：第一阶"雏鹰出巢"，夯实基础，掌握最基本的课程开发和授课技巧；第二阶"雄鹰展翅"，开发具有竞争优势的专长课程和培训模式，并设计成长路径；第三阶"金鹰翱翔"，开发具有知识产权的版权课程，真正拥有核心竞争力，获得持续发展。

从组织上看，按照组织的核心作用，将整个计划分为三层：外围层叫"鹰隼大队"，包括全国各地的研发机构、培训机构、高校专家、专业网站、培训师的各种联盟组织（俱乐部、联谊会、沙龙）、出版社、专业杂志、电视栏目、讲师经纪等培训行业的相关组织；中间层叫"鹰隼部落"，由经过选拔考核的培训技术的研发机构、有突出专长的培训专家、有发展前景的培训师、资深讲师经纪组成；核心层叫"部落长老"，也就是鹰隼计划的管理中心，由鹰隼部落的核心成员组成，负责鹰隼计划的整体设计、管理和规划。

本书就是鹰隼计划的重要组成部分，是鹰隼计划的基础教材。

"专业为本，技术至上，内容为王"，如果培训师想要持续发展，必须掌握最基本的培训技术，这包括两个方面——课程开发和课堂呈现。尤

后　记

其是在讲授这个阶段，这两项内容是培训师必须掌握的，也是目前很多培训师所欠缺的。除此之外，鹰隼计划的第二阶段——培训师的核心技能培养，也是以课程开发和现场培训为基础的。

《培训师的21项技能修炼》作为一本比较全面的工具书，是从模块的角度进行阐述的；升级版则是按照国际通用的ADDIE课程设计与开发模型进行阐述的，并分为上下两册。这样更加具有系统性和连贯性，操作性也更强，是鹰隼计划第一阶段的教材。

与升级版同时出版的《培训师的差异化策略》，将为培训师设计发展战略，是第二阶段使用的书籍。两个阶段的书结合在一起，培训技术加上发展战略，共同为培训师的发展提供全面支持。

在此基础上，下一步将出版有关培训师核心竞争力的专著，主要内容是开发具有知识产权的版权课程，为鹰隼计划第三阶段服务。

鹰隼计划是一个开放的、长期的、持续发展的系统方案，虽然在国外有着成熟的模式，但在国内需要结合具体情境，不断更新和完善，期待各位有着鹰隼特质的伙伴加入，共同为中国的培训事业努力！

鹰隼计划的推行和《培训师的21项技能修炼》（包括升级版）的出版，得到了各界朋友的支持和关怀。

感谢北京大学、清华大学、暨南大学、重庆大学、培训技术研究院以及其他高校研发专家及各地的合作机构，你们的参与给鹰隼计划增加了学术厚度，为鹰隼计划的持续发展提供了雄厚的技术支持，也为本书提供了重要的专业支持。

感谢三星、联想、华为、工商银行、农业银行、华润集团、恒大地产、中国移动、中国联通、电信、电力等全国各地的上百家企业客户，尤其是培训中的学员朋友们，你们的积极参与为本书提供了重要的灵感和内容来源。我说过：书的内容是你们创作的，我只不过是整理和归纳。

感谢格诺威的所有同事、我的经纪团队，以及培训过程中的各位助教，感谢你们的大力支持和全力配合，为我提供良好的环境，让我专注于课程的讲授和培训技术的研究开发。

最重要的感谢要送给我的家人，你们的支持是我奋斗的力量来源。无论我身在何方,家是永远的归宿。

最后,欢迎有着鹰隼特质,有着远大追求,愿意推动中国培训事业发展的伙伴们加入鹰隼计划,大家共同努力,一起奋斗!

海阔凭鱼跃,天高任"鹰"飞!

鹰隼培训师:天之骄子,你的世界是整个天空!

参考文献

[1] 艾森·拉塞尔. 麦肯锡方法 [M]. 赵睿, 等译. 北京: 华夏出版社, 2001

[2] 芭芭拉·明托. 金字塔原理 [M]. 汪洱, 高愉, 译. 海口: 南海出版社, 2010

[3] 彼得·德鲁克. 卓有成效的管理者 [M]. 许是祥, 译. 北京: 机械工业出版社, 2005

[4] 布鲁斯·克莱特. 终极培训班手册 [M]. 何雪, 译. 北京: 企业管理出版社, 2008

[5] 戴维·泰勒. 赤裸裸的领导 [M]. 张允, 等译. 北京: 中信出版社, 2003

[6] 多罗茜·利兹. 口才 [M]. 曾献, 等译. 北京: 民主与建设出版社, 2004

[7] 弗里兹·李曼. 直面内心的恐惧 [M]. 杨梦茹, 译. 太原: 山西人民出版社, 2007

[8] 弗洛伦斯·妮蒂雅. 性格解析 [M]. 江雅苓, 译. 北京: 经济日报出版社, 2002

[9] 何明渊. 管理的智慧 [M]. 北京: 金城出版社, 2010

[10] 亨利·明茨伯格. 管理工作的本质 [M]. 方梅萍, 译. 北京: 中国人民大学出版社, 2007

[11] 霍根. 领导人格与组织命运 [M]. 邹智敏, 译. 北京: 中国轻工业出版社, 2009

[12] 基恩·泽拉兹尼. 用演示说话 [M]. 马振啥, 马洪德, 译. 北京: 清华大学出版社, 2008

[13] 杰克·菲利普斯. 如何评估培训效果 [M]. 张少林, 李元明, 李洁, 译. 北京: 北京大学出版社, 2007

[14] 杰克·特劳特. 与众不同 [M]. 火华强, 译. 北京: 机械工业出版社, 2009

[15] 杰瑞·魏斯曼. 说服[M]. 陈亮, 刘超, 左科华, 译. 北京: 科学出版社, 2005

[16] 卡尔弗特·马克汉姆. 顶级咨询[M]. 夏光, 陆珍珍, 译. 北京: 中国铁道出版社, 2006

[17] 劳拉·惠特沃斯, 亨利·希姆塞-豪斯, 菲尔·桑达尔. 交互式教练[M]. 笪鸿安, 译. 北京: 中国人民大学出版社, 2006

[18] 勒尔·兹加米等. 领导力[M]. 孙永华. 上海: 上海锦绣文章出版社, 2009

[19] 理查德·斯旺森, 埃尔伍德·霍尔顿三世. 人力资源开发效果评估[M]. 陶娟, 译. 北京: 中国人民大学出版社, 2008

[20] 莉莲·怀尔德. 当众讲话的艺术[M]. 刘月, 译. 北京: 新华出版社, 2003

[21] 林鸿. 普通话语音与发音[M]. 杭州: 浙江大学出版社, 2005

[22] 刘建军. 领导学原理[M]. 上海: 复旦大学出版社, 2009

[23] 罗伯特·罗恩. 积极性格图解[M]. 李东晔, 于芳, 吕卓红, 译. 成都: 四川大学出版社, 2003

[24] 彭剑锋. 人力资源管理概论[M]. 上海: 复旦大学出版社, 2009

[25] 赛宾·登博夫斯基, 等. 做最好的培训师[M]. 徐小丹, 译. 北京: 东方出版社, 2008

[26] 史蒂芬·丹宁. 故事的领导力[M]. 宋强, 译. 北京: 中国人民大学出版社, 2009

[27] 史蒂芬·柯维. 高效能人士的七个习惯[M]. 王亦兵, 等译. 北京: 中国青年出版社, 2006

[28] 苏东水. 管理心理学[M]. 上海: 复旦大学出版社, 2008

[29] 苏平. 培训师成长手册[M]. 西安: 西安交通大学出版社, 2010

[30] 唐纳德·柯克帕特里克. 如何做好培训评估: 柯氏四级评估法[M]. 奚卫华, 译. 北京: 机械工业出版社, 2007

[31] 威廉·A·科恩. 成功咨询全攻略[M]. 张义, 译. 北京: 中国社会科学出版社, 2008

[32] 沃伦·本尼斯. 成为领导者 [M]. 姜文波, 译. 北京: 中国人民大学出版社, 2008

[33] 亚伦·皮斯. 身体语言密码 [M]. 王甜甜, 黄佼, 译. 北京: 中国城市出版社, 2007

[34] 杨思卓. 金牌职业: 职业培训师的八项修炼 [M]. 北京: 北京大学出版社, 2008

[35] 英格丽·张. 你的形象价值百万 [M]. 北京: 中国青年出版社, 2005

[36] 余世维. 经理人常犯的11种错误 [M]. 广州: 广东经济出版社, 2010

[37] 约翰·哈斯林. 演讲力 [M]. 马昕, 译. 北京: 世界图书出版公司, 2010

[38] 詹·卡尔森. 关键时刻 [M]. 韩卉, 虞文军, 译. 北京: 中国人民大学出版社, 2010

[39] 张志, 刘俊, 包翔编著. 说服力: 让你的PPT会说话 [M]. 北京: 人民邮电出版社, 2010

博雅故事

您在培训领域一定听说过这些人：

曾仕强　《中国式管理》系列
余世维　《领导有方》系列
刘　峰　《新领导观》系列
付　遥　《输赢》
吴甘霖　《做最好的中层》《做最好的执行者》系列

由于领域差异，您未必听说过这些人：

王建四　服装行业　《导购这样说才对》
伍　昊　创意职场　《你早该这样玩Excel》
鞠远华　沟通励志　《5分钟打动人心》《为自己工作到最好》
王金战　学习指导　《王金战育才方案》《数学是怎样学好的》
刘称莲　家庭教育　《陪孩子走过》系列
……

是的，他们都是销量超过50万册的培训书。只是我们书单中的一部分。

8年来，我们合作的作者超过500位，平均图书销售量超过4万册。图书出版后，课量和课酬增长的作者超过60%。

我们是专注地做图书产品的手艺人，我们深知，对图书的任何一点轻忽，都是对作者和自己的深度冒犯。

我们是中国培训图书第一团队！

博雅故事

换个行头 再聚江湖

从离开学校那天开始,我们必须学着工作、学着成为主管、学着协同他人,
必须学着成为父母,和孩子一起刷新看世界的方式。
培训是伴随一生的能量提供站,
"为终生学习赋能"成为博雅广华的信仰。

从博雅光华到博雅广华,我们改换了行头,本质从未改变。
我们齐聚江湖,让培训变得更为性感、生动和饱满。

大宗购买、咨询各地图书销售点等事宜,
请拨打销售服务热线:010-82894445

媒体合作、电子出版、咨询作者培训等事宜,
请拨打市场服务热线:010-82893505

推荐稿件、投稿,
请拨打策划服务热线:010-82893507,82894830

来！
向心仪的作者面对面请教

博雅私学App

图书+App = 一本全媒体图书
　　　　　　一次以图书为依托的培训
　　　　　　一个可定制的解决方案

电话私学：每标段30分钟。不管您在哪儿，您都可以通过电话跟作者一对一交流。

咖啡私学：每标段90分钟。是的，您可以跟作者一起喝咖啡，直接讨教您最关心的具体问题。

咖啡主题小班：每标段120分钟。一个人去见心仪的作者，有点不好意思，正好有两个朋友也有这个需求，你们3个人（最多不能超过5个）一起凑一个小班，跟作者喝咖啡吧。

公开课预留席位：作者有公开课的时候，我们可以帮您预留席位。

预约电话：010-82062183（人工服务时间 9：30-17：30）